セブン＆アイ・ホールディングス 鈴木敏文代表 寄付講座シリーズ Ⅲ

【中央大学経済学部
創立100周年記念】

21世紀の人間と経済

鳥居 伸好
鷲谷 徹
伊藤 洋司　編
森岡 実穂
薮田 雅弘

中央大学出版部

謝　　辞

　本書は，中央大学経済学部創立100周年を記念して，2006年度の秋学期に開講された特別講義「人間と経済」をもとに編集されたものです。この特別講義は，「新世紀の経済と大学の使命」という統一テーマのもと，3年間にわたって毎年独自のテーマで開講される寄付講座の最終年度となります。したがって本書は，寄付講座シリーズ全3巻のうちの第3巻目となり，これでシリーズが完成となります。まず，ここで本書の性格をご理解頂くために，この寄付講座が開講されることになった経緯と，経済学部創立100周年記念事業の概要について述べることにいたします。

　経済学部は，2005年に学部創立100周年を迎えました。1905年に経済学科の1学科から出発し，経済学科，産業経済学科，国際経済学科，公共経済学科の4学科から構成される学部へと成長いたしました。さらに，2007年度より，産業経済学科と公共経済学科をそれぞれ，経済情報システム学科，公共・環境経済学科と名称を改め，新しいカリキュラムとクラスター制度の導入により，より魅力ある経済学部への飛躍を開始いたしました。これもひとえに，多くの方々から，わが経済学部に多大なご支援を頂戴した賜物と，深く感謝申し上げます。

　経済学部は，この記念すべき時を学生諸君と教職員が一体となって祝賀するとともに，本学部の第二世紀に向けて教育内容をさらに充実するために「経済学部創立100周年記念事業委員会」を組織いたしました。そして，連続記念講演会の開催，学部のロゴマークの新設，記念論文集や学部100年史の刊行，記念奨学金の創設等，各種の事業を実施してまいりました。本寄付講座のように一部の継続中の記念事業はありましたが，「記念事業委員会」は，2006年3月末をもって解散いたしております。

　㈱セブン＆アイ・ホールディングス代表の鈴木敏文氏（昭和31年経済学部卒

業）から，この事業の一環として後輩諸君のために何かお手伝いしたいとの申し出を頂きました。経済学部教授会は「ＩＹグループ　鈴木敏文代表寄付講座」の名称で講座を開設したいと提案し，2004年度から2006年度までの3年間にわたる特別講義が実現いたしました。2005年9月に，鈴木敏文氏が㈱セブン＆アイ・ホールディングスの代表に就任されたことを契機に，寄付講座の名称も「セブン＆アイ・ホールディングス　鈴木敏文代表寄付講座」に変更いたしました。そして鈴木敏文氏は，講義内容，講師陣の選任，成果の出版など，講座の企画に関するすべてを学部に一任して下さいました。そこで本学部は「経済学部100周年記念寄付講座委員会」を設置し，この講座の3年間の統一テーマを「新世紀の経済と大学の使命」と定め，2004年度は「経営と経済」，2005年度は「環境と経済」，そして2006年度は「人間と経済」というテーマで開講し，その成果を全3巻の寄付講座シリーズとして出版することにいたしました。

　この統一テーマには，一つは21世紀における企業そして経済と人間の新しい関係を模索し，市場と社会経済制度のあるべき方向性を論じること，そして二つ目には，大学の社会的存在が問われて久しい現実を直視しながらも，教育がもつ正の外部性を謙虚に受け止めて，新しい時代に大学が果たすべき機能や役割をさまざまな視点から問い直そうという問題意識が込められております。

　鈴木敏文氏には，このようなすばらしい機会を与えて頂きましたことに対しまして，経済学部教授会を代表して心からお礼申し上げます。

　さて，開講3年度の2006年度秋学期は「人間と経済」というテーマのもとに，ジェンダー問題から，福祉，環境，芸術，文芸活動，HIV問題，「働く」ことの意味を考えることまで，「人間」と「経済」との関わりについてさまざまな分野でご活躍されている著名な方々に講師をお引き受け頂きました。正規の履修者に加えて広く市民の皆様の聴講者を得，どの講義も200人規模の教室がいっぱいになる盛況でした。学生諸君，聴講者からは，議論を深めるみごとな質問が相次ぎ，毎回，時間延長となるほどでした。

　講師の方々には，どなたも大変ご多忙であるにもかかわらず，講義要項作成

の都合上，1年前から講義時間とテーマを決めさせて頂いたうえ，配付資料の準備から原稿の校正に到るまで，学部の要望をすべて受け入れて頂きました。講師をお引き受け頂きました方々に，これらのご支援，ご協力に対しまして，深く感謝申し上げます。

　経済学部は，100周年を機に，今後も教育・研究水準を向上させるために改革・改善に努め，学術文化の発展と，国際社会の平和と福祉の向上に貢献してゆく決意を新たにいたしております。皆様方のさらなるご支援とご協力の程を，心からお願い申し上げます。

中央大学経済学部長
松丸　和夫

プロローグ

鳥居伸好・鷲谷徹・伊藤洋司
森岡実穂・藪田雅弘

　本書は，中央大学経済学部創立100周年の記念講座として2004年度に開講された3回連続講義シリーズの第3年度の講義録をまとめたものである。新世紀のカウントダウンが終わりはや7年が経過しようとしている。この百年余の歩みを，経済と社会との関わりから，その回顧によって整理，評価し，あらたな世紀の展望とすることが目的であった。すでに，「21世紀の経営と経済」，「21世紀の環境と経済」をテーマとして講義を行い，同タイトルでの著作を上梓してきたが，今回は，「21世紀の人間と経済」である。まさに，人間が社会をどのように構成し，社会とどのように関わり，どのような経済社会を構築すべきであろうかといった，いささか重いテーマを扱っている。多様な人間生活，人間社会の諸局面を取り扱うため，本書の構成も多様である。少子化，労働，ジェンダー，福祉，生き方，生き様，自然など多種多様な側面から「人間と社会」「人間と経済」の関わりを論じている。

　経済構造（土台）に規定された社会形成の中にあって，われわれはどこに向かっていくべきであろうか。このような問題意識から，現代社会の様々な場所で，第一線を生きて活動されてきた講師の方々のオムニバス形式の講義が行われた。本書は，その講義記録を編集・刊行したものである。

　第1章「「ヒューマンエコノミー」の課題」（古郡鞆子氏）は，労働経済学の専門家の立場から，働き方の多様化の現状と課題，社会にとっての意味ならびにその方向性を論じている。第2章「外国人労働者と人権」（寺中誠氏）は，グローバル化する社会にあって，人間の権利・生活を社会的な観点から考察している。外国人労働者の人権問題を考えることが，人権の本質的なあり方を考

v

えることに通じることを教えてくれる。第3章「開発とHIV/AIDS」(喜多悦子氏)は，AIDSの問題を通じて，社会や経済の関わり，貧困や格差の問題を論じ，個人と社会，制度の有り様を論じている。第4章「精神障害はあっても，自立し働くことは，生きること——"働きたい"をどう活かし，ともに育っていくか」(金子鮎子氏)では，精神障害のある人たちの就業をめぐる雇用環境の変化について，筆者自身の活動を踏まえて紹介し，雇用環境を変えるための努力とその実現の過程が論じられている。第5章「経済と社会保障制度——21世紀型社会保障制度」(駒村康平氏)は，わが国の社会保障制度の最近の動向について，その改革の方向性と問題点を指摘し，解決の方向性を論じている。

　第6章「源流と人間——源流に生きて」(中村文明氏)は，源流との出会いに始まり，筆者らの源流での活動を紹介し，源流と森林の問題，人間と自然との関わり方を論じている。第7章「グラフィック・デザイナーから見る人間と経済」(佐藤正幸氏)は，人間活動とデザインが不可分な関係にあるとし，日常的なデザイナーの創作活動と経済の関係をわかりやすく論じている。第8章「映画と経済」(大寺眞輔氏)は，映画批評家の果たすべき役割，映画が抱えている困難について検討し，映画製作をめぐる諸相，経済との関係を論じている。第9章「ワークライフバランス——男性と育児」(田尻研治氏)は，男の育児を含めて労働現場のジェンダー問題とライフデザインのあり方を論じ，ワークライフバランスの必要性を提起している。第10章「働くということ——人間らしい協同労働を通じて，良い仕事を実現する」(菅野正純氏)は，社会の再生は労働の再生から始まるとし，競争から協同の生産力へむけた変革の方途としての労働者協同組合について論じている。第11章「ディーセント・ワークについて」(長谷川真一氏)は，ILOの駐日代表として，働きがいのある人間らしい仕事をめぐって活動するILOの紹介と，アジアにおける児童労働の問題についての課題と具体的な取り組みを論じている。最後に，第12章「経営・環境・人間と経済」(藪田雅弘氏)は，3年度に亘る本寄付講座の総括を行い，経済学のあるべき進展方向について論じている。

プロローグ

　本書の刊行に当たっては，講義記録への補筆・修正は最小限に抑え，むしろ講義の雰囲気を，講師の熱意や思考のめぐりを忠実に読者に伝えることを編集方針とした。講義の場では受講者との活発な質疑応答が交わされており，そのいくつかは各章末のコラムに「質問箱」として掲載している。もとより，本書のテーマ「人間と経済」は問題提起の宣言であり，その明確な回答はまだ用意されていない。回答はこれから，われわれが模索し創造していかねばならないものだからである。編者は，そのヒントを考える契機と指針が，執筆者（講師）の陣容と講義の全体，そして本書の刊行そのものにあると期待している。

　最後に，中央大学経済学部100周年記念講座の趣旨に賛同し，多忙にもかかわらず講師を引き受けていただき，さらに本書の刊行を快諾いただいた古郡鞆子氏，寺中誠氏，喜多悦子氏，金子鮎子氏，駒村康平氏，中村文明氏，佐藤正幸氏，大寺眞輔氏，田尻研治氏，菅野正純氏，ならびに長谷川真一氏に改めて謝意を表したい。

2008年1月吉日

編者一同

目　　次

謝　辞
プロローグ

第1章　「ヒューマンエコノミー」の課題 ……………………古郡　鞆子　1
　　1. はじめに　1
　　2. ヒューマンエコノミーとは　2
　　3. 働き方の変化と生活──ヒューマンエコノミーの一側面　5
　　4. 働くことの未来　16
　　　質問箱から　19

第2章　外国人労働者と人権……………………………………寺中　　誠　21
　　1. はじめに　21
　　2. 日本におけるオーバーステイ　22
　　3. 外国人労働力導入方針のゆがみ　25
　　4. 日本の難民政策　27
　　5. 世界に見る移住労働者への人権侵害　29
　　6. 外国人犯罪は増えているのか　32
　　7. 社会不安の投影としての「外国人」イメージ　35
　　8. おわりに　42
　　　質問箱から　45

第3章　開発とHIV／AIDS………………………………………喜多　悦子　47
　　1. はじめに　47
　　2. 「HIV／AIDS問題」とは　48

3. 何が問題か　51
　　4. 経済的問題　59
　　　質問箱から　65

第4章　精神障害はあっても，自立し働くことは，生きること
　　　——"働きたい"をどう活かし，ともに育っていくか——
　　　　………………………………………………金子　鮎子　69
　　1. はじめに　69
　　2. 仕事をはじめた理由　70
　　3. 清掃という仕事を通して　73
　　4. 働くこと　74
　　5. 生活リズムと働くこと　76
　　6. 変わる雇用環境，変える雇用環境　80
　　　質問箱から　82

第5章　経済と社会保障制度——21世紀型社会保障制度——
　　　　………………………………………………駒村　康平　85
　　1. はじめに　85
　　2. 日本の社会保障制度の展開　86
　　3. 社会保障の最近の動向　90
　　4. 社会保障と格差問題　95
　　5. 社会保障の現状と課題——年金問題を中心に　101
　　6. 社会保障の課題と展望　113
　　　質問箱から　116

第6章　環境と人間——源流に生きて　………………中村　文明　119
　　1. 社会観や人生観の基礎を大学で学んだ　119
　　2. 日本で初めての源流研究所　120

3. 知られざる源流の四季　121

4. 多摩川源流の特徴と個性について　128

5. 子どもたちの瞳輝く源流体験教室　131

6. 滝や淵などの地名と由来を訪ねて　132

7. 「森林再生プロジェクト」と国土の保全　140

8. 今一番大切なものは何か──参加と協働の森づくりへ　142

　質問箱から　144

第7章　グラフィック・デザイナーから見る人間と経済 ……佐藤　正幸　147

1. はじめに　147

2. モノとデザインと経済　147

3. グラフィック・デザイン　149

4. 本作りの経済学　153

5. フォント，ロゴ，ピクトグラム　155

6. Tシャツ作りの経済学　159

7. デザインするという思想　163

　質問箱から　166

第8章　映画と経済 ………………………………………大寺　眞輔　169

1. 映画批評家とは　169

2. 3つの問題　174

3. 映画の発明　175

4. 夢の工場　177

5. 映画批評家の役割　186

　質問箱から　189

第9章　ワークライフバランス──男性と育児── …………田尻　研治　193

1. はじめに　193

2. ワークライフバランスを考えてみよう　195

3. 男性の育児参加（意識と実態）　197

4. 乗り越える力（男の育児がもたらすもの）　202

5. より良いバランスに向けて　207

　質問箱から　214

第10章　働くということ——人間らしい協同労働を通じて，
　　　　良い仕事を実現する——……………………………菅野　正純　217

1. 労働者協同組合の現状——協同労働の労働組合　217

2. 「協同労働」の展開　226

3. 21世紀型生産力としての協同労働　234

　質問箱から　238

第11章　ディーセント・ワークについて ……………………長谷川　真一　241

1. はじめに　241

2. ILOの目的，組織，活動　241

3. アジアにおけるディーセント・ワークに向けての課題　249

4. 日本におけるディーセント・ワークに向けての課題　254

5. 日本とILO　255

　質問箱から　258

第12章　経営・環境・人間と経済 ……………………………藪田　雅弘　261

1. はじめに　261

2. 経済学部の展開と経済学　263

3. 経営・環境・人間と経済——寄附講座の梗概　270

4. 経済学から物事を考える　272

5. 新たな経済学の構築——公共の視点から　279

第1章 「ヒューマンエコノミー」の課題

古郡 鞆子

1. はじめに

　みなさん，こんにちは。この科目は，中央大学経済学部の創立100周年を記念し平成16年度に始まった，セブン＆Ｉホールディングズの鈴木敏文会長による寄附講座「新世紀の経済と大学の使命」の最終年を飾るものです。今年の講座のテーマは「人間と経済」となっています。セブン＆Ｉホールディングズの傘下にはコンビニの「セブンイレブン」があります。このセブンイレブンはもとはアメリカの会社でした。みなさんご存知のように，朝の7時から夜の11時まで営業しているという意味でこういう名前がつけられたわけですが，いまでは分家のセブンイレブン・ジャパンが本家となり場所によっては24時間営業をしている店舗もあります。

　さて，みなさんは「人間と経済」の名のもとにこれからさまざまな分野で活躍している方々の講義を受けますが，今日はその一番バッターとして「ヒューマンエコノミーの課題」と題し，ヒューマンエコノミーといわれるものの一面の紹介をしたいと思います。

　ここで，講義内容とその手順を手短に紹介しておきます。最初に「ヒューマンエコノミー」とは何かの定義から入ります。次に中央大学経済学部のカリキュラム中の「ヒューマンエコノミー・クラスター」についてちょっと触れます。その後で「働く」ということを例に「ヒューマンエコノミー」の一端の理解をしていただこうと思います。この最後の点を少し具体的にいうと，多様な働き方をする人たちが増えていることに注目し，働き方（就業形態）がどう変化し，どう多様化してきか，働き方の多様化をもたらした社会的背景は何か，働き方が多様化したことは，個人にとって，社会にとって何を意味するか，に

ついてのお話を致します。それから働き方の多様化によって表面化してきた非典型労働者の労働問題，とくに生活保障の問題に触れ，おわりに今後，働き方はどう変わっていくかについて一言述べて締めくくりたいと思います。

2. ヒューマンエコノミーとは

それでは本論に入ります。最初に戻り，「ヒューマンエコノミーとは何か」ということから始めたいと思います。

いきなり話はそれますが，何かを定義するということはむずかしいものです。たとえば，数学は数に関する学問だといってみたところで，それでその実体がつかめるものではありません。実際には数学を学ぶことにより初めて数学がどんなものかを感じることができるようになります。同様に「ヒューマンエコノミー」が何かを定義するのもなかなかむずかしいものがあります。

さて，「ヒューマンエコノミー」は英語の Human Economy のことですが，この英単語はいずれもごく一般的に使われています。では Human Economy も日常的に使われている慣用句なのでしょうか。そうとはいえません。

みなさんは Human beings（人間），Humankind（人類），Human nature（人間の性情），Human society（人間社会），Human rights（人権）などという言葉を知っていると思います。経済学には Human resources という用語があります。これは鉄鋼や石油のような自然の物的資源に対し経済資源としてみたときの人間，つまり「人的資源」を意味します。

「ヒューマンエコノミー」は経済(学)用語のような感じもしますが，少なくとも今日まではそうではなかったといえます。実際，この用語が出てくる経済関係の書籍もコロンビア大学の Eli Ginzberg という経済学者による「Human Economy」(1976年) を除いてなかったと思います（ちなみに，この本は人材開発，人材活用，能力を有効に発揮させるための政策などについて論じています）。

定義 これ以上の考察はやめ，唐突ですがここでヒューマンエコノミーを，「人的資源としての「人間」行動を中心にしてみたときの経済，または経済

学」と定義しておきます。そして，この用語の由来を次の話で理解していただき，その意味内容を中央大学経済学部のカリキュラム中の「ヒューマンエコノミー・クラスター(群)」を紹介することによって理解していただこうと思います。

　名称の由来　何でも新しいものがつくられると，その新しさを表すための名前が必要となります。学問も同じです。学問分野があまりにも細分化されてしまったところから「木を見て森を見ず」的な傾向が出てきました。すると，縦割り，局所の問題として捉えるのではなくもっと総合的・統合的にものごとを見ていこうとする反作用が働いてきます。それが「総合」という言葉を含んだ新しい学部・学科の創設を促しました。こうして中大にも「総合政策学部」があります。他大学には「総合管理学部」，「総合人間学部」，「総合情報学部」，「総合文化学科」といった学部や学科がつくられました（表 1-1 参照）。

　同じように，情報が社会を支配するようになってきたことから，また，社会のグローバル化に伴って民族や国のアイデンティティと絡んだ「文化」の重要性の認識が高まってきたことからつくられた学部や学科もあります。「環境情報学部」，「社会情報学部」，「情報社会学科」，「情報福祉学科」，「情報文化学部」，「国際文化学部」，「総合人間文化学部」などなどがそれです。

表 1-1　最近の新しい学部・学科名（例）

力　点	学部・学科（例）	
総　合	総合政策学部	総合情報学部
	総合人間学部	総合文化学科
	総合管理学部	
情　報	環境情報学部	社会情報学部
	情報文化学部	社会情報学科
	情報福祉学科	人間情報学科
文　化	総合人間文化学部	国際文化学部
	文化情報学科	人類文化学科
人　間	人間科学部	人間生活学部
	人間文化学部	人間環境学科
	ヒューマン・コミュニケーション学科	

いま,「人間」(ヒューマン)に焦点が当てられています。ほかならぬ「人間」を中心にすえて,ものごとを見直してみようというわけです。その結果,大学には「人間科学部」,「人間生活学部」,「人間文化学部」,「人間環境学科」,「人間情報学科」,「ヒューマンサービス学科」,「ヒューマンコミュニケーション学科」などができています。「ヒューマンエコノミー」もこの線上で生まれた経済用語といえます。

　カリキュラム中の「ヒューマンエコノミー・クラスター」　中央大学の経済学部のカリキュラムは2007年度から内容が変わります。まず,学部を経済学科,経済情報システム学科,国際経済学科,公共・環境経済学科の4つの学科に分けます。さらに各学科を2つの領域,あるいはクラスター(群)に分けます。そのクラスターの1つとして経済学科の中に「ヒューマンエコノミー・クラスター」をおくことになりました(表1-2参照)。

　ヒューマンエコノミーの内容　「ヒューマンエコノミー・クラスター」では,人的資源としての「人間」の経済行動を理論面と実証面から捉えようとします。これを具体的にいえば,このクラスターでは人口問題,雇用・労働問題,社会保障・社会福祉の問題,環境問題などに焦点を絞った教育を施します。みなさんはヒューマンエコノミー群の勉学を通し,

・生き方,働き方に対する理解と,個々の仕事と人生に関する知識と見識を得,深めること,

・労働者,生活者として人間と経済,社会,環境との関わりを学ぶこと,

表1-2　経済学部の学科とクラスター

学科	クラスター
経済学科	経済総合クラスター
	ヒューマンエコノミー・クラスター
経済情報システム学科	企業経済クラスター
	経済情報クラスター
国際経済学科	貿易・国際金融クラスター
	経済開発クラスター
公共・環境経済学科	公共クラスター
	環境クラスター

ができるはずです。

3. 働き方の変化と生活――ヒューマンエコノミーの一側面

　ここまでで「ヒューマンエコノミー」および「ヒューマンエコノミー・クラスター」の大よその理解ができたと思います。それを踏まえ，以下でヒューマンエコノミーの課題を雇用・労働問題に例をとって見てみたいと思います。

　今日の雇用・労働の特徴にだれもが働くようになってきたことと，働き方が多様化してきたことがあげられます。その一方，わが国ではニートなどといわれ，働くこともなく生活している人も増えてきました。話はまたそれますが，どうも「ニート」というのはあまりいい用語ではないですね。これは，もともと，Not in Employment, Education, or Training（働いてもいず，学生でもなく，訓練中でもない）ということだけで，何も特段の意味があるわけではありません。いってみれば無為徒食の輩を指す言葉といえますが，ニート（NEET）などという頭字語にしてしまうと，それが1人歩きし社会的に認知されたあるクラスに属する人たちを指しているような感じとなります。ニートは，発音がNeatにも通じることから，「きちっとした」というような意味にもとれ，何とはなしの違和感もあります。

　働き方が多様化したことは正（規）社員に対し非正（規）社員，あるいは基幹労働者に対して周辺労働者が増えてきたということでもあります。実際，まだ正社員の方が圧倒的に多いのですが，いまでは非正社員が全労働者の30%にもなってきています。

　みなさんは，ファミリーレストランのようなところで，正社員は1人，あとは全部非正社員で成り立っている店舗や営業所を知っていると思います。大学などでも，掃除，警備，学科事務などの仕事には，私立，国立を問わず，正規職員を雇わず，外注や派遣社員，パート従業員でまかなっているところが多くなっています。

　正規社員（労働者）と非正規社員（労働者）を典型労働者と非典型労働者ということもあります。男性の正社員は基幹労働者といわれ，その他の労働者は

周辺労働者などともいわれてきました。けれども，働き方が多様になった今日では，何が正規で何が非正規か，何が基幹で何が周辺か，何が典型で何が非典型かが，どんどんわからなくなってきています。もう単純に二分法によって労働者を分類するのには無理があるようです。そのことは，たとえば，パートタイマーをすべて非正規社員といえるのか，あるいは周辺労働者といえるのかといったことを考えてみただけでもすぐにわかるだろうと思います。

今日の労働者は図 1-1 に示すような広がりをもったものとなっています。

3.1 働き方の変化とその多様性

働き方は，労働時間によって，労働時間帯によって，雇い主との関係によって，あるいは働く場所によって，千差万別です。これは千差万別の労働者がいるということでもあります。

労働時間でみると，その長い人もいれば短い人もいます。労働時間帯でみる

図 1-1　典型労働と非典型労働

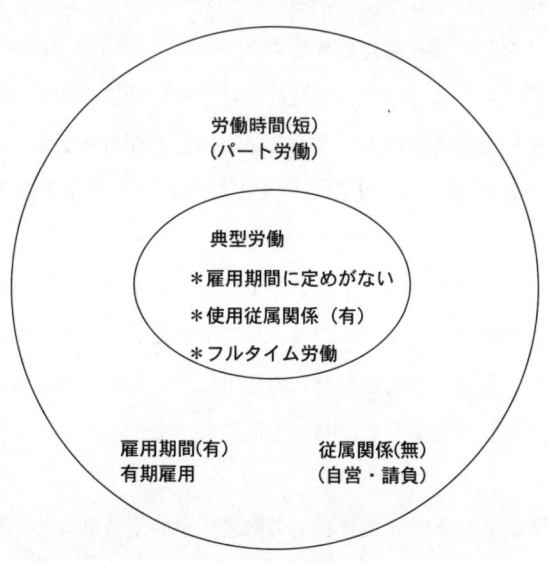

と，9時から5時までの標準的な働き方に対し，繁閑に応じて働いている者もいれば時間帯に縛られずに働いている者もいます。

雇い主との関係でみると，直接雇用されている人と間接的に雇用されている人とがいます。雇用関係をまったくもたずに働いている人もいます。働く場所でみると，勤務場所が賃金を支払ってくれる企業の所在地と一致している場合もあれば，在宅の仕事のようにそうでない場合もあります。

ところで，1990年から2005年の15年間に雇用者は4,690万人から5,407万人に増えています。この数字の中で特筆すべきこととして，非正社員が881万人から1,633万人に，割合でいうと労働者の19%から30%を占めるまでになったということがあります（図1-2参照）。これに雇用関係のない労働者などを加えると，非典型労働者数はおそらく2,000万人近くになるはずです。これは全労働者の3割を優に超える数字です。非典型労働者は，その3割が男性，7割が

図1-2 労働者数の経年推移

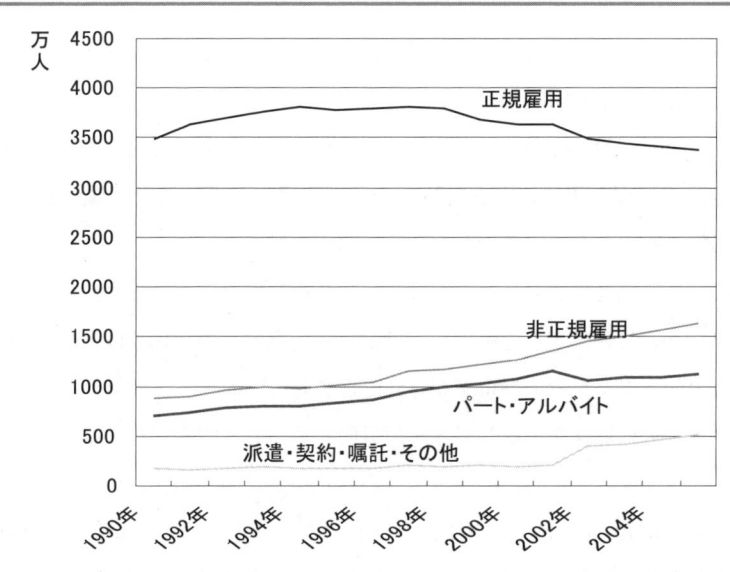

（資料） 2001年までは総務省『労働力調査特別調査』（2月調査），2002年以降は総務省『労働力調査（詳細結果）』

女性です。

3.2 労働多様化の社会的背景

働き方（就業形態）が多様化したことの背景としていくつかの要因を考えることができます。その要因には，大きく分けると，

・産業構造の変化　→　経済のソフト化，サービス経済化

・社会の情報化・IT 化　→　知識・情報の生産，労働の質の変化

・労働者の人生観・勤労観の変化　→　労働の選択

・経済の国際化と企業の論理　→　国際競争，生産性の向上，コスト削減

があります。

産業構造の変化により経済はソフト化し，サービス化しています。情報化・IT 化により労働の質に変化が出てきています。人生観・勤労観の変化は労働の意義を変えています。国際化は企業の生き残りにかけた戦いを迫っています。これらのすべてが労働者の働き方に影響を与えています。

産業構造の変化　産業構造はめまぐるしく変化しています。産業が変化すれば，当然，それに連れて働き方も変化していきます。かつて，産業といえば鉄鋼のような重工業や家電のような製造業が主流をなしていました。いまはコンピュータや通信網，金融や外食産業といったサービス業の時代です。そうなると，直接，生産工程にたずさわる労働者（現場労働者）の数は減少してきます。実際，販売，企画，管理などの間接部門で働く人が増えています。いま，わが国での就業者の65％は何らかのサービス産業で働いていますが，この比率はアメリカの75％に次いで高いものです。製造業中心の時代では正規労働者を軸に常用のストック型の雇用がなされてきました。サービス産業が中心になると，サービスの特性を反映して非正規労働者を中心とするフロー型の雇用が多くなってきます。

社会の情報化・IT 化　働き方が多様化したもっとも大きな要因は情報産業の発達とその結果として起こった社会の情報化にあります。

私たちは，多くの場面でコンピュータとそれに付随する通信技術を使って生

活しています。昨日まで対面，手紙，電話で行ってきたことの多くを今日はメールで処理しています。インターネットで物を売買し，銀行と付き合い，情報を検索・発信・受信するといった生活もしています。

　ビジネスの世界では，記憶容量が無限でアクセスが超高速に行える機器を使い，情報を共有することで仕事の即時化が進んでいます。在庫管理，連絡事務のような日常業務はもちろん，今日では世界中どこにいてもテレビによって会議をすることもできます。

　人事面ではIT化が情報のチャンネルとして機能していた中間管理職を不要化しています。また，IT技術は労働者の2極分化——単純作業者集団と高度技術者集団——を進めてもいます。実際，製造業も無人化が進みブルーカラーが減少しサービス関連の労働者と少数のホワイトカラーで成り立っている工場もあります。

　組織面では情報化により労働者が幾重にも階層をなしていたピラミッド型の人事構成が，少数の幹部と大多数の横の関係をもった人材からなる，よりフラットなものに変わってきています。中間管理職が少なくなる現象は人事の"中抜き現象"といわれ，これはアメリカにおいてとくに顕著なものとなっています。

　労働面では情報化が労働者の脱スキル化を促進し，その一方で高度の技術や知識を要する労働者の需要を喚起しています。これが労働の質に変化を与えています。

　情報化は働く場所や時間をも変えうるものとなっています。前にあげたテレビ会議もその一例ですが，もっと一般的なことをいえば，情報化によって企業横断的な仕事も簡単にできるようになり，SOHOやインターネット上で仕事するようなことも可能になっています。プログラム作成にかかわるような仕事では，拘束時間や場所は問題ではなく，いつ働くか，どこで働くかより，精度の高い製品を納期に仕上げることの方が大事ということがあります。

　労働者の人生観・勤労観の変化　人生観や勤労観は時代とともに変化します。昔は，どんな仕事でも，とにかく職につくことが大事でした。そうしない

と生きていけなかったからです。いまは働くばかりが能ではないと考える人も増えています。仕事が自分に合わないなら無理に働かず，アルバイトやフリーターをしても，当面，食べることくらいはできますので，そんな働き方を選ぶ人もいます。時間に拘束され，人間関係に悩むより，組織にできるだけ縛られない生活をしたいと思う人もいます。もっとも，その一方で不本意ながらパートタイマーや派遣社員として働いている人も，また，たくさんいます。

経済の国際化と企業の論理　今日は人も情報も物もお金も一夜にして世界中を駆け巡ってしまいます。その結果，どの産業も国際化し熾烈な国際競争をしています。

わが国の企業は先進諸国との競争だけでなく低賃金を武器にした開発途上国からの追い上げも受けています。企業にはだれにもつくれない製品をつくるか，価格競争やサービスにおいて他企業や他国企業より優位に立つ製品をつくることが求められています。

優れた製品をつくり，国際競争に打ち勝つためには優秀な技術者やコミュニケーション能力に秀でた人材が必要です。それには想像力をもった人や交渉力を備えたビジネスマンが要ります。

競争力のある製品をつくる一法は生産コストの低減にあります。そのために企業は労務費を下げようとします。それがときにフルタイマーよりパートタイマー，直接雇用より間接雇用，自社社員より派遣・契約社員や請負業者，日本人労働者より外国人労働者を使っていく誘因となります。

3.3　働き方の多様化が意味するもの

働き方が多様化したことには，労働者にとって，社会にとって，いい面と悪い面をもたらします。

選択肢が多いということは一般にはいいことと考えられます。一種類のテレビしかないより，プラズマがあり，液晶があり，そのサイズも大小さまざま，機能や価格も千差万別であれば，消費者の欲望をよりよく満足させることができます。

図 1-3　働き方の多様化の明と暗

明：ライフスタイル，人生観，勤労観に合致した労働，仕事の選択
暗：賃金の格差拡大と二極分化　　生活保障と社会保障の劣化
↓
（勝ち組と負け組み　賃金格差，健康保険や年金の問題）
↓
労働紛争
生活不安・社会不安

多様な働き方が用意されていれば，自分のライフスタイル，人生観，勤労観に合わせ，より満足のいく働き方を選択することができます。それは当然よりよい人生に通じます。しかし，選択肢がたくさんあるからといって最低のお金で最高の機能をもったテレビを買おうとしても無理です。働きもしないで大金を稼ぎたいといってもうまくいくものではありません。加えて，選択肢が多いと選択を誤ってしまう可能性も出てきます。惑わされて買うことも粗悪品をつかまされてしまうこともあります。困ったことに働き方の選択肢には労働者側の欲求を満たすより営利を目的とする企業の論理によってつくりだされたものが多々あります。

働き方の多様化が非典型労働者にもたらした悪い面の端的な例として，

・賃金や労働条件の劣悪性

・生活保障と社会保障の脆弱性

をあげることができます。これが生活不安，社会不安を引き起こし，労働者の生活を脅かしています。このことから労働紛争も起きています。

働き方の多様化がもたらした明るい面と暗い面をわかりやすく描くと図 1-3 のようになります。

賃金格差　わが国は所得格差の小さい国として知られてきました。しかし，このごろはよく所得格差，賃金格差が問題にされます。それと関連して，「勝ち組」，「負け組」という言葉も聞きます。「格差社会」という言葉も頻繁に使われるようになってきました。

一般に，非典型労働者の賃金その他の労働条件は典型労働者に比べ劣悪です。就業形態別にみると，労働時間を調整した後の月間賃金総額は専門的知識をもっていると思われる契約社員で正規社員の84％，派遣社員で75％，短時間パートで47％，臨時的雇用者で50％といったところです（図1-4参照）。
　賃金格差はそれが能力の違いや労働投入量の違いからきているのであれば，ある意味で当然のことです。問題はそれが不当な理由から生じているケースが多いというところにあります。

社会保障の脆弱化　非典型労働者の多くは社会保障――雇用保険，健康保険，年金保険，労災保険など――の便益が受けにくくなっています。これは一方で制度に起因する問題であり，他方で雇い主に起因する問題です。
　ここで，非典型労働者の社会保険の加入状況を見てみます。表1-3は雇用保険，健康保険，年金保険（厚生年金保険）を例にとって，契約社員，臨時的雇用者，短時間パート，その他のパート，派遣労働者の加入状況を示しています。これで見ると，各保険の加入率は契約社員で7～8割，その他のパート

図1-4　正社員と非正社員の賃金格差

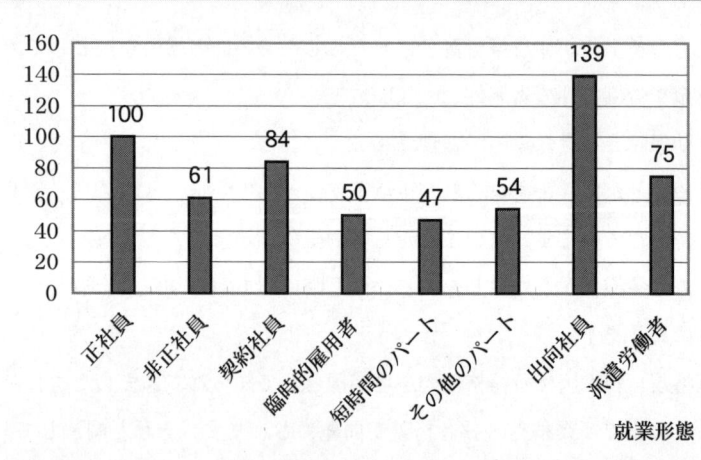

（出典）　厚生労働省『労働白書』（2003）
（注）　正社員を100とした格差（労働時間を調整）

（労働時間が正社員なみのパート）で5〜7割，臨時労働者や短時間パートで2〜4割となっています。雇用保険は雇用期間が1年以上にわたり週20時間以上働いている人に適用されます。パートタイマーや登録型派遣労働者でもこの基準を満たしていれば雇用保険に加入することができます。健康保険や厚生年金保険は1日または1週間の勤務時間，あるいは1カ月の勤務日数が正社員など通常の労働者のおおむね4分の3以上であれば加入することができます。

社会保険料は労使で折半します。ですから，企業は雇用の継続性や安定性が定かでない場合には加入に消極的になったり，それを回避するために非典型労働者の就業を抑制したりすることがあります。雇用保険では加入条件を満たしている労働者の場合でも企業が加入手続きを怠る例もあります。

表1-3 日本の非典型雇用者の社会保険加入状況

単位：％

	男性		女性	
	既婚	未婚	既婚	未婚
(1) 雇用保険				
契約社員	77	82	80	85
臨時的雇用者	31	17	42	20
短時間パート	26	13	40	34
その他のパート	69	45	77	72
派遣労働者	48	69	67	76
(2) 健康保険				
契約社員	80	82	73	85
臨時的雇用者	26	14	41	19
短時間パート	18	6	19	25
その他のパート	67	51	67	66
派遣労働者	49	70	55	73
(3) 年金				
契約社員	76	80	72	84
臨時的雇用者	19	15	8	17
短時間パート	9	7	19	24
その他のパート	60	49	66	65
派遣労働者	47	60	52	69

（出典）　日本労働研究機構（2003）『非典型雇用労働者の多様な就業実態』

健康保険は年収が130万円未満の被扶養配偶者であれば配偶者の加入する健康保険の被保険者となることができます。厚生年金保険も，健康保険と同様に年収が130万円未満の被扶養配偶者であれば第3号被保険者として配偶者が加入する被用者保険の被保険者となれますので，企業は社会保険料を拠出しなくても済みます。したがって，非正社員の社会保険加入者率が低い理由には社会保険料負担を回避しようとして就業を抑制する企業の思惑がある一方で，被扶養者としての立場に止まろうとする非正社員の思惑が働いている場合もあります。自営業者や個人請負業者などは企業と雇用関係がありません。したがって，労災保険，雇用保険，健康保険，厚生年金保険などの被用者保険はありません。健康保険や年金については国民健康保険や国民年金がありますから，それらに加入することになります。しかし，所得の低い非典型労働者の場合，なかなか加入しなかったり加入しても未納に陥りやすくなってしまったりします。

　ここで，非典型労働者が直面する労働問題をとくに社会保障を中心に偽装請負，偽装雇用，細切れ契約，賃金差別の4例で示してみたいと思います。

　最近，偽装請負が問題になっています。偽装請負は実態は派遣労働なのに人件費を削減するために請負契約を装うというもので製造業を中心に広がっています。

　偽装雇用は，企業と労働者との間で雇用契約の代わりに「業務請負契約」を結び，労働者を「個人事業主」として取り扱うことに見られます。こうすると，企業は労働者を保険に加入させる義務がなくなります。また，労働基準法に準拠した監督責任もなくなります。偽装雇用はトラック運転手，SE・プログラマー，保険外交員，建設現場などによく見られる例です。

　細切れ契約は雇用期間を短くし，また雇い直すということを繰り返すことをいいます。これは社会保険に加入させるための便法です。というのは，週20時間以上働き，1年以上継続して働いている場合には，企業は労働者を雇用保険に加入させなければならなくなるからです。

　賃金差別は読んで字の如しです。この問題は正社員と同じ仕事をしている

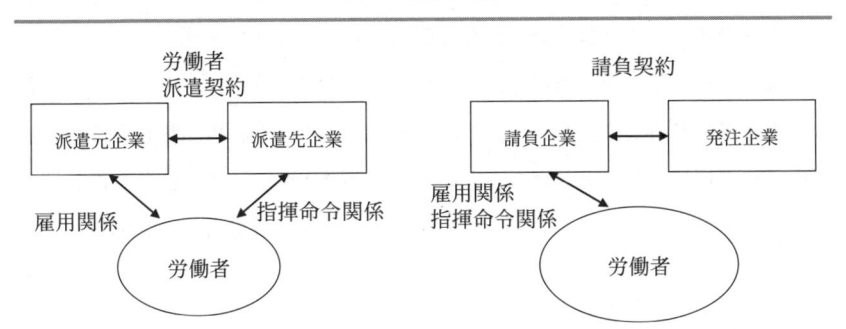

図1-5 派遣と請負

パートタイマーが正社員と同じ時間働いているにも関わらず賃金が低かったり，同じ時間働いていないときでも時間当たり賃金が正社員より不当に低かったりする場合に起こります。正社員なみのパートタイマーが社会保険に入れてもらっていないという例もあります。ちなみに，パートタイマーを正社員と同様の基幹労働者として使いながら，不当に安い賃金しか支払っていなかったため，同一労働同一賃金の原則に反するものとし敗訴した自動車部品メーカーの有名な裁判例があります。

さて，偽装請負の問題に戻ります。みなさんには派遣と請負の違いがわかりにくいかも知れませんので，まずその説明をします（図1-5 参照）。

派遣とは派遣元企業が自己の雇用する労働者を派遣先企業に送り，その企業の指揮命令のもとに労働に従事させることをいいます。この場合，派遣先企業と労働者の間には雇用関係は存在しません。一方，請負とは労働者の送り元の企業，つまり請負企業が自己の責任で仕事を他の企業から引き受けて行うことをいいます。このとき，請負企業と仕事をする労働者の間には雇用関係と指揮命令関係があります。しかし，仕事を発注した方の企業と仕事をする労働者の間にはこれらの関係はありません。

請負企業は発注企業から業務の委託は受けますが，独立した企業として製品をつくり発注企業に納品します。しかし，実際には請負企業が送り込んだ労働

者を発注企業の正社員が指揮命令して作業を行っているケースが多くあります。こうなると，これは請負ではなく派遣となってしまいます。

　それではなぜ初めから派遣労働者を使わないのでしょうか。それは派遣だと管理責任が生じるからです。一定期間を超えて雇う場合，派遣先企業には派遣労働者を直接雇用しなければならないという義務が生じます。請負であれば，この拘束を受けなくて済みます。社会保障の点では請負業者には労働者に労災が起きても労基署に報告しない業者があります。また，労働者を社会保険に加入させるための義務を怠っている例もあります。

4. 働くことの未来

4.1 生活保障の将来

　働き方が多様化したことと，その社会的背景，働き方の多様化が私たち労働者の生活に与えている影響（労働問題）を考えてきました。

　「多様化」は本来いい響きをもった言葉といえます。しかし，今日の働き方，とくに非典型労働者の働き方を見てみると，多くの非典型労者＝労働弱者という構図が浮かび上がってきます。それは賃金にしてしかり，社会保障にしてしかりです。そこで，賃金に関していえば，当然のこととして，その是正に向けての方策を立てる必要があります。

　最近，厚労省は「脱非正社員」政策のための予算請求をしました。これは非正社員が増加する中で労働者の正社員化を推進しようというものです。これが成功すれば賃金とともに同時に社会保障問題の解決にもなります。しかし，ここには企業の論理からくる，ますますの非正社員化の進展という"障害物"があります。

　社会保障制度に関しては，結論的なことだけいえば，まず，制度を簡素化することが求められます。たとえば，複数の公的年金制度が就業形態や雇用形態にリンクして並立し，また，その間での移行の手続きが複雑になっている年金制度には早急な一元化が望まれます。その一方では，年金だけに留まらず，最低限の保障，健康，最低生活所得，家族手当などの保障について，すべての就

業者を対象にした社会保障制度を構築し，それを一元的に管理することも望まれます。社会保障は従来の正規社員を基準にした制度から，正規，非正規を問わず，労働者全体を一本化してカバーするような制度へ変換する必要もあると思います。そうしないことには，労働の多様化のみが進む中で多くの国民の福祉が損なわれてしまう恐れが出てくるからです。それは即，生活不安，社会不安，社会基盤の不安定化につながります。

4.2 明日の働き方

働き方を問題にしてきましたので最後にこれから働くということがどうなっていくだろうかということについて，ちょっと展望しておきたいと思います（図1-6参照）。

雇う側の企業からすると，すでにその方向をとってきていますが，これから長期的雇用，年功序列的賃金，温情主義的な経営スタイルはよくも悪くも無くなっていくと考えていいと思います。その結果，雇用関係は市場介入型の色彩をますます強めていくはずです。そうなると，能力開発においても，従来のものとは異なり外部労働市場でのエンプロアビリティを高めるような方向性を

図1-6 明日の働き方

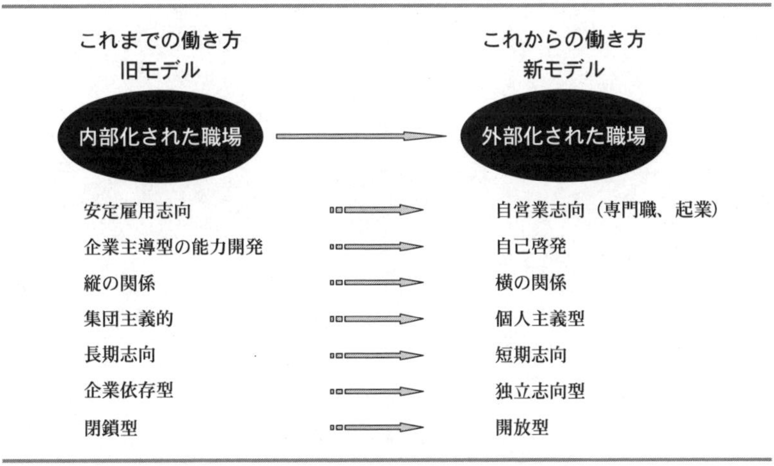

これまでの働き方 旧モデル		これからの働き方 新モデル
内部化された職場	⟹	外部化された職場
安定雇用志向	⟹	自営業志向（専門職，起業）
企業主導型の能力開発	⟹	自己啓発
縦の関係	⟹	横の関係
集団主義的	⟹	個人主義型
長期志向	⟹	短期志向
企業依存型	⟹	独立志向型
閉鎖型	⟹	開放型

もったものが主流になっていくでしょう。

　組織についていえば，これまでの縦の関係は崩れ横の関係へ，閉鎖型の雇用関係から開放型（オープンな）雇用関係へ，集団主義的，長期的な志向から個人主義的，短期的な志向をもった集合体に変わっていくと思います。

　図1-6にあるような変化が起こってくることを想定すると，労働者には自らの力で道を切り開いていくこと，つまりは自立が求められます。これから労働市場に打って出ようとしているみなさんには，人にない知識や技術を身につけることや，強固な横の関係を築くための人脈づくりの能力を磨いていくことがことのほか大事になっていくだろうと思います。

質問箱から

問 若年層の中でも非正規化が進んで格差が進んでいるのではないでしょうか。この格差についてどう思われますか。

答 たしかに若い人の非正規化も進んでいますね。それが格差を生んでいることも事実です。では，その格差をどう考えるかという質問ですけれども，これには個人の問題と社会全体の問題があると思います。一人ひとりの問題として考えてみると，経済格差はフルタイムで働いていようと，アルバイトであろうと，あっても仕方ない部分があると思います。能力がある人がそれなりの処遇を受けるのはある意味でごく自然なことではありませんか。そこに生まれる格差も認めない社会だと，他でもっと大きなものを失ってしまうこともあります。それに，経済格差は人生の豊かさと一致するとも限らないものですね。みなさんの中にも，お金よりも自由や時間などを大切にして生きたいという人はいませんか。問題は，正規社員で使うより非正規社員で使っていた方が安くつくという理由や，性別によって賃金格差が生まれたりしたのでは困るということです。

社会全体からみると，格差のマイナス面は見逃せないものですね。犯罪をはじめとする社会不安をもたらすだけでなく，福祉の問題も出てきますから。厚生労働省が脱非正社員化政策を唱えているのもわかります。

というわけで，ちょっと全方位的なことをいえば，格差を認めたうえで，その野放図な拡大を抑えつつ，思うに任せぬ人にはしっかりとしたセーフティネットを用意することが大事だということになるかと思います。

問 フリーターが問題視される一方で，企業はコスト削減のために正規労働者を雇わない傾向にある。非正規労働がこのまま増え続けていった場合，日本の経済の健全性は保たれるのでしょうか。

答 それがいいか悪いかは別なんですが，非正規労働が与える日本の経済活動への影響はいまのところプラスだろうと思います。非正規社員の生産性は低いとはいえませんし，熾烈な国際競争にさらされている企業にとっては，それが競争力を支えている部分もあります。ただ，これはすでに多くの労働問題を提起しており，また，技術の伝承とか企業文化の維持という点ではマイナスの影響もありますので，長期的に見たときには非正社員化は程度問題ということになります。

問 非正規社員の7割が女性ということは，いわゆる女性の働き方に関して特有の問題があるのでしょうか。

答 非正規社員の7割が女性である理由は簡単です。女性は学校を出て働き出しでも出産・育児でやめ（させられ），再び働きたいと思うときには，もう非正規の

道しかないのです。それに何といっても男社会の名残もありますね。その点では，たしかに日本企業は女性より男性を求めています。だから，優秀な女性は，男女の区別なく雇ってくれる外資系にいったというようなこともありました。女性が働くための環境が整えば女性の正社員は当然増えると思います。

　ところで，ここにいる女性のみなさんは働き出したらとにかく続けてもらいたいと思います。でも，まだ環境が整わず，保育所なども足りないという状況もありますので，そのことを考えると，働き続けるためには職種を選ぶこととか，理解ある結婚相手を選ぶこととかも意外に大事かも知れませんね。本来はそれではいけないのですが。ぜひ頑張っていただきたいと思います。

　私は，みなさんが同じ経済学部を出て，男性は働き，女性は働かないというのではもったいないように思います。多様な生き方があること自体はいいことですけれども，今は昔よりも多少でも働きやすくなっていることもありますから，後に続く同胞のためにもがんばってもらいたいと思います。

第2章 外国人労働者と人権

寺中 誠

1. はじめに

　アムネスティ・インターナショナル日本の事務局長の寺中と申します。私は中大附属高校の出身ですが早稲田に進学し，そこで学んだのが「犯罪学」という学問です。最近は，特に外国人の問題が焦点に上ってきたという印象があります。「外国人」をめぐる問題には誤解も多く，その辺を整理してまとめるために，『グローバル化時代の外国人・少数者の人権』（明石書店），『外国人包囲網─治安悪化のスケープゴート』（現代人文社）など，何冊かの本づくりに参加しています。

　この連続講座は「経済と人間」というところに焦点を当てるわけですが，経済活動というのはそもそも「人間」がいなければ存在しないということは，皆さんご承知だと思います。この「人間」というエージェントは一体どういう存在なのかということを，もう1回見つめ直さなければいけない。「人間」とは，片方では社会的な存在であると同時に，もう片方では法的な存在です。人権という問題は，この法的な存在に関係します。しかしこの問題は，この法的な存在である人間にとどまるものではなくて，結局は社会的な存在としての人間そのものに影響を与えることになります。若干抽象的になりますけれど，現在のグローバル化する経済の中で，どういうふうに人間の権利・生活を見るか，権利も法的な概念としてよりは，社会的な意味での権利，人間が普通に暮らせるような状況をどういうふうに実現すればいいのかという観点から見る。そのときにどうしても落ちてしまう人々がいる。そういうマージナルな人々というのがどういう存在なのかを見つめ直していこうと思います。

2. 日本におけるオーバーステイ

　私が所属するアムネスティ・インターナショナルという組織は全世界で150カ国くらいに展開しておりまして、約220万の会員がいるという世界最大の人権団体です。日本にも約6000人の会員がいて、一緒に活動をしています。アムネスティは、NGO、つまり政府でもなく営利を追求するわけでもない「非政府組織」です。これに一番近い概念はいわゆる市民運動というものでしょう。世界の人々の人権を守ろうというと、非常に格好つけていいことをしているように聞こえるかもしれませんが、実際にやっていることは現場に即した、かなり泥臭い実務が大半です。そういう現場の中では、実際の被害者や問題を抱えている人々に直接会うこともあります。そうした活動が世界レベルで行われているわけです。

　きょうの話は「移住労働者」に焦点を当てます。「ディアスポラ」という言葉をご存知ですか。「故郷喪失者」と訳しますが、その典型例はユダヤ人です。中世のヨーロッパ社会におけるユダヤ人というのは、ユダヤの地を追われ異国の地に何世代も暮らしていた、まさに「移住労働者」の一種でした。このように、現象としての移住労働者は、さまざまな時代を通じて、合法非合法を問わずかならず存在しました。そしてそういう人々は国境の概念に縛られることなく、国境を越えて移動してきたわけです。

　それに対して現在、彼らに対して法的な見地から「移住労働者」、あるいは「外国人労働者」という形で線が引かれているのです。法的な見地というからには、その人々の権利をどこかで制限しているのだということに、まず目を向けねばなりません。論理的には特殊な特権的な地位が与えられている可能性もなくはないのですが、実際には権利の制限の度合いが強いというのが現状です。

　この移住労働者が法的に地位を認められた場合には、統計にあらわれます。日本であれば、入国管理局の外国人登録の就労形態や滞在資格に関する統計として出てきます。しかし、この統計上どれだけの人が就労資格を持っているの

かという数値と，合法非合法を問わず現実に存在している移住労働者の存在は別問題です。つまり現実の世界に生きている移住労働者は，資格の有無にかかわらず，普通に生活し，食べ，友人関係をつくり，家族関係もつくっているわけです。そしてそこでは生活費を稼がねばなりませんから稼ぎます。

　日本では留学という滞在資格の中には，就労は含まれていません。だから，留学生は本来，就労してはいけないのです。しかし生活の必要もありますので，例えばアルバイトは就労にあたらない，ということで入国管理局もある程度は認める方向にあります。つまり，就労資格というものをわざわざ決めてはいるけれど，実際には移住者は，ほぼ例外なく就労しなくてはやっていけない。そうすると，逆に就労資格というものを，わざわざ決めていることの理由は何だろうという疑問が湧いてくるわけです。そのあたりに日本の入国管理の政策があらわれています。どういう人々に移住労働者としてのステイタスを与えるのか。実は非常に選択的に与えてきているのです。

　現実に日本で働きながら，そうした合法的移住労働者としてのステイタスをもらえない人たちとして，「オーバーステイ」という人々が存在します。ここで言っているのは，短期滞在で来日し，3カ月を超えてそのまま滞留した人たちです。しかしそこで生活するためには就労しないと仕方がないわけで，適法な資格をもっていなくても労働に従事することもあるのです。これが移住労働者のカテゴリーに入ってくるのです。オーバーステイだから，それ自体が違法な形態だという人もいます。「不法滞在」という言い方もあります。

　問題は，この「不法滞在」が本当に「不法」な「犯罪」なのかということです。確かに法に違反しているという意味では不法かもしれません。けれども，犯罪になるような行為には，まず基本的に被害者がいて「被害」つまり「法益侵害」が発生した段階でそういう行為をした人が犯罪者として認識されることになります。もちろん「被害者なき犯罪」というものは存在します。あるいは「被害者がいても，それを被害者として認識していいのかどうか」といったような犯罪などもあります。

　しかし，オーバーステイは，単なる行政手続に対する違反です。これは例え

ば，右側通行の道路を左側通行したのと大差ない行政手続違反なのですが，行政罰ではなく，「特別法犯」として犯罪化されています。これは，政策的合意の下に行政手続違反を犯罪にしているだけなので，「これは犯罪ではない」という逆の合意をつくることも比較的簡単です。現実にそういう国はたくさんあるのですが，日本では「犯罪」にまでして，オーバーステイに「犯罪者」というカテゴリーを形式上あてはめることを可能にしているのです。

　彼らの実態を見ていくと，彼らは基本的に普通の家族生活を送っているだけです。10年，20年日本にいて，皆さんより流暢に日本語を話す人もいます。そういう人々が，日本の国籍をもっていないというだけで差別の対象になる。そして，就労資格をもっていないから実は仕事で雇っちゃいけないんだよということになって，その結果，どうなると思いますか。それで首になるということなら，それはそれでまた大変な話ですが，そうでない場合，「雇ってやっているんだから恩義に思え」とどんどん買いたたかれるわけです。つまり安い労働力として搾取される。文句を言ったら，「それだったらお前要らないよ，お前を帰そうと思ったら，すぐに通報すればいいんだから」ということで，脅迫されるわけです。

　ところで，そういう移住労働者の人々は，社会保険や税金なんかは払ってないでしょうとよく言われますが，給料をもらっている限りは，払っているんです。もし払っていないとすれば，それは源泉徴収をしている雇用者側がそれをため込んで払っていないのであって，悪いのは雇用主側です。実際には，かなり多くの雇用主は，これをきちんと払っています。ですから，労働法上，オーバーステイの労働者の場合も，労働者としての権利をすべてもっています。そのため，労働災害に遭っても，そういう人々に対しても労災保険が下りるという法の建前などもきちんとあります。ところが，そうした労働者の権利が適用されない，そういう移住労働者の形態も実は存在します。それは「研修生」という労働者形態です。

3. 外国人労働力導入方針のゆがみ

　研修生というのは，研修すなわちトレーニングを受けている，つまり，学生さんと同じですね。学生さんなんだから，授業料を払ってもらってもいいぐらいなのに，給料まで払って研修をさせてやっているんだから，文句を言うなということになります。例えば残業してもひどい時には時給百円とかいう世界です。この研修生は，結局，安い労働力として中小企業の小さい工場などに派遣される。

　この派遣の大元を握っているのはどこかと言うと，実は厚生労働省なんです。つまり国が率先して，そういう研修生を送り込んで買いたたいているというような実態が，一方であります。この場合は，正式の滞在資格がありますから，オーバーステイではないんですね。けれども恐ろしいことに，この人たちがもし労働災害で怪我をしたとします。労災の適用にならないんです。それは明らかに労働基本権の侵害だということで，労基法違反ということで訴えることがあるわけですが，厚生労働省は，「研修生は労働者ではない」という省としての見解を未だに変えていません。ですので，研修生は労働者ではない者として扱われ，ほとんど奴隷状態に陥る。

　事実上，彼らは行動の自由が奪われています。例えば，研修生の人たちが稼いだお金の大半は，強制貯金という形で強制的に徴収されます。これは日本国内で本人たちの手に渡らないようにするということが目的です。もちろん，研修期間が明けた段階で，一応返すことにはなっているんですが，本人たちはこのお金を日本では使えないんですね。それからパスポートも取り上げられます。外国人登録証がありますから，とりあえず近所を歩くことはできますが，例えば国外へ出ることはできませんし，逃げることもできませんし，それから今のところ，旅行に行くのもそう簡単ではありません。人の移動の自由を奪っているわけです。

　この研修生制度というものをもっている2つの国のうち，1つが日本で，もう1つが韓国です。韓国は最近，この研修生の制度をいろいろ改定していまし

て，多少，日本よりはましになってきていると言われています。それでも研修生という枠組みを使って，安い労働力を社会の中で確保しようという方針は変わっていません。

　問題は，この安い労働力がなぜ研修生という形で確保されたのかということです。それには実は日本の移住労働者政策が大きく関わっています。移住労働者の受入れ政策に関しては，まず政財界ともに，基本的には外国人労働者を受け入れるというふうに主張しています。意外に思われる方もいらっしゃるかもしれませんが，受け入れることは，日本の国益に適うと政府も言っていますし，財界も日本の経済の発展に適うというふうに考えています。

　問題は「だれを，どのような形で受け入れるか」です。技術専門職などの分野における外国人労働者受入れは，財界が強く主張しています。そして，それによって大々的に増えている技術のステイタス（在留資格）をもつ移住労働者の多くが南アジアのIT技術者です。IT関係の技術を導入するために，移住労働者として，南アジアの情報技術立国から人々を受け入れるというのが財界の現在のトレンドです。

　そういう人々は結構優遇されていると言えます。しかし，一方で単純労働者の受入れは拒否していました。単純労働というのは，つまり本当にだれでもできる労働なので，労働市場の管理という観点から，建前上受入れを拒否してきたわけです。この単純労働には，例えばコンビニの店員さんや，工場におけるプレス加工の職人さんなどが入ります。プレス加工と言っても，大変な技術を必要とするものではなくて，要はコンビニ弁当の蓋をプラスチックでつくるとか言ったものです。ところがそういう作業はかなり時給も低く，オーバーステイの人々あるいは留学生の人々，つまり正規の就労資格をもっていない人々に，もしくは先ほど申し上げた研修生に頼らないと，労働力が確保できないのが日本の現実です。その現実を，ずっと日本の為政者たちは黙認してきました。

　しかし最近，オーバーステイが大量になっていくにつれて，今度はオーバーステイを狩り出そうというような発想になり，オーバーステイ半減化政策とい

うものが東京都と警察庁, 入国管理局の共同声明という形で出されました。これはちょっと荒唐無稽というか, そんなことをやったら, 日本の社会は現実にはやっていけなくなるという, 状況を無視した政策ですが, ともかくこの政策によって, 今, オーバーステイの摘発が非常に強く進められています。

　もう一方で, 最近, 財界や政府などで, 労働市場の問題はさておいて, いわゆる老人介護の分野で単純労働者として外国人を受け入れようではないかという話が出ています。この介護の現場には, 西欧やほかの国々でも外国人労働者は結構たくさん入っています。実は日本でもフィリピンから介護労働者を入れようという話が出ている。これはおわかりのとおり,「きつい」「きたない」「きけん」という, いわゆる3Kの仕事ですね。このように, 日本人の労働力でこれを賄うことが難しいであろうという予測がたつ, 3Kの典型例のようなところには, 外国人労働者を受け入れようという判断をしているわけですね。これが近年の政策変更です。

　オーバーステイがこれだけ増えた理由は, 本当は, 外国人労働者を最底辺労働者層として導入してきた過去の日本の入国管理政策です。それを主導してきたのは他ならぬ入国管理局なんですが, その入国管理局が, 今や「オーバーステイを摘発するのは我々の仕事です」というふうに言い始めている。自分たちが勝手に入れて, そこに住まわせていた人々を今度は逆に追い立てにかかっている, 非常に身勝手, ある人に言わせれば「恩知らず」な政策です。結局現在は, 単純労働者受入れは拒否, でも, 介護には入れましょう。だけれども, 今の段階では「オーバーステイをとにかく出しましょう」ということなのです。

4. 日本の難民政策

　もう1つ重要な論点が難民の問題です。難民というのは, 皆さん, 紛争下の地域で, 家を追われて難民キャンプにいる人々のことを想像すると思いますが, 日本にも難民は来ています。日本に来て亡命を申請するわけですが, 彼らに難民としての地位を与えるかどうかは入国管理局が判断します。しかし彼らは, この難民制度を「悪用」して, 経済的な理由で就労を求めてやってくる外

国人がいる，それを取り締まらなければいけないと言い始めています。実際には法律制定以来，これまでに難民申請をした人の数はのべ5,000人程いるのですが，難民認定された人の数は，本当にその中のごく僅かです。

　実は2005年の日本での難民認定数というのは，それまでの4倍の46人に跳ね上がりました。つまりそれまでは10人程度しかいなかったということです。難民認定率は世界最低の水準です。ただし，昨年難民として認定された人46人中，45人が実は軍事政権があるビルマからの難民です。そういう人々に対しては，ある程度難民の認定を認めています。

　ところが，トルコの北部にあるクルド人地域のクルド人たちの場合は，事情が違います。クルド人地域は，トルコの軍や警察から侵害を受けていて，それを逃れて世界各地に亡命する。日本にもやってきます。そして数から言うと，ビルマ人とほぼ拮抗するぐらいの人たちが難民認定の申請をします。ところが，この人々の中で難民として認定された人は「ゼロ」です。難民として認めるということに対して非常に怖がっている，そういう入国管理局当局の「感覚」とでもいうべきものが一方には見えます。

　個人的には，政治的な難民でも経済的理由だろうが何だろうが，私は認めてもいいと思うんですね。経済的に，またはその他の理由でそこでは暮らせなくなって家を出ていく人々というのは世の中にたくさんいます。その人々がほかのところで何とか暮らせるようにということで亡命を申請することの一体どこがおかしいのでしょうか。もちろん，今の難民条約の枠組みは，政治亡命しか認めていませんけれども，経済的な移住に関しては，別に難民のカテゴリーじゃなくても，ほかのカテゴリーで認めることが可能なわけですね。だったら，日本経済がどうのこうのとか，労働市場がどうのこうのといういうことを考える前に，それで認めればいいじゃないですか。それが人道的措置というものだろうと私は思います。しかし，日本の入国管理局は，「美しい国」日本を守るために，外国人は受入れを拒否するという方針をもっているのです。

5．世界に見る移住労働者への人権侵害

　移住労働者とはどういう存在なのか，ちょっと世界的に見てみましょう。移住労働者及びその家族というのは，非常に権利が侵害されやすい状態にあります。要するに，自分たちの故国を逃れているため，権利の制限を受けています。そして，いろいろな国の社会で底辺労働者層を形成しており，その生活程度は，低賃金で搾取された結果，極貧状態にあります。例えば，ロシアのモスクワに住んでいるタジク人労働者です。タジク人はロシア語は何とか喋れるので，モスクワへ行って働こうとする。旧ソ連のころには，タジク共和国という，ソ連領内からの移動者であったわけです。しかし今は出稼ぎ外国人労働者ということになります。彼らはたいてい，ガレージに住んでいます。モスクワで冬にガレージに住んでいたら普通は死んでしまいますが，そこに暖炉などを持ち込んで何とか暖を取って生活するというのが，この人たちの日常なわけです。つまり命に関わる状態にまであるわけです。これは別にロシアだけではありません。いろいろな国でそういうことが起きています。

　移住労働者に対しては，例えば警察官，治安部隊などの暴行が加えられることもあります。ロシアなどは，こうした動きが激しく，覆面をした治安部隊の警察官が移住労働者を取り締まる際に，暴行を加えたりしているんですね。でも，程度こそ違え，これはよそごとではないんです。日本で東京都心の駅などを歩いていて，その人の見かけや格好がちょっとでも「外国人ぽかった」ら声をかけられることがあります。そして，その人がうまく答えられなかったら，ちょっとこちらへ，ということで警察に連れて行かれて，質問攻めに遭うということが日常茶飯事です。ときどき私たちなども呼び出されて，そういう人たちを迎えに行ったりしています。ですから，移住労働者への激しい取締りというのは，決してよそごとではなくて，日本でも，それに近いことが起きつつあると言えるでしょう。私たちの集会に呼ぼうとした外国人が，駅でつかまって，そのまま入国管理局の施設に放り込まれて送還されたという事件などもありました。

現在,「移住労働者権利条約」という条約があります。国際人権条約の中には,主要条約と言われるものがあります。主要条約には,すべて国連の中でそれを監視する条約執行機関,監視機関というものが置かれております。国連の「自由権規約」と「社会権規約」,「拷問等禁止条約」,「人種差別撤廃条約」,「女性差別撤廃条約」,「子どもの権利条約」,そしてこの「移住労働者権利条約」。現在,この7つが主要条約で,さらに最近「障害者権利条約」が審議中（2006年12月に国連総会で成立）です。ところが,移住労働者権利条約には多くの先進国が入っていません。移住者を受け入れる側の国は,どうやら移住労働者の権利を確保したくないらしいんです。日本もそうです。ということで,これはなかなか実効性が上がらない条約になってしまっています。条約として発効はしていますけれども,日本も他の先進諸国も入っていない。結果的に移住労働者の権利は,一番重要な受入れ国の側で,未だに十分守られていないという状態にあります。

権利というものは,最初にちょっとお話をしましたけれども,侵害されて初めて,それを確保しなければならない必要性が出てきます。自分たちが侵害されたと思ったから,権利があるということがわかるわけだし,それを主張するべき必然性が出てくるんです。

そして権利とは,法的な枠組みによって,自分の侵害された,失われた利益を取り戻す際に用いる「武器」です。人権とか権利とかいうものは,道徳的な価値といった性格を超えて,侵害されたものをきちんと奪い返すための有効な武器であるかどうか,その一点で考えられるべきものです。

こういう形で実際に権利を奪われた人たちを見出して,その人たちの権利を確保していくというのが,権利確保,権利保障のあるべき姿です。皆さんも「子どもの権利条約」「女性差別撤廃条約」「人種差別撤廃条約」などのことは聞いたことがあるでしょう。子どもや女性,人種・民族的マイノリティなどの人々は権利を侵害されることが多いからです。移住労働者もそうなんです。ですから,「移住労働者権利条約」というのが出来上がったわけです。

移住労働者がどのような差別や搾取に遭っているか。何世代を経て生活して

いても，なお，社会の抑圧や差別，弾圧を受けています。特にヨーロッパに行ったアジア系出身者が受けている差別には非常に激しいものがあります（アジア系には，中東系・南アジア系・東アジア系の人も含みます）。ですので，差別を今まで体験したことのないという感覚をおもちの方がいらっしゃれば，例えば私たちアムネスティの国際事務局が置かれているロンドンあたりに行かれると，一日二日いるだけで十分差別が体験できます。それぐらい差別というものは日常茶飯事だし，自分が差別される側になって，初めて認識できるということがあります。その認識をした上で日本に帰ってきて，もう一回自分の生活を見直すと，知らないところで，人を差別していたことに気づくかもしれません。つまり日本にも差別はあります。そんなことはないという方は，気づいてないだけです。

　世界に目を向ければ，子どもで移住労働者であるという二重の弱者として，権利の侵害を受けているひどい例もあります。西アフリカなどの貧困地域では，奴隷売買が行われています。西アフリカだけではなく，中央アフリカ，それからアジア各国，中南米などでも似たようなことが行われています。奴隷売買は児童労働と絡んでいます。子どもが奴隷として売買され，そして働かされる。西アフリカのコートジボアール，その昔象牙の違法収奪で知られていた象牙海岸と呼ばれていたところですが，ここには現在，カカオ豆のプランテーションが広がっています。このコートジボアールでの児童労働が大きな問題になっています。特に，近隣のマリあたりから買われてくる子どもの奴隷が知られています。まだ，小さい子どもです。

　2001年，西アフリカ沿岸である漂流船が見つかりまして，その船の中から20人ほどの生き残りの子どもたちが発見されました。その結果，およそ200人にも上る子どもたちが，どうやら海に突き落とされたらしいということがわかりました。その地域では奴隷売買が盛んで，違法な奴隷売買の市場に連れて行かれる途中の船が寄港を断られて，右往左往した揚げ句，そういうことになったと言われています。こういう子どもたちが連れて行かれる先に，コートジボアールのカカオ豆のプランテーションなどがあるのです。

こういう移住労働者というか奴隷の子どもたちがつくっているカカオ豆がチョコレートになります。コートジボアールのカカオ豆が世界にもつシェアは40％に上るとも言われていますので，皆さんが口にしているチョコレートは，かなりの確率でこういう子どもたちがつくったカカオ豆の可能性があるわけです。つまりこの子どもたちの事件は，「遠いアフリカのどこかの国でそういうことがあったんだね」，という話ではなくて，皆さんがいつも食べているチョコレートの話なんです。こういう問題が表ざたになり，カカオ豆の認証をしよう，児童労働からつくられていないという証明をさせようという動きが出ていますが，まだそれは功を奏していません。多くの企業が「うちは大丈夫です」とおっしゃいます。食品大手の会社からも，「うちは大丈夫です」というお手紙をいただきましたが，各企業とも，まだこうした問題に対して，明確な証拠を備えて反論するという状況にまでは至っていません。

6．外国人犯罪は増えているのか

　「今の日本の治安が悪くなっていると思う人」は，どれくらいますか。ちょっと手を挙げてください。「昔に比べて，今の社会はとても治安が悪い」「警察が弱くなった」と思っていらっしゃる方，ばらばらといるようですね。「そんなことは全然ない，日本の治安はとてもよい」と思っている人，どれくらいいますか？　両方拮抗していますね。でも，報道の中で見ていく限り，今の社会は治安が悪くなったと感じている人は80％だと言われています。そして，例えば政治家の演説などでも「今の社会は雰囲気が悪い，治安が悪い」と言う人が多数です。

　その実態を見てみましょう。犯罪白書の中の「一般刑法犯の認知件数」というのを見てください（図2-1）。つまり日本で起きている犯罪のうち，警察が事件発生を記録した件数がこれぐらいあります。戦後をピークに，だんだんと減ってきたんですが，80年代あたりからだんだん増えてきます。そして，近年の伸びはすごく大きい。そして，これが少し下がったというのが現在の状態です。これだけ見ると，日本の治安は悪くなっているねということになるわけで

第2章 外国人労働者と人権

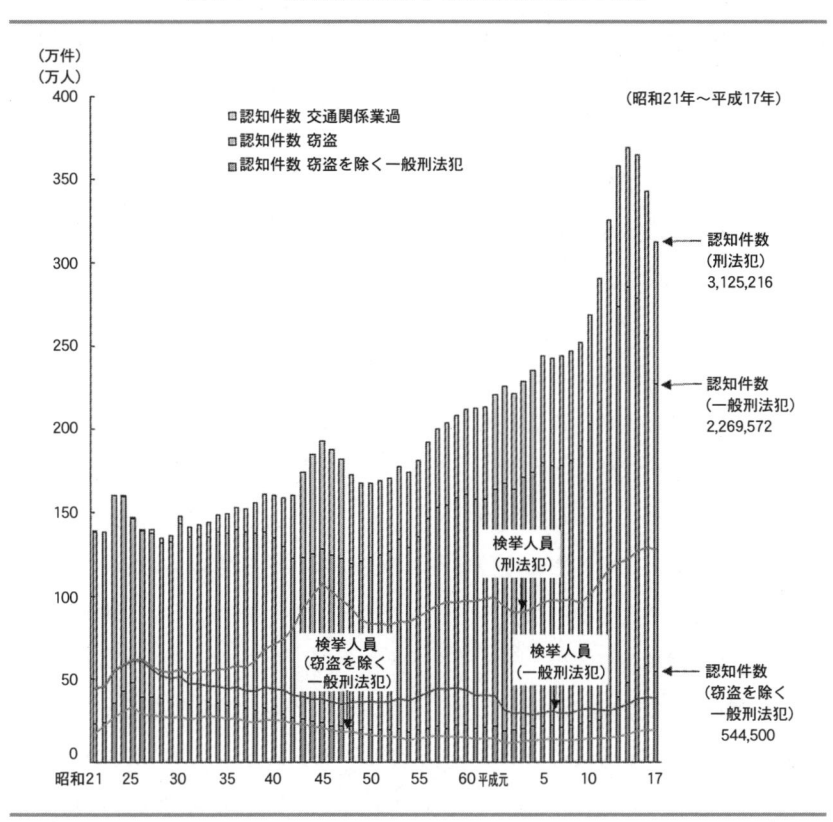

図2-1 一般刑法犯の動向（認知件数と検挙人員）

（出典） 平成18年版『犯罪白書』による。

す。実際，マスコミでも日本の犯罪状況は非常に悪くなったと言われています。

　でも，もう一つ見ていただきたい。日本の一般刑法犯の検挙人員です。こちらは戦後すぐがピークで，その後ずっと微減が続いています。恒常的に減っているわけですが，これは，いわゆる「逮捕」された人の数です。日本の全人口は増えている。にもかかわらず，戦争直後をピークとして，検挙人員，つまり逮捕される人たちは減っているんです。しかもこれを見ればわかるとおり，安定的に減っています。

33

それに対して異常に上がっているのが，最近の認知件数です。特に2000年以降，うなぎ登りです。この認知件数の急増には，実はいろいろな理由があります。一番大きいのが，例えばストーカーとか家庭内暴力（DV）について，従来の警察の方針では，適切に事件として計上していなかった。それを計上するようにしたという方針変更によって，認知の事務手続が変わり，数値が増えたという部分があります。必ずしも，実際の犯罪の事件数が増加したとは，一概には言えないんです。

　認知件数がこれだけ急激に増えて，検挙される逮捕の人数は従来とあまり変わらず，むしろ減っているとなると，当然，検挙率は急に下がります。この検挙率が下がった，ということを踏まえて，日本の治安は悪くなったというのが警察当局の言い分です。とは言え，今皆さんご覧になったとおり，実際は検挙人員数は安定しているわけですから，そんなに統計上の治安状況が変わっているわけではないんです。むしろ警察当局の認知のやり方が変わったから増えている。しかしその動きを利用して，日本の治安は悪くなったんだという宣伝がされているわけです。

　その中で，治安悪化の要因として，2つのターゲットが矢面に立たされています。1つが少年。今度の国会でも「少年法の改正」というのが出されています。小学生でも少年院に入れることを可能にしようとか，それから「虞犯行為」（つまり犯罪をする虞（おそれ）があるとされる行為）をする可能性のある子どもを強制捜査できるというような法改正をしようとしているんです。そしてもう1つのターゲットが外国人です。

　ただし，外国人でも「来日外国人」の人々の犯罪は，検挙の推移を見ますと，ほとんどが「入国管理法違反」です。つまり先ほどのオーバーステイです。それ以外の一般犯罪となると，あまり数としての変化はありません。多少の増減はありますが，あまり傾向が見出せない。現在は，まあこの平成5年のころよりは少し増えたかなという程度です。もっとはっきりするのは検挙人員です。日本の検挙人員数の推移というのは，先ほど申し上げたように恒常的に微減しているといってよさそうな数字だったわけですが，このうち来日外国人

による刑法犯はどれくらいあるかというと，大体2.0%から2.3%ぐらいで推移しており，昨年は2.2%です。つまり逆に言えば97.8%は，日本人による犯罪で，日本人による犯罪の方が圧倒的に多い。そしてこの割合にはあまり変化がない。

「ちょっと待って。不法就労者あるいは不法滞在者が起こす犯罪ということなら，もっと率が変わってくるんじゃないか。来日外国人の犯罪の中のかなりの数がそれじゃないのか」とおっしゃる方がいらっしゃるかもしれません。でも，オーバーステイが一般犯罪に関与する割合は，せいぜい0.3%なんです。つまり不法就労者，不法入国あるいは不法に滞在している人たちが増えたからと言って，それによって一般犯罪の数が変わったという証拠は，統計的には全くないということになります。

外国人犯罪が，過去最悪の状況という宣伝がされています。これは，「外国人犯罪」の数が，過去最悪ということです。一方で，入国者数は1980年ころの約6倍になっています。約6倍の外国人が入ってきていて，それで「外国人犯罪」の数が過去最悪と言われても，まあ，率から言えば，当たり前の傾向だとしか言えないと思います。

「不法就労が治安悪化の温床である」というようなことがよく言われますが，それを突き詰めていっても，あまり根拠が示されないまま，外国人排斥ないし，管理を強化しようという話が繰り返し主張されているだけです。単に「不法就労者を追い出してしまえ」という主張が先にあって，そのために根拠もない論理が展開されているとしか思えません。

7. 社会不安の投影としての「外国人」イメージ

そもそもこういう犯罪とか治安という問題は，私たちの社会のもつ問題なんです。だからまず，自分たちの社会の方に問題がないかどうかということを考えないといけない。にもかかわらず，そういう考えを促す契機が出てこない。すべて悪いものは外からやってきて，それを排除すれば良くなるに違いないという論理に引きずられています。自分たちが反省する材料が1つも示されませ

ん。そして，外国人犯罪は，日本人の犯罪よりも凶悪だという偏見もあります。「こんなひどいことをやるのは外国人しかあり得ませんね」と，テレビのコメンテーターが言ったりします。

　こういう外国人排斥の論理というのは，外国人は危険だからというイメージが先行しています。これを，「文化葛藤理論」といった形で説明することがあります。つまり「文化が違うから」，というわけです。外国人はそもそも文化が違うんだから，ちょっと「違う」人としてそこの文化になかなかなじめない，だから，犯罪にも陥りやすいんだよ，という説明です。あるいは，「非行副次文化論」という，非行や犯罪に従事する人々には中心文化とは異なる独自の文化や秩序があるんだ，という考え方もあります。しかし，「文化が違う」とか，そう簡単に決めつけていいのかという疑問が湧きます。文化が違うから犯罪をしていると言ったら，全部の外国人が犯罪をしなきゃいけないんですが，そんなことはないですね。だから，「危険な外国人」のイメージがどこから来ているのかということを，もう1回見直す必要があります。

　皆さんの中にも，多分，「正直，自分は外国人は恐い」と言う人は，おそらくいるとは思います。ただ調査などをすると，自分が日常の暮らしの中で直接に付き合っている外国人は，どこの国の人であっても別に何とも思わないらしいんですね。だから，自分の友達なんかは怖くはない。でも，一般名称としての「外国人」，あるいは「よその国の人」という漠然とした存在に対しては嫌悪感をもつ。こういう嫌悪感には，自分たちの日常的な経験からの，感覚的な距離があるんです。このパターンは実は普遍的でして，大昔，ユダヤ人排斥に走ったドイツ人の感情もそうだと言われています。隣のユダヤ人はいい奴だけれども，ユダヤ人は嫌いだ。それと同じように，例えば，隣の中国人は私は別に付き合っていて全然問題ないけれども，でも，中国人って恐いよね，と感じてしまうんですね。

　そのあたりが実際どうなのかということで，中国人，韓国人，いろいろなほかのアジア系の人々も含めてたくさんの人々が住んでいる新宿区が，2003年に，多文化共生のアンケートをやったんですね。そうするとほとんどの人は，

自分の隣人や，友人であれば，中国人だろうが，韓国人だろうが，ほかのアジア系の人々だろうと，外国人であるからといって何も問題はない，と言うんですね。それなのに同時に，「外国人が来てから雰囲気が悪くなった」とも回答しているんです。「外国人が来て不安になった」，「危ない」などと書いてあるんですが，「身近で何か問題がありましたか」と聞くと，ほとんどの人が「何もない」なんです。つまりそれだけの距離感覚をもって，自分のことではないという形にして，抽象化したイメージに対して自分の嫌悪感を投射しているという構造が見えてきます。

　犯罪者イメージを投影する相手としての「外国人」イメージというのが存在するということが，そこでの問題です。似たようなことを，警視庁などの注意喚起ポスターにも見ることができます。たとえばこういうコピーがあります。「不良外国人の犯罪者グループによる注意そらし盗が多発しています」と。でも，これは変です。

　まず，ここでいう「犯罪者グループ」です。このグループはまだ捕まっていないわけです。捕まってもいないのに，どうして外国人だとわかるんでしょうか。それは外国人らしいしゃべり方をしたからだ，と。でも，それだけで，「不良外国人」というカテゴリーに入るかどうか，わかりせんよね。そもそも，「不良外国人」って何でしょう？「外国人グループによる」というふうに書いてしまうと，外国人みんなが悪いという印象をもってしまうので，「不良」という一語を付けるのだと，警察の方がおっしゃるのをうかがったことがありますが，それなら，そういう書き方では，外国人が全部「不良」のように見えるというだけの話です。

　「注意そらし盗が多発している」という言い方も変です。確かに手口の問題として「未遂」もあるでしょうから，わかるのかもしれません。ところが，手口に「国籍別の違いがある」というようなことは，まずわかりません。例えば片言の日本語で話しかけて，わざとそういう手口を使う日本人も多い。手口からは国籍はわからないんです。にもかかわらず，ここでも決めつけをしています。これは実は捜査上，非常に大きな誤りです。本当の犯人じゃないかもしれ

ないわけです。「注意そらし盗」が多発している。そして，それはグループによるものが多いと，グループを強調しています。外国人犯罪グループの暗躍という暗黙の想定が，何か見て取れる表現です。

さて，外国人がグループで犯罪に従事していたという事例は，確か去年一年間で，昨年よりちょっと増えて，全国で十数件だったと記憶しています。つまりそういうイメージは強められているけれども，実際には十数件しかないんです。山のように起きているように報道されていますし，警察もそういうけれども，実際はその程度の数です。

「外国人犯罪」とされたものの内訳を見てみますと，84％が窃盗犯です。あと，警察の統計などでは「その他」として分類されるのが，占有離脱物横領，この場合は多くが自転車盗です。自転車に乗っている人に職務質問して捕まえるということを警察がやっているので，そういう捜査方法によって，構造的に自転車盗が多くなるようになっています。

外国人犯罪は，日本人より凶悪だとよく言われますが，凶悪犯に分類されるのはせいぜい1％。粗暴犯も2％程度です。日本人の場合は，凶悪犯の率はあまり変わらないけど，粗暴犯がもっと多い。ということで，統計的には，「外国人犯罪」とされているものの方が凶悪・粗暴犯の率が低いんです。

窃盗犯の中では，形態としては，自販機荒らしとか車上狙いとかがかなりの部分を占めます。よくサムターン回しとか，シリンダー錠がどうのという話がありますけれども，こういった侵入盗は，実は少数です。サムターン回しだとかシリンダー錠をどうするとかいうことに関しては，窃盗犯の本人たちを対象にした調査の結果を見ても，使えれば使うという程度で，国籍による違いなどはありません。考えてみれば，手口でしかありませんから，それで外国人かどうかというのがわかるわけはない。単なる流行という部分もあります。実際，2000年をピークとして，そのようなシリンダー錠関係の侵入盗の手口は全体的に廃れつつあります。

このように，はっきりとした根拠のないまま，外国人に対する嫌悪というか不安感が，あっちこっちで高まっています。その1つの表れとして，入国管理

第2章　外国人労働者と人権

図2-2　入国管理局の初期のウェブ通報制度の画面キャプチャ

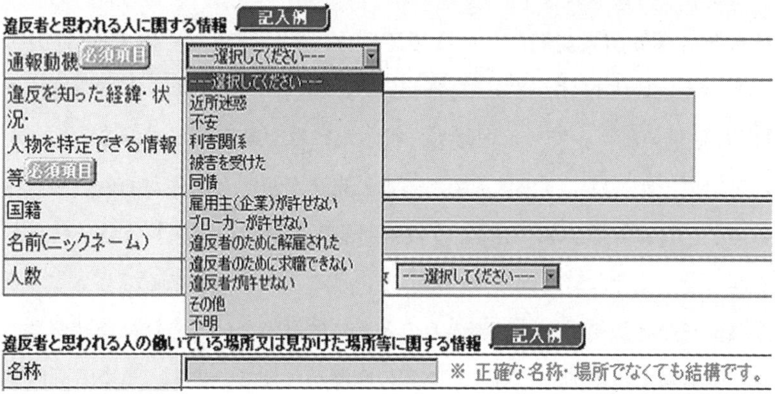

違反者と思われる人に関する情報　記入例	
通報動機　必須項目	---選択してください---
違反を知った経緯・状況・人物を特定できる情報等　必須項目	---選択してください--- 近所迷惑 不安 利害関係 被害を受けた 同情 雇用主（企業）が許せない ブローカーが許せない 違反者のために解雇された 違反者のために求職できない 違反者が許せない その他 不明
国籍	
名前（ニックネーム）	
人数	---選択してください---
違反者と思われる人の働いている場所又は見かけた場所等に関する情報　記入例	
名称	※正確な名称・場所でなくても結構です。

（出典）　入国管理局ホームページによる。

局の「メール通報制度」があります。入国管理局が不法滞在者と思われる人の情報を提供してくださいというウェブサイトをつくったんですね。そこからは，直接手軽にメールで通報ができるんですが，その最初のバージョンが今，皆さんのご覧になっているものです（図2-2）。入国管理局は利便性，つまり便利なようにこういう選択肢をつくったと言っています。そして，通報理由が必須項目になっていますが，なんとその一番上に設定されているのが「近所迷惑」です。外国人がいると，近所迷惑だから通報しました，という。続いて，不安，利害関係，被害を受けた，同情，雇用主が許せない，ブローカーが許せない，違反者のために解雇された（そんなことがあるのかなあ？　とは思うんですけれども），違反者のために求職できない（これはあり得ないと思うんです，求職というのは，誰でも仕事に就けようが就けまいが，みんな求職はできますから），違反者が許せない，その他。とにかくかなり異常な選択肢が羅列されていますね。

でも，利便性を考えてと入国管理局当局が言ったとおり，実際には，一般社会の中にこういう感覚があるんです。恐らくこういうことを電話口で言った人たちがかなりいるので，こういう例が挙がっているわけです。ということは，

39

我々が今住んでいる社会に大きな差別の問題があるんじゃないかということが、ここから読み取れます。

そもそも「外国人犯罪」という用語自体、実は問題なんです。「外国人犯罪」という言い方自体、すでに差別じゃないか、という考え方が必要です。「外国人犯罪」といっても、国籍も、行った行為、事情だっていろいろです。それを十束一からげに「外国人であること自体が犯罪と関係がある」と言っているのと、ほぼ等しいんですね。「被差別部落出身者の犯罪」と言ったら、その瞬間に恐らくそれは「部落差別だ」ということがピンと来るでしょう。そういう感覚がなぜか相手が「外国人」のときには働かない。それはなぜか？　これは「国籍による差別」に対する感覚の麻痺から来ています。単なる「区別」だといって正当化しているわけです。

日本国憲法の中に「ピープル（people）」と英文で書いてあるところが「国民」と訳されているのがあります。日本の憲法は、英文がもともとだったことはご存知ですよね。「ピープル」を「国民」と訳したのは、実は、「国民」と訳すことによって、「国籍者」に限定したかった事情があったからです。ですから、日本国憲法は実は普遍的な人権を守っていない。日本国民の権利しか守っていないんですね。憲法理論では、「人権」に広げるために、そこを解釈で補っています。解釈で補うことが「いけない」とは思いませんが、こういう国民概念に縛られている構造は他の法律にもあります。今、改正論議が盛んな「教育基本法」もそうです。「国民」が教育を受ける権利を規定しているだけであって、「すべての人」が教育を受ける権利ではありません。そして、残念ながら「教育基本法」も、その部分が改正されるという話を未だに聞きません。つまり国民概念に限定して、さまざまな外国人を排斥するという動きは、こういう立法レベルから起きているということをまず知っておいていただきたいと思います。これは制度的な差別にほかなりません。

日本も締約国になっている「人種差別撤廃条約」という条約がありますが、ここにどういうことをやったら「差別」なのかということが規定されています。例えば4条のC「国又は地方の公の当局又は公の機関が人種差別を助長し

又は扇動することを認めないこと。」某都知事の「三国人」発言なんかは，とんでもないことです。この４条のＣに明確に反します。実際に条約の履行を監視する国連の「人種差別撤廃委員会」は，その発言を問題だと指摘しています。それを，本来国際法上の履行義務がある日本政府も某都知事も，一顧だにしていません。

　日本の中枢にいる，ほかの政治家たちも同じような差別発言を行うことがありますが，これも明確な条約違反です。つまり国際法上，国内法での処罰が要求されている行為です。ところが，残念ながら，日本ではあまり問題視されない。そのような状況にあるからこそ，外国人の権利は，きちんと明文で守っていかなければとんでもないことになりかねない，という側面もあるだろうと思います。そのために「外国人の権利宣言」があり，そして先ほどの「移住労働者権利条約」があるわけです。

　「マイノリティ」というのは，いわゆる少数者のことですが，そういう人々は，もともと社会的発言力が弱い。移住労働者のように弱い立場にある人々です。声が弱いから，多数決というものにはなじみません。多数決でやったら負けます。だから，マイノリティという存在は社会の中で主役にはなかなかなれませんし，ある程度の明示的な配慮がなされることもまれです。むしろ問題があるときには，「あいつらがいるからなんだ」というふうにして「悪者」にされてしまいます。そのようなマイノリティを標的にした差別攻撃が，かなり頻繁に見受けられます。これが「モラル・パニック」と呼ばれる状況です。

　現在の治安悪化の主導因であるとされているのは，先ほど取り上げた少年の問題，それから外国人の問題，この２つです。でも，両方ともその根拠はありません。少年犯罪というのは，過去と比べれば決して増えていないし，むしろ減っています。それから少年による凶悪事件も，未遂や予備も含んでいますから，実際に人を殺してしまうような結果にまで至るものは，年間せいぜい20件に満たないのです。少年事件のうち幾つかセンセーショナルなものが報道されているために，私たちの感覚はいろいろと印象の読み間違いをしているわけです。かつての道徳規範が力を失ったという，「アノミー」という感覚の広がり

が，パニック状況を生んでいます。既存の文化，既存の文化規範，つまり既存のルールとかモラルとかが，さまざまなほかの考え方に触れることによって，混乱状態にあるわけですね。そうすると，ひとはしばしば，まず自分の手の届く範囲を管理しようと，管理強化に走ります。そのときに，管理すべき特定の集団をまず「悪玉」化します。世界各地を見ても，「悪玉」の候補にされるのは，「子ども」や「外国人」という点が共通しています。彼らが監視対象になる，これが「監視社会」化の第一歩です。監視社会は，最終的には，住民全員を監視する方向に至るわけですが，これがその最初の導入部になるのです。目で見える違いが一番やりやすいわけです。

8. おわりに

現代の社会，9・11以降の社会では，「反テロ」というのが，社会の管理強化へのきっかけになってしまっています。「反テロ」政策は，世界中でさまざまな形での「入管法」の改定を引き起こしています。入管法を改定するということは，移住労働者を管理するということです。イスラム圏出身の人々をターゲットにするという点が一番問題視されているのですが，これがなぜ入管法の改定という形態をとったかについては理由がありまして，それはまず，入管法が行政手続だからです。行政手続では司法審査の手続は基本的に必要ありませんから，比較的簡単に行政側の裁量で結論を決められます。そのような行政手続を用いて特例措置をどんどん広げていくこともできます。そして，何といっても入管法。水際の作戦ですから，攻撃対象を国外だけに設定することができます。内側は必要ない。内側は基本的にオーバーステイの取締りくらいです。つまり，管理の対象は手軽に特定できる。管理も比較的容易であり，それによって国境を維持することができる。国境を維持するというのは，国の大きな役割です。グローバリゼーションが進行している世の中で，人の移動などで国境概念が揺らいでいるのに，国境維持がむしろ強化できるのは，国策としてはかなりのメリットです。

しかし，そこで実際に排除されようとしている「テロリスト」，「危険な外国

人」とは，どんな人のことなのでしょう。チェチェンの首都グロズヌイ。ロシア軍に一斉に爆撃されて「一体どうなってしまったんだ」と嘆いている老婦人の写真があります。着の身着のままの無防備な姿。もちろん「テロリスト」と呼ばれているのは，この老婦人の方です。わかりますね。それが今の「反テロ」の考え方です。ロシア軍は，「反テロ」という旗印のもとでグロズヌイを攻撃したわけです。つまりロシア軍は，「反テロ」の「正義の戦争」をやっているわけであって，そこで「どうなってしまったんだ」と言って嘆いている一般の民間人であるはずの老婦人は，「テロリスト」とみなされているわけです。

　また，アフガニスタンの難民キャンプ——子どもを抱えて立っている少女の写真があります。ここでも同じことが言えます。「テロリスト」とされているのはこの少女です。あるいはその腕に抱かれている幼児です。これが「反テロ」の示すものです。

　この「反テロ」の世の中で，例えば外国人がかなり差別されるような社会の中で，私たちアムネスティ・インターナショナルという組織は，人権団体として実際何が起きているのかということをつぶさに検証しながら，政府や国連などに働きかけています。この働きかけは，市民運動としていろいろな人々の力を借りながら行っていく。現在日本にいる，およそ6,000人の会員を糾合しながら，その声を世界に届ける活動をしています。

　アムネスティの調査員は，例えばアフリカで，子ども兵士をしていた子どもに聞き取り調査を行うというような現地調査活動をしています。そして，もう片方で，国連人権高等弁務官などの国際機関と協力して，人権を守るための活動をするという共同の意思表明をする。1998年の世界人権宣言50周年の際には，世界中の要人たちに世界人権宣言にサインしてもらうというキャンペーンをしました。こういう形で国連や政府，それから現地のNGOなどとも連携しながら，人権を守るという活動を進めています。世界最大の人権団体で，国連の協議資格をもっています。ですから，国連の中で発言権があります。独自の調査をしていますので，完全に不偏不党の組織として，全くどこの政治にも宗教にも属しません。そのように完全に独立した調査ということで，研究などの

分野でかなり重視される，現場に即した報告書も発表しています。
　会員によって成り立っていますので，皆さんのような学生さんを含めて，あるいは高校生も含めて，一般の方々が会員になっていらっしゃいます。そういう人々が直接に世界各国の政府や要人に声を届けるという活動をしています。
　以上で，私からのプレゼンテーションは終わりにさせていただきたいと思います。

質問箱から

問 外国人労働者を保護するということは、日本人の底辺労働者の保護ということとバッティングしないでしょうか。日本人の底辺労働者への非人道的な行為ではないのでしょうか。また、排外主義がますます強まることが危惧されますが、その場合、どのような解決策が考えられるでしょうか。

答 当然の不安感だし、当然の質問だと思います。だけれども、もう1つ考えてみると、そういう底辺労働者層のところの労働環境をよくしていかないと、みんなが困るわけです。若年の底辺労働者を確保するために、外国人の底辺労働者の状況を悪くすることが、果してプラスなのかというと、それは逆ですよね。両方上げないと、どうしようもないです。片方だけを上げて片方を切り捨てるということはできないわけです。外国人労働者の人数が少なくなれば、日本人労働者の賃金水準が上がるかというと、上がりません。なぜかというと、使用者側は、どうしてもそこのコストを安く上げようとしているわけですから、高くなったら、ほかのところから入れてくるという選択をするだけです。むしろ、底辺労働者という層が永続しないで、きちんとした労働環境が確保されるようにしないといけない。そうなってくると、外国人労働者にもそうした労働環境を確保することが、まず必要になってきます。

もう1つ必要なことがあります。日本の労働政策の中で、日本の労働者だけではなく、ほかの世界の労働者のことも視野に入れなければいけないということです。安いところに雇用がどんどん流れていくようなことを、どこかで止めなければいけない。世界的にさまざまな労働市場を底上げしていくという合意をまず取り付けることだということになります。まさにそれをやっているのが国際労働機関であるILOですね。ILOはそういうような視野の下に「ディーセントワーク」という概念を提唱しています。確かこの「経済と人間」でも、ILOの長谷川代表がお話されると思いますが、彼が今、一生懸命考えているのはそういったような問題です。決して日本一国、日本社会だけで考えないでほしい。皆さんがもし「外国人労働者に仕事を持っていかれない」ということになったとしても、その瞬間、もっと人が安く使えるほかの国に使用者側が流れます。それが経済の原則です。自分たちの今の状況を改善しようと思って、そういうところに使用者側を流してしまったら、結果的に損をするのは自分たちです。だから、短期的に考えないで、全体をきちっと上げていくという戦略をもっておかないと、なかなかこの状況は乗り切れないだろうと思います。

問 外国人労働者の問題は、先進国にどうしても難民などが押しかけてくるとい

うこともあって，どうしても深刻化していると思いますが，先進国の中でこの問題への対応が進んでいる国があれば，どのように進んだ対応がなされているのか，教えてください。

　🔶　これには，ヨーロッパが良いお手本にもなりますし，悪いお手本にもなります。EUが登場したことによって，ヨーロッパの垣根がなくなりました。そうしますと，EU所属のどこかの国に入りますと，そこから別の国に自由に移動できてしまうんですね。ですので，EUでは現在，水際での阻止作戦というのが非常に盛んになってきています。EU領域内に入るハードルがどんどん上がっているんです。

　しかし，一旦入った人々に対しては，人種差別や文化的排外主義も確かにあるにはあるんですが，移住者に対してのケアを公式化し，移住者もきちんと多文化行政の中で生活していく。そういうような取扱いをいろいろな形で地方自治体レベルでも行っています。

　実は日本も，地方自治体は比較的進んでいます。東京都の新宿区が頑張っているという例があったりします。つまり地方自治体で，現場をもっているところほど，多文化行政には非常に熱心です。ほかにも，例えば愛知県豊田市や神奈川県川崎市もかなりユニークな試みをやっているというふうに聞いていますので，そういうのを少し参考にしてみてください。

第3章　開発と HIV／AIDS

喜多　悦子

1．はじめに

　皆さんこんにちは。今，ご紹介していただきましたように，私の大学は，日本赤十字九州国際看護大学という13字が繋がっていますが，日本で一番名前が長いのではありません。今は学長ですが，元は小児科の医者でした。小児科医時代には「血友病」という生まれつき血が固まりにくい病気を研究しているところにいました。

　「血友病」は，ご承知かもしれませんが，血を固めるために，ほかの人の血液からつくった「血液製剤」と呼ばれるものを使って治療します。その「血液製剤」がエイズを起こすウイルスに汚染されていたために「血友病」の患者さんにエイズが広がった，これが日本で HIV／AIDS が広がり始めた頃の話だったと思います。

　そのようなエイズとも多少関係がある臨床医として，医学部で教えたり，治療したりする生活を約20年，その後の20年を少し超えた年月を国際協力分野にいます。つまり大学を卒業してからすでに40年ぐらい経ているのですが，大体年齢がわかると思います。日本は今，高齢化社会から高齢社会へ移行していますが，私は流行の先端にいると思ってください。

　今日は「開発と HIV／AIDS」というお話をさせていただくことになっています。必要なことは全部プリントにありますので，あまりメモをお取りになる必要はないと思います。「開発と HIV／AIDS」をお話するのに，自分とAIDS の関わりを振り返ってみました。

　「そして AIDS は蔓延した」というランディ・シュルツという人の，実際には「And Band Played on」という音楽バンドが鳴り続けているという翻訳を

読んだことがあります。これは1987年頃の話です。今度調べてみたら，映画「運命の時」の原作だったのですが，ご覧になった方いらっしゃいますか。これはサンフランシスコのゲイの物語ですが，私，1977〜1978年にアメリカに留学した時，サンフランシスコに友達がいて遊びに行って，「すごいおもしろいパレードがあるから見に行こう」と誘われて行ったのが「ゲイパレード」でした。1978年の6月だったと思います。その頃まだゲイという言葉すらあまり一般的ではなかったと思います。今でも一般的ではないのかもしれませんが，今ほど認知されていなかった時代ではありました。その時にサンフランシスコの大通りでパレードがあって，警備しているお巡りさんもゲイで，そして見ている見物人といいますか，その中に「I am proud of my gay son!（私の自慢のゲイの息子）」という看板を見て，ヘェーすごいなぁと思った記憶があります。それがAIDSの問題が大きくなる，ほんの2〜3年前の話でした。ご承知のように，AIDSを起こすウイルス，HIVについては後でお話しますが，認知されたのが1981年です。今年は25周年になりますが，その古い本を思い出しました。

　もう1つ，きょうのタイトルと同じですが，私と早稲田大学の西川潤教授と監訳させていただいた『経済開発とAIDS』という本があります。これも少し古くなりましたが，書いてあることは，今も間違っていないと思います。これは世界銀行という援助機関から「Confronting AIDS（エイズをやっつける）」とでも言えばいいんでしょうか，その本の翻訳です。これを訳することで私は経済とAIDSの関係について理解しました。この本を翻訳する頃，仕事の本体が途上国の開発協力にありましたので，あちこちで感染症であるAIDSの問題に遭遇しました。そのようなことを思い出しつつ本日のお話をさせていただきたいと思います。

2.「HIV／AIDS問題」とは

　「HIV／AIDS問題」とは何でしょうか。まず，AIDSをおさらいしたいと思いますが。皆さんは，AIDSという言葉はよくご存じだと思いますが，「ど

んな病気？」と聞かれて答えられますか。

　何となく罹ったときに言いたくない病気という感じもありそうですが，これから説明します。AIDSというのは，HIVというウイルスの感染症です。少し難しいですが，(細胞性免疫を統御するCD4陽性ヘルパーT) リンパ球という一種の白血球細胞が破壊され，体の抵抗力，すなわち免疫機能が低下して，最終的には免疫不全を起こす状態をAIDSと言います。何のことやらよく判らない？ですか。HIVというウイルス，そしてCD4 (陽性のことをプラスと言いますが) プラスというリンパ球ですが，皆さんの血液が赤いのは血液中に赤血球という赤い色素を持った細胞がたくさん流れているからです——もう1つ，ニキビができたら，先端が白くなるでしょう，感染して，膿が出ると膿は白いでしょう。その白いのは白血球という血液の細胞がたくさん集まっているからです。その白血球細胞はバイ菌を食べたり，免疫をつくる仕事を受け持っていますが，HIVというウイルスが厄介なのは，免疫をつくる根本になるCD4＋リンパ球を潰すからです。ですから，自動車で言えば，モーターを壊してしまう。だから，動かなくなってしまう，その最終的な状態ですが，結局最後に色々な感染をおこして亡くなってしまうのです。

　次に「日和見感染」（ヒヨリミ）という言葉を聞かれたことはありませんか。皆さんも，都合をみて，色々ヒヨルことがあると思いますが，「日和見感染」とはバイ菌が，ヒヨルことをいいます。どういうことかというと，皆さんの体の中には，実はバイ菌がいっぱいいます。人間の体の中で，全く無菌状態というのは，脳か関節の中といったふうに閉鎖されたところしかない。血液の中は全く無菌という訳ではありません。外と接するところには必ずバイ菌がいます。そのバイ菌という言い方は，誤解を招きますが，バイ菌を含め人間の体の中にいる微生物は，必ずしも悪ではありません。皆さんの体の中にバイ菌－微生物－がいなければ消化できない，つまり無菌状態で生きてゆくことはあり得ないのです。しかし普段，皆さんの体の中にいる微生物／バイ菌は，皆さんに対して悪さはしていない。役に立っている，だから，共存していられる訳です。

　ところが，免疫機能が落ちて抵抗力が悪くなってくると，普段悪さをしない

微生物が「ヒヨル」ことがあり，悪さをする，それを「日和見感染」と言うわけです。ですから，普段は病原性を持っていない，悪くない微生物が，突如として悪さをすることを「日和見感染」と言います。そういうことが起こるとは，何か悪いバイ菌に感染しなくても，自分の体の中にいる微生物やそれ程病原性のないバイ菌の感染でも病気を起こしてしまうという状態をつくってしまう。そして，亡くなってしまうのがAIDSです。HIVとAIDSは，一緒ではありません。それは今から説明をいたします。

　その前に世界のAIDSの状態をお話します。AIDSって何が問題？というのは大変難しいんですが，肝炎という病気がありますね。肝臓へのウイルス感染，これもウイルスの感染症ですが，HIVの「V」はウイルスつまり「Virus」の「V」です。HIVによって起こる病気，AIDSも肝炎も同じウイルス感染です。なのに「私，肝炎に罹ったの」とは言いやすいけれども，「私AIDSになったの」と言うには，ちょっと抵抗があるようです。

　それも1つの大きな問題ですが，世界全体で見ますと，2005年にHIVに感染している人の数は3800万人強，日本の人口が1億2,000万人としますと，日本の3分の1程度の人数がHIVプラスということになります。そして去年1年に新たに感染した人は410万人，東京都は1,200万人ぐらいの人口ですから，その3分の1，私が今住んでいる福岡は人口500万人ぐらいですから，その福岡県全体に近いぐらいの人たちが1年間に感染しています。感染後，時間を経て，病気の状態に到ったのがAIDSですが，そのAIDSで亡くなった人の数は280万人，これはちょっと小さな県全体ぐらいの人たちが亡くなっているに等しいという病気です。

　まとめてみますと，世界で去年1年間にHIVというウイルスを体の中に持っている人が3,860万人。新たにHIVを感染，体の中に入れた人が410万人，亡くなった人が280万人という数字になります。その数字が大きいか，小さいか，ちょっと見てみますと（2005年のデータですけれども）世界全体で1年間に5,700万人が亡くなった。どんな病気で亡くなったかを分けて見ますと，まず心臓血管系の病気が約30％ぐらいです。急性呼吸器感染症と言って，

気管支炎とか肺炎とかの類の病気で亡くなっている人。結核，下痢，マラリア，こういう感染症を全部まとめてエイズも含めて20％ぐらい，そしてその他のものが残りです。

3．何が問題か

　エイズで亡くなっている数は5％です。地球全体の死亡の中の5％を大きいと読むのか，小さいと読むのか。例えば心筋梗塞，心臓の病気で死んでいる人は23％もいます。それに比べてエイズは5％，5分の1ですが，なぜエイズは問題なんでしょうか。5％の死がなぜ世界で問題になっているのか，それがHIV／AIDSの問題です。そして何が問題かについてこれから考えたいと思います。

　国連の中にエイズ対策を専門とする「国連HIV／AIDS合同機関（UNAIDS）」という機関がありますが，その去年の発表が先程の数字です。どの地域が多いかを見ますと，東南アジアでは，HIVというウイルスを体の中に持っている人は760万に対して，サブサハラアフリカでは2,450万，南アジアとアフリカで3,000万人以上の人がHIVに感染しているということです。それを総人口で見ますと，アフリカは7億人ぐらい，アジアは約22億人います。22億人のところの700万人と，7億人のところの2,000万人では，後者は人口の3.1％がHIVプラスということになる。南アジアは0.35％，つまりここに100人がいるとすれば，アフリカでは3人か4人が感染しているのに対して，南アジアの方なら1人いるか，いないかということになり感染者のばらつきは1つの問題であるということは感じられると思います。ついでに，どこでどのくらい亡くなっているかを見ますと，当然，感染者が多いところが多いに決まっていますが，全体で280万の死者のいる中で，アフリカでは200万人，つまり70％ぐらいはアフリカで亡くなっていることになります。

　同じように新たに感染した人を見てみても，多いのはアフリカです。ということは，HIV／AIDSの問題の1つは，アフリカなのか，ということをお判りいただけるかと思います。つまり肝炎と同じような病気なのに，何かちょっと

違うという問題，そしてアフリカに多いという問題です。

　もう1つ，開発の点で言いますと，15歳未満の子どもというか若年者の感染者ですが幸いあまり多くはないんですが，これも実に90%はアフリカです。アフリカの子どもは生まれながらにHIVをおしつけられ，若くしてAIDSで死んでしまうことが他より多い，多すぎると言えます。これは若くして死すべきではない子どもの問題として大きな問題です。

　去年1年のHIV感染をブレークダウンしてみますと，1日に1万1,390人，1時間に475人，毎分8人，ということは7秒に1人ずつ感染している。その新たな感染の95%は開発途上国，ほとんどはアフリカと考えていい。その感染の半分は女性です。そして，40%以上が20代の若年者である。ここには「15歳から24歳」と書いてありますけれども，とにかく若年者に多い。そのような問題をはらんでいるのがAIDSです。

　この数字は一体何だと思われますか。上は1億2,900万，5,920万，2,340万，下は1,550万，199万，122万とあります。

　上は，GoogleでHIVを調べたら，1億2,900万，中は見ていませんが，最初に出た情報の数です。HIV／AIDSと付ければ5,920万です。アフリカはと言うと2,340万でした。下は何だと思われますか。Googleで北朝鮮の情報を調べてみたら1,550万です。日本にとっては，上の方よりも下の方が深刻な問題かもしれませんが，世界全体で言うと，やはりHIV／AIDSに関する情報がこれだけ必要になっている時代であるということを1つご理解ください。

　それではHIVというのは，何かと言いますと，これは「Human」，ヒトのという意味です。「Immunodeficiency」は，「Immuno」免疫という意味です。「deficiency」というのは，皆さんも時々お金の「deficiency」がおありかと思いますけれども，ヒューマンの免疫の「deficiency」を起こすウイルス，その頭文字を取って「HIV」と呼んでいます。時々間違われるのは，「HIVウイルス」と，後ろにもう1個，ウイルスを入れられる方がありますけれども，それは「Human Immuno deficiency Virus ウイルス」と言っていることになりますので，「HIV」と言えば，もうウイルスを付けることは不必要です。

第3章　開発とHIV／AIDS

　では，ウイルスとは何でしょう。ウイルスという言葉は聞かれたことがおありだと思います。さっき申しましたバイ菌，バクテリアというのは，いいのも悪いのもいて，いいのも結構たくさんいるんですが，ウイルスというのはラテン語で「毒」という意味を示す言葉から起こっていますが，ウイルスというのは，厄介な方がほとんどです。恐らく，悪さをすることによって見つかるからだと思います。

　それからこのウイルスの性質を調べているときに，素焼きの焼物をウイルスが通ることがわかったので，「濾過性病原体」と呼ばれたこともあります。中国語では「病(気)の毒」と書きます。いずれにしても人間にとって悪さをするのがほとんどです。それはどういうものかといいますと，蛋白質の袋といいますか，入れ物の中に，核酸，これも蛋白質のカケラみたいなものですが，遺伝を司るもので，それが中に入っています。そういう非常にシンプルな形です。そして厄介なことにこのウイルスは，自分だけ，つまりウイルスだけでは生き延びられない。ここにウイルスを持ってきて置いても，それは生き延びられない。乾燥には強いですけれども，ずっと置いておいたら，いずれ死にます。

　しかし，それがだれかの体の中に入る。だれかというのは，人間とは限りません，生きているものの体に入って，他の生物の細胞の中に入ると，いつまでも生きている。自分だけでは生きられないのに，だれかの体を借りて生きる，そして，そのだれかの細胞の中で複製して増えていくという厄介な性質を持っています。そのものだけでは独立して存在し続けられないので，生物がいなければウイルスは広がっていくことはないわけです。

　もう1つこのウイルスの厄介な面は，非常に小さい，大きさは20〜970ナノメートルです。ナノメートルというのは，1ミリメートルの100万分の1です。バイ菌というのは，1ないし5マイクロメーター，マイクロメーターというのは，1ミリの1000分の1です。1ミリの1000分の1も見えないけれども，1ミリの100万分の1は絶対見えない。普通，病院にある顕微鏡でもバイ菌は見えますが，ウイルスは見えません。ウイルスを見るためには，あるものを100万倍の桁で大きくする電子顕微鏡がないと，見えません。つまりウイルス

53

の検査は，ちょっと簡単に見て……というわけにはいかないという点が検査を遅らせた1つの原因です。

　もう1つ，ウイルスと細菌・バクテリアとはどういうものかというのをちょっと申しますと，今言ったように，バイ菌は小さい，ウイルスの方がもっと小さい。ウイルスはほかの生物に寄生，感染して増殖する。ほかの生物の細胞がなければウイルスは，生きていけないのに対して，バイ菌・細菌は適当な温度・湿度・栄養・蛋白質があれば，細菌だけで生きて増えることができる。ですから，例えば牛乳が腐るというのは，牛乳の中に腐敗させる細菌が入っているからですが，牛乳の中にウイルスを入れても，何も変化は起こりません。

　一方，ウイルスは人の細胞の中で増えるのですが，抗生物質——バイ菌に感染したときには抗生物質を使いますが——ウイルスには抗生物質は効きません。ですから，AIDSや肝炎というウイルス性感染症の場合は，抗生物質は効かないということがおわかりだと思います。インフルエンザもウイルスですから，抗生物質は効かない。

　それからちょっと難しいのですが，細菌・バクテリアの方は増えていく遺伝子としてDNAとRNAと，遺伝を司る2つのものを持っているから勝手に増えるんですが，ウイルスはどっちか片方しか持ってないから，ヒトの細胞のそういう必要なものを使わないと増えていけないという違いがあります。治療をする側から言いますと，やはりウイルスの感染症の方が扱いにくい。

　しかしながら，皆さんはもう罹ることがないかもしれませんが，「はしか」という病気があります。「はしか」というのは1回罹ると，2度と罹らないですが，そのウイルス感染の場合は，うまくいくと，1回罹ると体の中で免疫・抵抗力ができる。細菌の場合は，それがないから，何回でも同じ病気に罹る。

　では，AIDSの場合，HIVに罹ったら抵抗力ができて二度と罹らなくて，治ればいいと思うのですが，その抵抗力をつくる細胞CD4＋を潰すから厄介なのです。そういうところがAIDSのややこしく，難しいところです。

　AIDSというのは「Acquired Immuno Deficiency Syndrome」の頭文字を取っています。Acquiredというのは後天性，生まれてから得たという意味で

す。Immuno は免疫です。Deficiency というのは，機能が悪い，不全です。Syndrome というのは，医学的に言う症候群です。症候群というのは，キチンと病気の原因や症状が決まっていないのだけれども，同じ病気の人を集めると，同じような症状・兆候を持っているものを症候群と呼びます。AIDS は，初めはっきりわからなかったから，Syndrome と呼ばれたのですが，今では本名になっているわけです。

今，申しましたように，AIDS というのは，後天性，生まれてからというお話ですが，後天性に対して，先天性「Congenital」という言葉があります。遺伝性というのとはまた違います。先天性と遺伝性は，よく混同されますが，遺伝性というのは，遺伝子に問題があって起こっている病気です。

Congenital というのは先天性で，原因が生まれる前にあるだけで遺伝性とは限りません。ですから，ご存じの方もあるかもわかりませんが，妊娠中の女性が「風疹」という病気に罹ると，耳が聞こえないとか，心臓に問題のある赤ちゃんが生まれることがあります。これは先天性，原因が生まれる前に，お母さんが感染し，生まれる前にあるという意味で先天性ですが，同時におなかの中の赤ちゃんも感染したために生じる障害であり遺伝性ではありません。感染症です。

AIDS の場合は，後で起こったから Acquired だという名前を付けたのですが，実はだんだん AIDS が増えてくると，お母さんのお腹の中で，生まれる前に感染する子供ができてきました。そうすると，それは先天性なんです。そのような方は Congenital（先天性）という言葉が付くわけです。先天性の AIDS，でも，それをちゃんと言えば「Congenital Acquired Immuno Deficiency Syndrome」，日本語で言うと「先天性の後天性免疫不全症候群」で，言葉としては非常におかしいでしょう。けれども，「AIDS」というのを 1 つの病気の名前として考えれば，それを生まれる前から持っていたのを「先天性 AIDS」，「Congenital AIDS」と呼ぶわけです。そして，4～5 歳ぐらいまでに亡くなることがほとんどのようです。

では，AIDS というのはどういうふうな経過をとる病気かを説明します。ま

ずウイルスに感染する，どこから感染するかは，この次に言いますが，とりあえずウイルスに感染する。感染しても何も起こりません。1週間ぐらいしたら風邪引きのような症状が起こります。熱が出たり，ちょっと体がだるかったり，手足が痛かったり，これはインフルエンザの症状によく似ていますが，1～2週間続きます。そして，その状態で体の中にHIVというウイルスが増えています。

　一方，先ほど言いましたCD4＋のリンパ球というのは本来私たちの体の中に一定数があるのですが，ウイルスが増えてくると，力が弱って落ちていきます。1カ月ぐらいの間にウイルスが増えて，CD4が落ちる時期があります。この期間は，検査でいう「ウインドウ期（窓期）」にあたります。窓期は検査をしても，引っかかりません。しかし，体の中では病気は動いているわけです。一旦ウイルスが増えてCD4＋という抵抗力をつくる細胞が減ってしまうと，そこでちょっと体の中で，もう1回頑張りましょうという応援団が動いてCD4＋が増え，ウイルスは減ります。この期間は相当長い。人によって何年間も続くことがあります。しかし，応援団の力がつきて，一旦回復したCD4＋リンパ球数が徐々に減って，遂にはウイルスの方が力を持ってしまう。そうなると，AIDSという病気が発症するわけです。この時期は，時々熱が出たり，リンパ腺——リンパ腺というのは喉の下とか脇とか鼠径とかにグリグリがありますが，それが腫れたりすることがありますが，概ね大した症状がなくさらに何年間か続く。そういう経過が典型的なHIV感染からAIDSに至る経過です。

　まとめますと，ウイルスに感染した直後は風邪症状，ウインドウ期（窓期）は無症状で，検査も陰性，しかし，ウイルスは体の中で増えています。AIDSという病気を発症して病人になるまでに数年あるいは十数年を要する。そして，最終的には下痢・発熱・痩せ，これは典型的な症状ですが，AIDS特有ではありません。下痢をしたり，発熱をしたり，痩せたりしたから，AIDSというのではありません。けれども，そういう症状が出て，自分の体の中にいるバイ菌が病気を起こして亡くなってしまうというのが経過です。

重要なことは，このウインドウ期，大体1カ月前後ですけれども，最大2カ月，検査に引っかからない時期がある。だから，きょう危ないことを経験して，明日検査しても陰性です。「ああ，よかった」と思うのは単に愚かなだけで，危ないと思うことがあったら検査は2カ月後にやる。それが鉄則です。その間に危ないか，危なくないかを調べるために，献血に行くということは，絶対にしてはいけません。私の所属している赤十字が血液を扱っていますけれども，万一そういうややこしい時期に提供された血液がないかを検査をするために，途方もない経費がかかっています。こんなことが続けば日本全体の輸血事業が破綻するかもしれません。それは僅かにしか存在しないウイルスを何回も何回もある特殊な操作をして増やして，それでも「やっぱり陰性です」ということを証明しなければ，血液は使えないわけです。それでもすり抜ける危険性はありますが，ウインドウ期間に，ちょっと試しのために献血に行ってみるというのは最悪，知識のある人がすることではありません。

　次にもう1つ重要なことは，一旦こういう初期の症状がなくなった後，無症状の期間が数カ月から数年間，時には十数年も続きます。つまり治療しなくても，数年間何もないこともあります。しかしその期間，症状がないから大丈夫ではありません。体の中では，ウイルスは絶えず生きていて増えようとしているわけです。この期間は，症状がなくても，ヒトに感染させます。ですから，症状がないから大丈夫ということで，血液を提供したり，不用意なセックスをしたりするということは，絶対にしてはいけません。

　もう1つ，治療について申しますと，今，AIDSに関しては，先進国では3つの薬を組み合わせて服用することで，CD4＋リンパ球が減るのを防ぐことができます。つまり適切な治療，薬を飲んだり，栄養を付けることにおいて，AIDSという病気の発病を防ぐ手段はあり，先進国ではそれが可能です。ですから，かつてはHIVに感染したら，数年間でAIDSが発病して死ぬとされていたことが，今はそうでないと申し上げてもいいと思います。

　問題は，では，貧しい国ではそれが可能なのかです。薬は非常に高価であり，すべての人に平等に行き渡っていないという問題があります。

次に，HIVというウイルスの感染経路について申します。血液・母乳・精液（男性），これがHIVウイルスを感染させるほとんどの原因です。血液によって感染するのを「血液感染」，母乳によって感染するのを「母子感染」，精液によって感染するのは「性行為」です。一部，女性の膣の分泌液からも感染しないわけではありません。しかし，男性の精液に比べると，かなり感染の頻度は低いのです。なぜかは，ちょっと考えていただいたら，おわかりかと思いますけれども，女性の生殖器というのは，粘膜の部分が非常に広いのですが，男性の場合は，粘膜部分が外と接する範囲が狭い。ですから，女性が男性の精液で感染する頻度の方がはるかに高く，女性から男性が感染するというのは非常に低いと考えていいと思います。

　では，1回で必ず感染するのかというと，必ずしもそうではない，その頻度はそんなに高くないと言われています。同じ組み合わせの100回では3人の感染が生じるという数字がありますが，初めてが，その3回の1回に当たる可能性は否定できません。つまり1回でも十分感染すると理解してください。

　血液感染は，何で起こるかといいますと，注射器の共用です。これは幸い日本では一般的ではありませんが，血管に入れる静脈用麻薬を使っているグループは，これがほとんどです。それから最初に申しました血友病のような，あるいは何か病気で輸血が必要なときに使った血液がHIVに汚染されていたという輸血です。それからこれも一般的ではありませんが，医療施設で働いている者の中には，患者さんの血液を採った針を誤って自分の手に刺す「針刺し事故」がないわけではありません。

　母子感染の場合は，妊娠・出産・授乳があります。妊娠と出産は，妊娠中のお母さんとお腹の中の赤ちゃんとの血液の循環，それから出産のときは，もろに血液にさらされますので，これはある意味では血液感染です。それとお母さんの母乳を通じての感染。先進国ではお母さんがHIVプラスであれば，薬を飲んで抑える，あるいは母乳を諦めて人工栄養にするという方法が可能ですが，貧しい国では薬はもちろんのことミルクすら買えない。そのためにやむを得ず，お母さんの母乳を飲んでいる。感染することはわかっているけれども，

母乳を続けざるをえない場合もあります。母乳をやめるか，続けるかの判断は，とてもとても厳しいものがあります。母乳を飲まなければ赤ちゃんは栄養失調になる，あるいは母乳を飲めば，お母さんから HIV をもらい AIDS になる，そのどちらかの選択を決めなければならないというのは，とても難しい状況です。

性行為の場合では，精液だけが問題ではありません。肛門あるいは口，どこの粘膜からでも感染は起こります。粘膜ですが，唇が赤く見えるのは，粘膜が表に出ているからです。粘膜の上に表皮が付いていると，「面の皮が厚くなる」のですが，表皮がないところは非常に傷つきやすい。傷つきやすいところに HIV が来ると，非常に感染しやすいと思ってください。

しかし，粘膜だったら，どこでも感染するわけではありません。HIV というウイルスがあって，それが傷つきやすい粘膜面で血液と触れる，つまり粘膜あるいは表皮のところでも傷がある状況がなければ，ウイルス感染はありません。今，私が手の上に HIV の塊を置いたとしても，それだけでは感染はおこりません。

しかし，私が HIV の塊を口の中に入れれば，ひょっとしたら，歯の横に傷があるかもわからない，あるいは虫歯があるかもわからない，血液と接するチャンスがあれば感染する。つまりウイルスが私の体の中の血液と接するチャンスがあれば，私は感染します。誤解をしないように覚えておいてほしいのは，ウイルスを含んだ血液や精液が，体内，つまり血管内に入らない限り感染はおこりません。握手をしたり，同じコップで水を飲んだりということでは，絶対に感染しません。あるいは隣で咳をしたり，くしゃみをしたから，洋服を貸してもらったからということで感染はしない。血液の中にウイルスが入るチャンスをつくらないということが重要です。

4. 経済的問題

もう一度開発と関係してアフリカに戻ります。アフリカでどんなことが起こっているかといいますと，平均寿命——ある年に生まれた集団が平均どのぐ

らい生きるかを平均寿命と言いますが——は，大体1990年頃までは伸びていました。日本の平均寿命は女性は85歳ですね，男性で78歳ぐらいですが，アフリカの多くの国は短いながら，それでも50歳近くまで伸びていました。ところが，90年代に入って，平均寿命がとても短くなったのですが，その理由はAIDSの感染です。

AIDSは，さっき言いましたように，1980年代初頭にわかった病気です。アフリカの真ん中にあるコンゴ民主共和国あたりから発生したと言われていますが，アメリカ大陸へ広がり，その後アフリカにも広がっています。まず男性がHIVに感染し，男性がAIDSになって亡くなりだした。その5年ぐらい遅れて，そのパートナーである女性がAIDSを発症してやはり亡くなってゆきます。そして同時に両親をAIDSで亡くしたAIDS孤児や，先天性のAIDSが増えてきています。今，アフリカの平均寿命が短くなっている大きな原因はAIDSと考えられています。

これはちょっと古いデータですが，アフリカだけのAIDSの数字です。2001年の新たなHIV感染者が340万人，2005年は280万で，それより多かったのです。AIDSで亡くなる方が230万人，感染者総数が2,800万，この数字が増えているのは，感染者が増えてきているからです。そして，アフリカのジンバブエという国の2001年ですが，平均寿命が47歳でした。しかし，もし，AIDSがなければ60何歳，つまりAIDSがなければ，もっと伸びていくのに，AIDSのために平気寿命が短くなっているということを実感しました。

それからボツワナという国は，南アフリカのすぐ上にある国ですが，そこでは都市部の妊婦——都市部というのは，途上国でも知的レベルが高い地域で，その妊婦さんは一番健康が守られている人々だと考えられていますが，その実に44％，妊婦さんの2人に1人はHIVに感染しているという状況でした。

また，その隣のザンビアでは，毎日学校の先生が1人ずつAIDSで亡くなっており，教育が成り立たないという状況をうかがいました。

その後，2003年にジンバブエに行きましたが，病院が空っぽでした。なぜかというと，医師や看護師の感染発病で，働く人がいないという理由でした。

そのようなアフリカにおける AIDS の影響について，割合と早くに，ILO（国際労働機関）──労働問題を扱っている国連組織──が，HIV／AIDS の蔓延のためにきちんとした生産的な仕事ができなくなっていると指摘しています。そして同時に，AIDS は人権問題であり，社会問題であり，経済問題であり，開発問題だとも指摘しています。なぜ経済問題であり，社会問題であり，開発問題かと申しますと，短期間にたくさんの人が亡くなりますと，ある専門性を持った人が急激に減少する。そして，さらに発病者が増える一方ですから，医療費が高騰するという問題も起こり，次第に家庭・地域社会が崩壊して，社会や文化的な問題が起こってくるということです。

　もう１つ，現在，地球上の人口は60億を超えています。（人口が55億の時代で古いデータですが）地球上の人口を見ると，お金持ちの国には23％がいます。しかし，HIV 感染人口は，お金持ちの国に８％しかなくて，人口が77％の貧しい国に92％の HIV 陽性者が存在しています。

　そして，HIV／AIDS 対策に使っているお金をみますと，治療，研究，予防，どれを見ても金持ちの国がほとんどで，貧しい国は，感染者や発病者は非常に多いのに，お金はほとんど使えていないという不公平さがあります。アフリカのようなところで，AIDS の問題がどんどん大きくなってきている理由と言っても良いかと思います。AIDS の経済的な問題をおわかりいただけたかと思います。

　これも古い資料ですが，興味深いデータを示します。CDC はアメリカの国際的な病気の対策センターですが，その資料で，「AIDS を防ぐためにはコンドームを使いなさい。それもラテックス・コンドームをちゃんと使いなさい」という説明があります。

　余談ですが，日本のコンドームは，世界で一番質がよいとされていますが，この10年ぐらい前，不良品の頻度はアメリカ製品が日本の100倍ぐらい悪かったという数字がありました。いずれにせよ熱や日光にさらされた古いものはだめ。また高齢化社会になりますと，高齢者の HIV／AIDS の問題もありますが，潤滑剤にコールドクリームやハンドローションなどの脂性剤はだめという

説明もあります。CDC の研究の入口ですが，まずコンドームの使い方の説明，Sex 時には膣であれ，肛門であれ，オーラル(口(クチ))であれ初めから終わりまで，エレクト後ちゃんと装着し，終わったらおもらししないようにすぐ外し，そして捨てなさいと非常に丁寧に書いてあります。

　それで研究ですが何をやったかといいますと，ディスコーダントカップルと言って，男性か女性か，どっちか片一方が HIV に感染している組み合わせで，一群はいつも必ず正しくコンドームを使い，他群は時々しか使わない組で比較してみると，2年後正しく使ってた群は，HIV 陽性でないパートナーには全然感染しておらず，いい加減に使ったグループでは10％がパートナーにも感染している。つまりコンドームを正しく使えば，セックスにおける HIV 感染は防げるということを数字として示しています。

　では，予防にどのように取り組んだらいいのかですが，私は結論的に言いますと，個人の責任が大きいと思います。例えばマラリアという病気は蚊が媒介します。蚊に「刺さないでちょうだい」とは言えません。AIDS は人間から人間へ感染します。人間だからパートナーに「私に HIV を感染させないで」と言えばいい話なのですがうまくいかない。やっていることは，人間だれでもがやることで，個人が気をつければいいにもかかわらず，対策ができないというのは，本当に人間はどうなっているのかという気がします。

　とは言いながら，色々なところが色々な取り組みをやってきました。国連に関して言いますと，一番最初に申しました UNAIDS（国連エイズ合同機関）があります。これは最初，国連が連帯して HIV／AIDS 対策を行うためにユニセフ，UNDP（国連開発計画），UNFPA（国連人口基金），WHO（世界保健機関），世界銀行などが1995年に共同体として設立したものです。その他さらに多くの国連が加わりました。現在ではたくさんの国連組織が色々なことをやっています。

　しかし，基本的に言えば「お互いに感染さないように気をつけましょう」と言うことに尽きると思います。しかし，色々な方法も，色々な人々が，色々な機関が，色々なところで，色々とやっていますが，それでも AIDS はなく

なっていないどころか増えているという現状だけを申し上げておきたいと思います。

その他，研究機関や大学も色々なことをしています。さっきコンドームの話に出てきた，アメリカのCenters for Disease Control and Prevention（CDC），あるいはフランスの有名なパストゥール研究所，それからアメリカのNational Institute of Health（衛生研究所），USAID－アメリカのJICAのようなODA機関，DFID－イギリスのJICA，赤十字，そして各地域の開発銀行。しかしどれが一番いいという方法はありません。要は他人に感染させないという教育につきるという気がします。

まとめますと，HIV／AIDSは，本質はウイルス感染症です。ただし，根本的な治療やワクチンがないので，対応困難な医学的問題です。また，長期にわたる闘病や偏見，家族への負担，あるいはHIV／AIDSを持った人に対して，どう対応するかが規定できないことに関しては，就業の機会を脅かされていることにおいて「人間の安全保障」の1つともいえます。

社会的に，個人あるいは家庭，地域，国というレベルで発展，開発について，大きな問題を抱えていると思います。

医学的，文化的，社会的，個人的，色々な問題，局面がありますが，重要なことは「自分に関係がない」と思わないことです。世界的に言いますと，先進国では今はなくなりましたが，ウイルスに汚染された血液や血液製剤を治療に使ったことによって感染を広げてしまったこと，現在は途上国では母子感染という，言い古された表現ですが何の罪もない子供に生まれる前や生まれるときにウイルスを押しつけるという問題があります。

本来はウイルス感染症なのに，HIV／AIDSに関しては，病気ではなく，それを持っている人が問題視されがちなところが本当の問題ではないかと思います。

最後に日本のAIDSです。最近でも，HIV／AIDS感染者数は1,000人ちょっとと少ないのですが，確実に増えていること，そして日本は先進国の中で唯一若年層，特に20代のAIDSが増えている国です。先進国なのに，大変

恥ずかしい，そして情けないことだと思います。とても美しい国とは言えないと思います。

　ついでに申しますと，隣の中国でも，すごく増えています。近い国なので，お互いに接触する機会も多いところだと思いますので，お互いに気をつけていく必要があると思います。

　HIV／AIDS はあなた個人の決心でどうにでもなる十分防げる問題だと思います。急いでお話しましたので，おわかりにくいところがあるかと思いますが，これで終わらせていただきます。

第3章　開発とHIV／AIDS

質問箱から

問 HIVの感染者が多い地域はアフリカや南東アジアとありましたが，HIVの感染予防方法を理解するには，ある程度の教養が必要で，困難であるように思うんですが，効果的な対策はとれているのでしょうか。実際の感染予防対策を発展途上国でやる上での困難とか現状とかをお聞きしたいと思います。

答 それは結論的に言って，罹らないようにすることが最大の目的で，それは80年代から相当熱心にやられていますが，世界全体で「うまくいったか」と言われると，「うまくいってないところも多い」と思います。

例えばアフリカでは，ウガンダという国，アジアではタイ，これらの国では，割合うまくいっている。何故かと申しますとHIVが広がりやすいのは性的アクティビティーの高い集団，麻薬を使うグループは別として，性的アクティビティーの高いグループというのは若い男性，若い男性の集団というと，軍隊とかおまわりさんですが，そういう集団に集中的に教育をしたのが効果的だったのです。ウガンダでもタイでも，新しい兵隊やおまわりさんに，コンドームを無料で配布するようなことが1つのサクセス・ファクターになっています。

もう1つは，そういう若い性的アクティビティーの高い人は，どこに行くのかというと，やはりセックス・ワーカーのところですね。セックス・ワーカーへも教育と，ビジネスに使うコンドームを無料配布する，この両方がうまくいってHIV／AIDSが減ってきたのが，ウガンダとタイですね。ですから，そういう意味では部分的に成功しているところはあると言ってもいいと思います。

問 ここにいる経済学部の学生の場合，医療に関わらない者として，どのような対策活動が考えられますか，自分たちとしては，どんなことができるでしょうか。

答 私は，人間の健康に関わるのは，医師や看護師だけではないと思っています。病院には，病気に罹らない限り行かないでしょう。私は今日，福岡から飛行機に乗って，JRに乗り，モノレールに乗ってここに来ました。例えば飛行機が落ちたら，ジェット機の500人は死ぬわけですね。私の健康・命というのは，パイロットに委ねてあるわけです。モノレールが落ちても，多分死ぬでしょう。

健康というものを医師や看護師だけが100％担っているというのは嘘です。そういう意味では，保健分野外の人が，健康に関わっていないという考え方をまずやめていただきたい。みんな健康に関わっているんだということをご理解頂きたい。

しかしながら，人の健康まで口出しする前に，まず自分の健康を守りなさい，危ないことはするなと申し上げます。セックスするなと言っているわけではありません。安全なセックスをしなさい。危ないセックスはやめなさい。これは不特定多数

とやるのはだめ，少数だったらいいということを言っているのではないのです。安全なセックスというのは，コンドームを使えばいいのですから，まずそれを徹底することです。そして，周りの人に対して，あなたが理解しているところを正しく伝えてください。それが次にすることです。そして，自分も人々の健康に関与しているという意識を持っていただきたいと思います。

問 先生は，医師という職務からグローバルな医療活動という方向へ転身なさっておられるわけですが，そのような転身というか，お仕事が拡大したことの理由をお伺いしたいのですが。

答 医学部に行った動機は，古い話ですが，高校生のころにアメリカの海軍軍医で，1950年代の東南アジアで働いた人の経験談（翻訳本ですが）を読みました。それで，自分も何となくこういう仕事がしたいと思って医学部へ行きました。

医学部を卒業した時，すぐに東南アジアへ行きたいと思いましたが，今と違いまして，東京オリンピックのころですが，日本人が途上国へ出ていくことはなかなか難しかった。それで日本で病院勤務したり，アメリカで研究したりしましたが，ご縁があって，JICAの仕事で中国に行きました。そのことがきっかけになって，国際協力の分野に入り，当時の厚生省の国立国際医療センターに移りました。

そして，最初に大きな仕事として「アフガン難民援助」にたずさわりました。今のアフガンではなくて，1970年代末に侵攻したソビエト軍が1980年代の終わりに撤退する時です。紛争地の傍で働き，後には東南アジアやアフリカの仕事にもかかわり，最後にWHOで働きました。そういう経験から申しますと，1人の病人を治すことは，日本人の医者としては難しくありません。少し大げさに言えば，知識と薬と道具があれば，大抵の流行りの病気は治せます。

しかし，実際には1人の病人に使えるお金は限られています。ならば，もし大きなお金があったら何に使うかを考えると，病人をつくらないことです。それはどういうことかと申しますと，1人の病人を「診る」のではなくて，途上国では先進国なら病気と診断される状態，病気に近い状態でも，人々は生活していかざるをえないわけですから，そのような人々の健康を高めるにはどうしたらいいのか，集団の健康をどう考えたらいいのかが，自分の仕事の中で大きくなって，全体を「観る」仕事が必要だと思いました。

でも，1人の人間ができることは限られています。実際には，1人が何人かを診ているのですが，考え方としては，この地域全体をよくするためには，1人の病人を治すだけではだめだと，そのような場所で働くとやがて気付きます。開発協力の中に「魚をくれなくてもいいから，魚の取り方を教えてほしい」という言葉があります。もう1つの例ですが，川で溺れて流れてくる子供がいる。助けると，また次の子供が流れてくる，また助ける。上流で子供を川に投げ入れているに違いないなら，その原因を解決する方が，1人の溺れている子供を救うよりも大事だという説

もあります。それが1じゃなくて，10じゃなくて，100を「観る」ところへ繋がったように思います。

　私は元々医者ですけれども，今，看護大学で働いています。私は地方公務員，国家公務員，それから国際交流，国連でも働きましたが，1つ残っているのがNGOです。日本赤十字社はNGOですね。別にそれを狙っていたわけではないのですが，赤十字から声をかけていただき最後にNGOとしての看護大学で国際的な仕事にめぐりあいました。学長は，予測外の仕事でしたが，地方公務員，国家公務員，国際公務員，NGOで「満願上がり」という状態だと思っております。

第4章 精神障害はあっても，自立し働くことは，生きること
―― "働きたい"をどう活かし，ともに育っていくか ――

金子　鮎子

1. はじめに

　こんにちは。ストロークの金子でございます。私は「株式会社ストローク」という会社をつくって，今年で18年になります。その前にNHKに34年ほど定年まで勤めました。ですから，皆さんからすると，おばぁさんぐらいの年ですので，いろいろな経験もいたしました。

　私は，普通に働いて仕事をしてきたときに，精神障害のある人たちに出会い，その人たちが働きたいと言ってもなかなか働けない，という現状に疑問を持ちました。働けないというのにはいろいろ理由があります。病気をして，通院しながら，お薬を一生飲まなければいけないというふうに言われていますし，また，お薬を飲むと，副作用もありますので，病気を経験して，なかなか働きづらいということもあります。それから世の中の方の無理解と言ってもいいと思いますけれども，やっぱり障害者は働けないんじゃないかとか，あるいは「精神障害」と言うと，ちょっと恐いなとか，そういうことがあって，なかなか働けないというのが現実でした。

　「障害者雇用促進法」が改正され平成18年4月に施行され，精神障害があったり，通院したりしていても，雇用率にカウントされて，ほかの障害と同じように働くチャンスが出てきたという状況になりました。それで，私どもは，前から障害があっても，少しずつなら働けるようになれるんじゃないかということで，いろいろな形で活動してきました。うちの会社は，いわばモデルとして，実際に活動してきてそういうことを証明してきた会社だと思っています。

　株式会社ストロークで行っている仕事の柱は4つあります。1つはビルの清掃であり，もう1つは，ダイレクトメールの封入とか発送の代行などです。後

のほうは，よその企業とか団体と契約をして，封入とか発送代行をしております。それから，精神障害があっても，こうやって働いているんですよという話を皆様にわかっていただくような仕事。あとは，自然食品などの注文を受けて，それをお届けするという販売を少しやっております。これは，うちで注文を受けて，病院などにお届けしたりする形でやっております。今日は，私たちの仕事を中心に，その内容と課題，将来の展望などを話したいと思います。

2．仕事をはじめた理由

　まず，精神障害の人のために，なぜこういう会社をつくったのかというあたりを，私の自己紹介も兼ねて少しお話しましょう。

　私は，昭和8年生まれですから，今73歳です。昭和30年からNHKで34年ほど働きました。その中でいろいろな仕事をしてきました。最初のころは，人事課などの事務の仕事でした。皆さん，これから仕事に就かれるわけですから，どんな仕事が世の中にあるのかも関心をお持ちだと思いますけれども，私が学生時代，女子学生は大卒でもなかなか就職ができませんでした。それで就職試験を受けられるところを片っ端から受けたんですが，優の数が幾つなくちゃ受けられないという時代で，それで優の数があまり多くなかったのか，受けられないところもありましたけれども，NHKは受けられたんです。それで受かったので入社しました。NHKに入って，放送番組の関係の仕事をしたかったんです。ところが，その仕事にはすぐ就けなくて，事務屋さんになってしまった。字も下手くそだし，しょっちゅう間違えもあったりするので，事務屋向きではないなと自分で思っていましたけれども，なぜか，人事課に配属されてしまいました。事あるごとに現場にかえてくださいという話をしたものですから，たまたま翌年，テレビのセクションに配置替えになりました。当時はラジオがメインで，テレビがまだ始まったばかりでした。テレビの視聴者，お金を払ってくださる方も非常に少ない時代で，テレビ関係の要員が少なかったんですね。しかし，次第にテレビの仕事が増えることになって，私もテレビのセクションに変わりました。

今は衛星中継ですぐその日のうちに遠い海外の情報が入ってきますが，昔はそうじゃなかったんです。フィルムで入ってきて，羽田の通関を経て，現像所とか編集室に入ってくるということでしたので，アメリカの情報が入ってくるのが3日とか4日とかかかる。今と全然違う時代でした。そういうような時代に，ニュースの仕事に関係しました。やっているうちに，自分で撮りたいということになり，カメラマンになったわけです。今の仕事と関係あるとすれば，今まで人がやったことがないから難しくても諦めないところ，とにかくやってみようという無鉄砲というか計画性のないところかもしれませんが，そういうところがあったことかもしれません。そうしているうちに，自分としてずっとNHKで働いてお金をもらっていくためには，あるいは自分自身どういうふうにしていこうかなということで，方向を決めかねていた時期がありました。
　そんな中で，学生のころから，精神的な病気ってすごく不思議なものだなと思ってはいました。まだそのころ，そういった関係の方たちに直接会ったこともないし，精神科のお医者さんと会ったこともありませんでした。ただ，学校の本で，そういった精神的な病気というものに非常に関心がありました。それから自分も変わり者でしたから，自分の気持ちが人との関係でどういうふうに動いていくのかということに関心がありました。
　そんな中，そういった病気の世界の人たちとの付き合いが始まったのが昭和47年，今から34年ぐらい前です。当時は，そういう病気をして精神病院に入院すると，かなり長い間，入院ということでした。今ですと，割合短く数カ月で退院できる人も増えてきましたけれども，当時は一度入院したら，早くても2～3年は退院できない時代でした。また，最近は薬もありますから，精神科に入院した人も治ってきていますが，昔は病気にかかってしまうと，もう一生治らないというふうに思われていたことが多かったんです。また，ご本人も家族の人たちも病気に気が付くことがすごく遅かった。家に閉じこもってしまって，家族とあまり顔を合わせないとか，そういうような生活をしていて，なかなかご本人も病院にかからない。しかし，最近は皆さん自分でもちょっと元気がない，おかしいなということで，割合に自分で受診する人が増えていますけ

れども，昭和の40年～50年代には，なかなか自分で病院に行こうとしなかったんです。今の状況とはかなり違います。

そういうような状況の中，私がそういう方たちとお話をするようになっていたんです。まだ自分としてどういう進路へ行くか迷っていたときに，私はカウンセリングの勉強を始めました。その勉強をしているうちに障害者の人たちと接触するようになりました。そして，その方たちが働きたい，家族にとっても働いてほしいということが出てきたんです。働くようになってほしいという気持ち，働きたいという気持ちがあるんだけれども，なかなかハローワークへ行って就職と言ってもスムーズにいくわけじゃない。長い間ブランクがあると，「その間の職歴はどうしていましたか」と聞かれます。そうすると，嘘をつくのは下手ですよね。精神障害の人は，割合正直な人が多いんです。ですから，このブランクを嘘をついても埋めるのは難しい。たとえ嘘をついたとしても，なかなか試験官を納得させるようなうまい嘘はつけないし，具体的なことを聞かれるとつまってしまうということがあって，なかなかちゃんとすぐに就職できない。お薬の問題もありますし，退院してくると生活リズムが崩れてしまい，また薬の副作用もあって眠いとか，だるいと大変です。精神科の薬を飲んでいると，常時，15キロぐらいの荷物を背負ってるような負担があると言われます。

それから社会的経験も皆さんのように学生時代を過ごしていれば，いろいろな経験ができますよね。その社会的経験がなくて，10代の途中ぐらいで発病したり，あるいは閉じこもったりしてしまうと，その時期に社会的経験の中から学ぶものはすごく多いのですが，いいことも悪いことも含めて身に付けていくチャンスを失うことになります。こうした種々の状況で，働きたいと希望してもなかなかうまく働けない。

私がNHKに勤めていた当時，ビルの清掃の仕事について，例えばアルバイトとして使ってもらえないか頼まれました。NHKは，今の渋谷の放送センターでしたけれども，あそこには1社だけじゃなくて，3社程清掃会社が入っていました。その会社の上の人たちに，何とかアルバイトで使ってくれないか

と頼んだのですが，みんな働けなかったり続かなかったりする。2日や3日も続く人は，まだいい方で，短い人は1日でダウンするという状況だったんです。この程度じゃ働くのは無理ですから，会社としては困ります，何とかもう少ししっかり教育してきてください，と言われてしまいました。それはもっともなことです。

　大体ビルの清掃というのは，朝早く仕事をして，職員が入ってくるころには一応きれいにしておくのが仕事ですから，朝早い時間に出てこないと困ります。そういうことがあって，ビルの清掃会社の人たちに「もう少しちゃんと教育をしなさいよ」と言われました。ちょうど，今で言う社会福祉施設が東京でもでき始めたころです。そういう人たちには，働きたいという気持ちはあっても，そのままでは職場には通用しないということを私は経験しました。

　患者さんや家族とお話することはある程度できるようになって，いろいろな繋がりができるような経験もしてきましたけれども，働くということの場面では，福祉の指導員の方たちも，そこまでなかなか手が届かないということがありました。そこで，障害のある人達と一緒に働きながら働くということをやっていこうかということを考えるようになったんですが，すぐにNHKを辞めるわけにいかなくて，結局定年を迎えることになりました。定年後の翌年，やっと一緒に働く会社をつくろうということでつくったのが「ストローク」という会社で，それが平成元年のことです。

3．清掃という仕事を通して

　なぜ清掃という仕事を選んだか，という点ですが，ほとんどの人が失敗した中で，1人だけかなり長く続けられた人がいました。その人には職歴は全くなかったんですけれども，お母さんがすごく大病をなさって，何とか親を安心させなくてはならないということで，一生懸命働こうという気持ちの強い人でした。もちろん，最初からフルタイムはとても無理ですので，朝8時から9時半ぐらいの勤務をまずやってみて，そこからスタートして，少しずつ時間を延ばして，最初のうちは半年以上，朝の短い時間をやったと思います。それから

後，次はお昼前まで，それからしばらくして，また3時まで，そしてフルタイムというふうにして，段階的に働く時間を増やしていきました。そこまで行くのに多分1年半ぐらいかかったんじゃないかと思います。ご本人にその気持ちが強ければ，障害があったり，あるいは働いた経験がなくてもやっていけるのかなと思いました。

　それから清掃という仕事は，一般の人たちも短い時間で区切って働けます。朝方だけ働く人もいれば，夕方だけ働く人もいるとか，そういうことで組み合わせて仕事をしているということ，それから体力的に毎日働くことで体力がだんだん付いてくるとか，いろいろないい面があるので，とりあえず，清掃でやってみよう考えました。もちろん，会社として大きなビルがなくてもできますし，資本金がたくさんなくても仕事が始められます。

　アメリカにも視察に行きましたけれども，ビルの清掃に精神的な障害がある人や病気をなさった方が働いているというのを見てきました。やってみよう，まずはこれにしようということで始めたわけです。

4. 働くこと

　本当はいろいろな仕事があっていいと思います。ただ，規則正しく働いて，そして体をつくっていくということで，基礎的にはこういう仕事から入るのがいいのかなと，私は今でも思っています。最近，希望としては事務的な仕事とかパソコンを使ってやれるような仕事をやりたいという希望はありますが，ただ，生活のリズムとか体力づくりという基礎的な部分では，最初は体を使うということからやるのもいいのかなというふうに思っています。

　企業の方からは「なかなかちゃんと働けないで困るじゃないか」と言われます。つまり，精神的な障害のある方たちは，就職しても仕事が続かないとか，遅刻や休みが多いとか，そういうことで働くことへの責任感が非常に足りないのじゃないかということだと思います。その原因は，その人の気持ちが中途半端ということだけではなくて，医療的な薬の関係もありますし，お医者さんとか支援者とか施設の職員とか，病気が悪くなるといけないから，余り無理をし

ない方がいいというような風潮もあります。それから最近はそうではなくなりましたが，当時，働かない権利もあるんだというような意見もかなりありました。

　働かない権利はもちろんあるかもしれませんけれども，人間は働くことによって，お金だけじゃなくて，自分の力を発揮するとか，今までやったことのない難しいことに挑戦するという意味で，やっぱり意味があると私は思っています。というのは，赤ん坊が何かやりたいと手を伸ばすでしょう。それと同じように，障害があったとしても，自分のことは自分でやりたいんだという気持ちは，自分が充実して生きていくということと直結している問題だと思っています。

　私自身，仕事をしながらいろいろな仕事をやらせてもらう機会がありました。カメラマンになったのも，自分で黙っていればやらせてくれるというものではないんです。自分でやりたいんだということを表現して，自分で働きかけて，そしてそれが受け入れられるように動いていかなければいけない。だから，それは同じだと思います。障害があっても働きたいという気持ちがあるんだったら，それをどういうふうに実現していくか，世の中に対して働きかけていくとか，理解してもらうとか，自分の力を付けていくとか，どういうふうに力を付けるか，ただ，できないとか，考えているだけではしようがない。やはり，自分の力も高めていかなければいけないということだと思います。

　特に精神的な病気を患ったことのある人は，大体服薬しています。かなり神経が緊張する病気ですから，神経の緊張を緩めるようなお薬を飲んでいるわけです。例えばモップを絞るにしても力が入らなかったり，集中しなかったり，いろいろな問題がありますけれども，そういうことで言うと，やっぱり世の中の人からは，「仕事に来て休まれたら困る」という意識が企業側にはあるわけです。そのときに，無責任では，仕事を出す方としては困るわけで，どういうふうに仕事の場にマッチするのかということを，自分の態勢を整えていかなければならないということがあると思います。私がいつも言っているのは，精神的な病気ではあっても，ほとんどの方が「朝，起きられない病ではない」とい

うことです。だから，働くことを目指すんだったら，生活の組み立てを変えましょうというふうに言っているんです。

5. 生活リズムと働くこと

ところで，私がNHKに入ったころ，皆さんと同じような若い人，大学卒業直前の内定した方たちの研修をやっていた時期があります。内定しても「内定準備研修」というのがありまして，内定中にいろいろな資料を送ったりすると同時に就職前から実際の採用の日が決まったら，1週間ぐらい前からは朝型の生活になってくださいよと言っていたんです。というのは，学生のうちは自由ですから，かなり夜型で，夜更かしをし早朝まで起きているということがありますけれども，そんな生活をしていると，朝の出勤が間に合わないということがあります。

ですから，別に病気はしてなくても，内定準備のころを見ていますと，学生時代が終わってすぐの人は，朝9時の出勤とか研修に遅れそうになる人が大勢いるんです。だから，生活のリズムを働くリズムに変えていかなければいけない。特にお薬を飲んでいる立場から言うと，そういう生活のリズムを変えていきましょう，働くリズムにしましょうと言うことになります。それからうちでは「朝ご飯をちゃんと食べてきてください」と言います。というのは，清掃の仕事ですと，夏なんか特に汗をかきます。そうすると，朝ご飯を食べてこないと，9時とか10時になると，体がもたない。みんなへこたれて，テンポが落ちてきます。そういうことで，早寝早起きと朝食をとるという生活，そして早寝早起きのために早く寝るという生活のリズムが必要になります。

皆さんは若いし，病気を持っていなければ，今日の睡眠不足を明日解消するといったことができるかもしれません。でも，精神的な病気をしている人の場合は，6時間とか7時間，眠らなければ無理だという人がほとんどです。うちの場合には朝8時には仕事を始めます。皆さんからすると，ちょっと早いでしょう。もちろん，働く前には着替えや仕事の準備もありますから，7時45分ぐらいまでには来てほしいわけです。そして，7時45分にそれぞれの現場に入

るとしたら，何時に家を出るか，そのためには何時に食事をするか，精神的な病気をしている人の場合には，ゆっくり仕事をする場合もありますけれども，朝の身支度もゆっくりの人もいるので，それを換算して，何時に起きれば間に合うか。お薬を飲むことを考えると，何時に寝れば，十分睡眠を取ることができるのか，逆算して早く寝ています。そういうふうに生活を朝型に切り替えながら，次第に働く力を付けていくことをやっています。

自分がとにかく働くためには，自分の生活を変えなければいけない，ということをよくわかってもらって実行しているというのが，うちの場合です。病気があっても，障害があっても，働けるんだという形を，毎日の実績を積むことで示してきたと言えます。

もちろん最初からうまくいったわけではありません。最初働きに行きたいと言ったメンバーが，決められた時間にちゃんと来ないということだとか，中にはポカ休とかもありましたし，それから全然来ないだけじゃなくて，連絡なしに来ないという人もいました。うちは清掃現場ですから，その日になって急に休まれたりすると，契約主に迷惑をかけますので，それを私たちがカバーしなくちゃいけないとなると大変ですし，そういう状況ではどこの会社へ行っても務まらないわけです。そういうことから，まずは研修をして，その段階でちゃんと朝，約束の時間に約束の場所に来られるかどうかを見ながら，清掃の実技的なこと，例えばこういうところを拭くということとか，掃除機をかけるとか，モップをかけるとか，実技の練習をすると同時に，ちゃんとした時間に出てくることができるかどうかをまず見る，まずそれを第一歩にしました。

研修初日の患者さんの多くは，緊張してすごく固くなっていますが，何遍か練習するうちにだんだん慣れてきます。研修は，今のところ，大体基本的に2時間半ぐらいの研修を最低5回，いずれも有料でやっています。皆さん顔も違うのと一緒で，病気もいろいろと違います。顔色とか様子を見，動作を見ながら，疲れているなとか，様子を見ながらそれに応じて基本の教え方，作業を進めています。

研修を受ける人にも，個人差があります。早い方の場合5日で終わります

が，遅い方で10日ぐらいかかる人もいます。個々人に応じて，少しずつ教えるようにしています。

　ストロークの研修は，研修に入る前に「就労相談面接」と言って，その回復者がその時点でどういう生活をしていらっしゃるかとか，どういったことに対処しにくいかとか，自分がどういうことが苦手だということをいろいろお聞きして，それから研修に入るわけです。中身としてはやはり働く習慣ができていない人も多いわけですから，決められた日に，決められた時間に，その場所に来ることができるかどうか。清掃の仕事ですから，現場に来なくてはしようがないということで，約束したことがきちっと実行できるかどうかということを含めて，とにかく仕事をする準備を，研修期間を通じて準備していくということになるわけです。訓練内容としては，そういう研修をやりながら，働く準備をしていくという感じで，マンツーマンの個別対応の研修をやっています。

　働く習慣を身に付けていくと，家族関係も変わってきます。家族も規則正しくご本人が仕事に出るようになると，だんだん信用されるようになってきます。家族関係も変わってくると，ご本人もそんなに居心地悪くなくなりますから，両方の関係が変わっていきます。

　それから清掃のいいところは，ビルの方に褒めてもらったり，ありがたがられたりするということです。例えばトイレなんかもお掃除していますと，大抵「ありがとうございます」とか「すみません」と言われる方が多いんですね。それから玄関の窓ガラスなんかを拭いていると，「いつもきれいにしてくれてありがとう」とか，そういうふうに余り深い関係の方ではないけれども，そういう方から言っていただくということは，すごく励みになるんですね。

　それから，床を掃いたり，拭いたりだけではなくて，機械を使って床をピカピカに清掃します。きれいになると，気持ちもすっきりしますね。そういう経験を積み重ねていくことで「あっ自分たちがきれいにしたんだな」というような達成感がありますね。そういうことを含めて自分でもやったとか，人からも褒めてもらえたとか，喜んでもらえたなということが，自分の働くことへの意欲をかき立ててくれるということになってきますので，それが，だんだん強く

なると，仕事が続くことにも繋がります。

　それでも，仕事を続けるには，精神的な悩みを持っている人の場合には，あるひ弱さというか，非常にデリケートだったりするので，自分で悩みを抱え込んでしまって，相談しない場合が多いんですね。ですから，仕事の悩みなどについて，自分の気持ちの中でどうしようもならなくなってしまわないうちに相談をしてもらう必要があります。全部が相談に乗って解決できるとは限りませんけれども，話してみるだけでも悩みが軽くなることがありますから，困ったことなどはなるべく早めに話し合いましょうということでやっています。場合によっては，病院に通わなければならないということがありますので，通院日は前もって聞いて申告してもらい，その日「病院に行くので休ませてください」とか，例えば「午前中だけ病院に行くので仕事を外させてください」とか，そういうことは遠慮なく連絡してもらい，病院にちゃんとかかるということを原則にしています。

　それから心理的な病気のことだけではなくて，身体の病気のことも，問題があれば言ってもらう。というのは風邪なども早めに対処すれば重くならないで済むのに，無頓着でいる人たちが結構多いのです。特に気候の寒暖の差が激しいときや冬の風邪の流行期には，早めに連絡してもらって，お薬なんかも必要なら早めに飲むとか，お医者さんにも早めに行くというふうに勧めています。そういうことを含めて何でも相談に乗れるとか，話し合えるという状況をつくっておくことが必要だと思います。

　ストロークの場合は，仕事の面でも大勢のグループで，1カ所に集まってやっているということが少ないですね。小さな会社ですから，毎日清掃するところが雑居ビルで3カ所とか，事務所ビルで3カ所とかです。会社のあるところは高田馬場ですけれども，清掃現場は新宿だったり，渋谷だったり，それから練馬や品川にもあります。そういうところで毎日仕事をしている人たちがいます。1日フルで働いている人もいれば，短い時間，午前中だけやっておしまいの人もいれば，午前と午後と違う現場へ行って働いている人もいるというようなことで，ビルの形態によって，やり方もいろいろ変わりますし，また，マ

ンネリを避けるために，少しずつローテーションを変えたりもしています。

　先ほどもちょっとご紹介していただきましたが，私が5年前にヤマト福祉財団から福祉賞をいただきまして，そのときに賞だけじゃなくて，仕事もやらせてくださいとお願いしました。それで，杉並のヤマトの営業所が幾つか集まっているビル清掃をやらせていただくことになりました。また今では，新宿や品川の営業所ビルでもやらせていただいています。それと同時に，私ども会社のほかにNPOのストローク会というのもありまして，これはうちで働いている人たちだけという意味ではなくて，精神障害のある人たちの働くことの支援をするグループの仕事を主にやっております。それからもう1つの団体として，小規模社会福祉法人の「結の会」というのがあります。今，登録している人は43人いますけれども，そこでも，精神障害のある人が，ヤマトのメール便の配達や，ヤマトの事務センターでパソコンの入力関係の仕事をグループで，社会福祉法人の職員と一緒になって働くということもやっています。

6. 変わる雇用環境，変える雇用環境

　最近では，「自立支援法」のもとで，障害のある人もなるべく働くということを支援しましょうということになってきています。法律的に課題もありますし，また手直しがいずれ必要になると思うんですけれども，そういう中でも，やはり働くということを一生懸命応援していこうという動きがあります。私どもの活動は，そういうものの先頭を行く形でやっております。

　平成18年度から，精神障害者が雇用率に算入されるようになったわけですけれども，そういうことで少しずつ世の中が変わってきています。今までは，身体障害の人とか知的障害の方たちを雇用すればカウントされて，企業の雇用率になったんですが，精神障害の人は雇用してもカウントされなかったんです。18年度からはカウントされることになりました。しかし，雇用率のよくない企業なども精神障害のある人を雇ってみようかなというところまでいったとしても，前にお話したように，具合が悪くなったり調子を崩したりして，困ったことが起きた場合にどうしたらいいかということに対して，企業の方はすごく心

配しているのです．だけれども，何とか雇用したいという企業や，福祉関係施設でももう少し精神障害の人を企業で雇用してもらえるようにいろいろな情報交換をして連携してやって行こうという動きも出てきています．先日も，松江市の福祉関係の担当者とかビジネスの関係者，施設の関係者15名ほどが，私共の清掃現場と会社，授産施設を見学にこられ，大変関心を持ってくださいました．実際，世の中が少しずつ変わっているということをご報告しておきたいと思います．

うちの会社はストロークというのですけれども，なぜストロークなのかということですが，ストローク（Stroke）とは，交流分析で，プラスのストロークとかマイナスのストロークというのがあります．プラスのストロークというのは，言葉で褒めたりとか，それから接したりということもあるし，撫でたり，さすったり，赤ちゃんでも「よしよし」と言って抱いたり，あやしたりする，そういうことも含めてのプラスの接触ですね．悪口を言うとか，殴る，蹴るということが，マイナスのストロークを与えることになるということであって，プラスのストロークがないと人間は育たないということです．食べ物だけで育つのではなくて，やっぱりプラスのストロークがないと人間は育たないし，元気でいられないのです．子供だけでなく大人でもそうです．つまり，「精神の障害があるから，プラスのストロークをください」だけじゃなくて，私たちのできることで，プラスの発信者になろう．たとえ障害があっても，プラスのストロークの発信者になろう，世の中のお役に立って働いていこう，ということで，「ストローク」という会社の名前にしました．

そういうことを含めて，若い新鮮な感性をお持ちの皆さん方にも，こういう精神的な苦労を持つ人たちも，一生懸命働きたいんだということをわかっていただけたらと思っています．きょうこの機会をとてもうれしく感じております．

質問箱から

問　将来のことについての展望ということに関してですが，1つは，精神障害者の方々が職の幅を広げることができるのだろうか。実際に今，4分野で主に活動されているということですが，職の幅を広げることが将来可能なのかどうかという点は，いかがでしょうか。

答　職の幅は広げたいと私も思っておりますが，少しずつでないと，なかなかできないということがあります。そういうことで言いますと，最近はパソコンの分野でもって入力されるとかということ，例えばデータ的なものを入れるだけではなくて，もう少し広い分野に広げていらっしゃるところもあります。ただ，うちの方では，今のところ作業としては清掃がメインですけれども，将来的にはパソコンは必要ですし，午前中，清掃をやっている人が，パソコンを勉強したいという人が多いので，午前中，清掃をやって，午後の時間帯にそういう研修をNPOストローク会の方で実施しています。これからは自分は全然触ったこともないのでパソコンはできないでは困りますので，そういう機会を増やしていかなければいけないと思っています。

　精神に障害があるからといって，こういうことはできないと決め付けてしまうことはないと思います。仕事を分担して体験してもらい，人によっては得意の分野というのがそれぞれ特徴あると思いますので，その特徴をどういうふうにキャッチするか，引っ張り出すか，あるいは支援する側が見つけることができるかということで，もっとずっと仕事は広がると思いますし，それから支援する方法も広げていかなくてはいけないと思っていますので，若い皆さんたちもぜひいろいろ一緒にやるようなことをトライしてほしい。それから団塊の世代の方々の仕事を経験している人たちにも，もっと私どもと接触していただいて，一緒に動いてほしいと私は願っております。

問　制度上は，助成金があるとか，1つの方向性として「福祉社会の形成」というのもあるのでしょうが，この点についてまだまだこの分野が不足しているとか，何か政策的な面についてお考えがおありでしょうか。

答　今，「福祉」というお話ですけれども，福祉の分野の方たちが，これまで働くことに対して消極的だった。これは福祉の施設に通っているご本人だけではなくて，家族とか支援者の方たちが，福祉は福祉で固まっていて，一般の社会ともう少し交流するという機会が少なかったと思うんですね。

　「自立支援法」自体，いろいろ問題があると言われていますが，ただ，何か垣根をつくってしまうというのではなくて，一般の社会の中で，障害があっても病気が

あっても暮らせるというような状況を創っていく上では，やっぱり福祉だけが固まってしまうのではなくて，一般の社会の方たちと交流できるような機会をつくり，そういった制度的な流れを可能にすることが大事だと思います。また，一般の方たちにもそういうことをわかっていただけるような政策的な誘導も必要だと思いますし，実際にそういうことをやっている人たちから見て，もうちょっと一緒に働こうよ，一緒に生きようよということを，皆さんがいろいろな場面で考えていく。そして今，市区町村の方へいろいろな事業が下りてきていますので，そこの中でそれを可能にしてゆくことができるような様々な接触が増えていくと，また考え方も広がっていくのではないかと思っています。ですから，いろいろな機会を，いろいろなところでみんなが工夫し合ってやっていけば，必ずいい方向に行くのではないかと思っています。それを制度的な面で行政側がバックアップしてほしい，勢いをそがないでほしいというふうに思っています。

第5章 経済と社会保障制度
——21世紀型社会保障制度——

駒村　康平

1. はじめに

　こんにちは。ご紹介いただきました東洋大学の駒村でございます。

　きょう少し早めに，久しぶりに中央大学に来ました。非常に変わってしまって驚いたわけです。ただ，7号館とか8号館は全く変わっていなくて，久しぶりに7階のゼミ室まで上がってみて，私のゼミは確か13か14の番号の付いた部屋で，懐かしく外から見てきました。本当にこういう機会ができまして，有難うございます。自分の母校でこういう話ができるのは大変光栄に思っております。

　今日は，私の専門にしております社会保障制度が主題ですが，これを全部ここでお話することは大変難しいわけです。皆さんもご存じのように社会保障は，年金・医療・介護・生活保護・その他の福祉など，非常にたくさんの分野があり，約90兆円のお金を使っているわけです。しかも，2000年以降は，ほぼ毎年のように改革が繰り返されているということも，皆さんも新聞やいろいろな本でご存じではないかと思います。きょうはその改革の動向を少しまとめてご紹介しながら，今後どうするべきなのかという話をしていきたいと思います。

　今日行われている社会保障改革を皆さんも見ていて，よくわからないと思われているかも知れません。今年の医療保障改革は，実は20年ぶりぐらいの大改革です。医療保障をこれだけ変えたというのは最近はないんです。そして，すぐに高齢者に影響を与えて来るわけですが，しかし，タイミングをずらして徐々に徐々に皆さんにも影響が出てくる改革であったわけです。

　また，昨年は介護保険改革を行ったわけです。最大のターゲットは，20歳か

ら介護保険料を取るのかどうなのか。障害者福祉と介護保険を統合して，1つの制度にするのかどうかが最大の議論のポンイトだったわけですけれども，これは見送られる結果になりました。そのかわり，介護施設に入られる方から，ホテルコストと言われている住居費に相当するようなものを徴収すること，あとは予防により力を入れていくということを決めたわけです。そして2004年の年金改革は，今でも社会保険庁の改革などではその火種が残っておりますが，非常に大きい改革で，1985以来の20年ぶりの大改革だったのだろうと思います。

これまでは，社会保障制度の改革を，1年かあるいは2年ぐらいずつずらしながらさまざまな改革をやっている。全体を通して，どちらの方向に向かっているのか，どういう理念があるのかということを，しっかり議論して行っているかというと，どうもそうではないようだと思います。しかも，そう言っている一方で高齢化と社会保障の問題，それからもう1つは，新聞・マスコミなどで注目されている格差の問題あるいは貧困の問題も出てくると思います。それについても少し触れておきたいと思います。加えて，各論を話した後，今後の将来をどう考えていくのかという手がかりを述べさせてもらいたいと思います。

2. 日本の社会保障制度の展開

日本の社会保障制度は，戦前からあったわけですが，戦後これが完全に復興したのはやはり60年代から70年代にかけてです。この時代は失業率が低く，経済成長率が高く，人口構成も若く，人口も増加し，安定雇用の下に設計された制度であるわけです。特に社会保険を中心に制度を組んでいこうというわけで，医療も年金も保険料を払った人がもらえる，それに全員が加入するということでした。比較的低い保険料を設定しておいて，皆さん入ってくださいねという時代だったわけです。多少保険料の上昇が発生しても，経済成長率が高い時代でしたから，負担が上昇しても国民はそれほど苦にはならなかった。経済成長が，それを打ち消してしまうぐらいのものでした。

そういう中で，政治的には与党，野党ともに，高福祉で低負担が可能で，経済成長は未来永劫に続く，人口はずっと増加していく，ということを前提に社会保障制度をつくっていけばいいというふうになっていました。そして，与党と野党の間で「高福祉・低負担が可能だ」という考えが広がり，与党が1万円年金と言えば，野党が2万円を出します。さらに，3万円だ，4万円だ，5万円だと，あまり財政的な裏付けや展望もない中で，とにかく今の経済情勢が続くから大丈夫だよということで，充実への道を突き進んで行きました。医療の方も高齢者は無料にしますよという制度も，このときに導入されていくわけです。

しかしながら，こういう充実の中でオイル・ショックが発生しました。それから，70年代後半からは合計特殊出生率が下がっていき，2を切るということになってきますと，財政的には持たなくなってくるわけです。そこで，医療も年金もともに，1980年代前半に今日の形に修正を加えているわけです。社会保障を学んだことのない方には，ちょっと耳慣れない言葉かもしれませんけれども，「老人保健制度」，もう1つは，年金における「基礎年金」の導入を行いました。これらは，それ以来20年間，今日もこのモデルで続いているわけです。

簡単に言うと，日本の医療保険や年金は，それまで職業別にばらばらにつくっていたんです。しかし，高齢化が進む中で，特に自営業グループの高齢化が著しくなってきた。そこで，自営業グループの部分を少し調整する。その費用部分を確保するために「基礎年金」や「老人保健制度」をつくって，医療・介護・年金について，ばらばらになっていたものを一部国民共通にした。いわば建物を全部壊して1つの制度にするのではなくて，制度の基本的な部分は変えず，お金のやりくりをするという仕組みを入れて微調整をやったわけです。それでも80年代，90年代ぐらいまでは何とか乗り越えることができたわけです。

しかし，90年代になると，もう1つの問題が迫ってきます。つまり，失業率は上昇し，バブル崩壊で経済が低下し，そして高齢者は引き続き増えてくる。その後，人口は，去年から減少に転じているわけです。さらに重要なのは，雇

用の流動化の問題が社会保障制度に非常に大きな影響を与えているということです。

　今，年金の空洞化や医療保険の空洞化が始まっています。年金の方は，サラリーマンは厚生年金に入っていますから，未納ということは原則的にないわけです。しかし，サラリーマン以外の人（実際にはそうではないですが）たちが入る国民年金の1号と言われているところが4割払っていないという問題です。あるいは同じように，国民健康保険も10％，都市によっては15％ぐらい未納の人が出てきています。若い世代が，払っても損じゃないか，信用ならないじゃないかという理由で，わざと払わないという見方もありますけれども，しかしより大きな流れを見れば，原因がはっきりしています。払わない人が増えている原因は，従来の社会保険制度がサラリーマン社会を想定しているにもかかわらず，現実にはサラリーマン社会が変わり始めている中で，社会保険制度が社会の変化について行ってなかったということです。

　もう少しわかりやすく言うと，厚生労働省は，国民年金や国民健康保険は，いずれ小さくなっていくだろうと考えていました。働き方が，みんなサラリーマンになっていくからです。サラリーマンが増えていく社会であれば，厚生年金とか健康保険という給料から直接天引きする仕組みで十分であり，払いたくないとか払いたい，とかいう問題は生じない。だから，ずっとサラリーマンさえ増えていく社会であれば，厚生年金とか健康保険とか，サラリーマンを対象にした保険さえしっかりしておけば，いずれ人口的には限りなく小さくなっていく国民年金や国民健康保険というのは，多少空洞化が起きてもいいのじゃないかと高をくくっていたのだろうと思います。

　ところが，90年代に起きたことは一体何かというと，サラリーマンが減り始めて，自営業でもなく，サラリーマンでもないような働き方をする，つまり専門用語で言うと「非典型労働者」あるいは「非正規社員」，今ふうに言うと，フリーター，アルバイト，こういったグループが新しい働き方として増えてきてしまった。このグループは，厚生年金や健康保険の適用対象ではないのです。だから，強制徴収できないわけで，この人たちが払わなくなったというこ

とになってくるわけです。働き方の変化に対して，社会保険制度が適応しなかったというのが空洞化の引き金になったんだろうと私は思うわけです。

　そういう意味では，雇用の流動化に，社会保険制度が十分対応できていないのが問題です。皆さんも，最近は「偽装請負」とか，いろいろな問題を新聞などで目にしているかと思いますが，アルバイトやパートに社会保険をかけるのか，具体的に言うと，サラリーマンと同じ厚生年金や健康保険をかけるのかというと，これは今でもかけていないわけですね。労働時間は標準で40時間ですが，30時間以上の労働をする人しかかけない，週30時間以下で働くアルバイトやパートについては社会保険をかけないというルールでやっているわけですから，この部分の空洞化というのは今でも続くわけです。それを見直さない限り，どうにもならない問題だろうと思います。

　雇用の流動化が社会保険に穴を開けているというのは，別に日本だけの問題ではないです。ドイツやイタリアなど社会保険方式を取っている国では，これと同様の問題が起きています。そこで，サラリーマンという形で，正社員ではなく，しかし自営業でもないような働き方をしている人に対しても，社会保険を適用しましょうという方法で改革をしているわけです。この流動化によって社会保険に穴が開いているというのは，世界共通の問題です。

　だから，よく国民年金が空洞化しているというふうに言われておりますが，これは正確に言うと，働き方の変化に対して社会保険が対応していないということです。特に厚生年金や健康保険というサラリーマンを対象にした年金が，アルバイト・パートに対象を広げていないことが最大の空洞化の問題であるわけです。そういう働き方の変化に対して社会保険がついていっていない。その結果，社会保険方式に大きな穴が開いているというわけです。

　さらに，90年代以降のもう１つの大きな課題は介護でした。皆さんも耳にしたと思いますけれども，2000年に介護保険制度が導入されました。90年から議論を始めて約10年かけて導入したわけです。新しい保険制度を入れて，団塊の世代，つまり現在の50代後半の方々が，自分の親の面倒をどうしようかという心配が持ち上がっていた時代です。それをカバーするために介護保険を導入し

ようということになったわけです。

　ただ，介護保険を検討し導入する間に手を付けなかった問題がある。それは一体何かというと，少子化対策については10年対応が遅れてしまったという点です。さらに，2010年を前に，「2007年問題」と呼ばれる問題があります。団塊の世代，つまり1940年代の後半の3年間に集中して生まれた800万人の人たちが，いよいよリタイアして年金をもらう年齢に近づき，この世代がさらに10年たって2020年から25年になれば，今度は後期高齢時代の75歳以上になる。そうすると，医療・介護の費用がどんどん重くなって，こういう人たちが増えてくるのに対して，財政的に持続可能性を維持するためには，今のうちに準備をしなければいけないということで，ここ5年の集中的な改革が行われているわけです。

　なぜこの時代の人が本格的にリタイアして年金を受給する前に，あるいは介護保険や医療保険を受給する前に改革をしなければいけないのか。この世代の人たちはどちらかというと，今はまだ社会保険や年金や医療保険を支えて，税金や保険料を多く払って支えてくれているグループですが，今後，自分たちがもらえなくて，自分たちが痛みを伴うような改革に果して賛成できるのかどうなのか。やっぱり人間弱いですから，なかなか賛成できないでしょう。そうすると，このグループが受給側になる60歳を超えた後は，改革が困難になる。高齢者も少し我慢しなければ，年金制度というのは維持できない。しかし，自分が年金をもらい始めると，やはり削って欲しくないという方向に意思が働いていくわけです。そうすると，この人たちが本格的に受給者になって，政治的に改革の反対勢力にならないうちに改革しておく必要があると政府は判断したのだろうと思います。ここあと数年が勝負所であろうと思います。

3. 社会保障の最近の動向

　図5-1は従属人口比と言われている動きで，従属人口の定義は皆さんもよくご存じだと思いますが，働き盛りの15歳から64歳の人たちに対して，15歳未満の人が何人いるか，65歳以上の人が何人いるか，これを合計した数字ですけれ

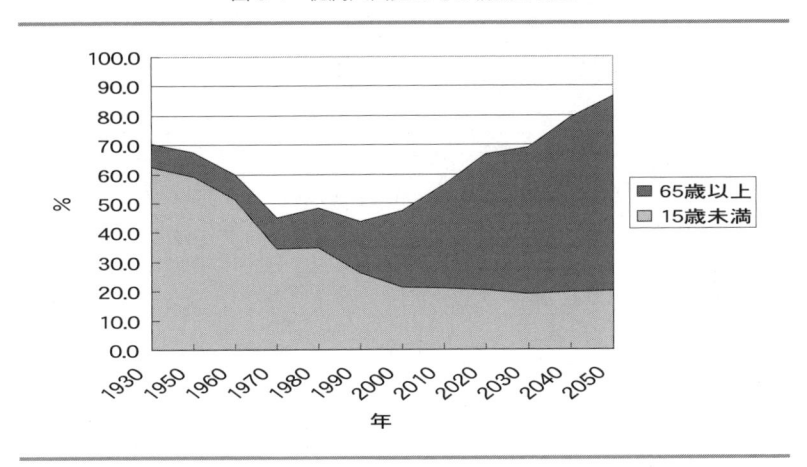

図5-1 従属人口比とその構成の動き

(出典) 駒村（2005Ａ）

ども，確かに今後高齢化が進むと言っても，100人の現役労働者が何人の扶養をしなければならないかというのを見ると，比率ではあまり変わらないんですね。1に対して70というのはあまり変わらない。しかしながら，構成比が全然違います。これから2040年ごろに70ぐらいまで来るわけですけれども，この高さは一見高いように見えますが，かつて一度経験した数値です。だから，高齢化が進むからといって，そんなに社会の負担が大きくなるのか。昔そういう時代があったじゃないか。1人の人が幼い世代と高齢の世代を支えるという年齢構成というのは一度経験したものだから，そんなに怖くないんじゃないかという見方もあるわけです。ただ，構成が全く違うんですね。

　子供がどんどん減っていって，高齢者が増加する。社会保障制度では，高齢者1人で使う社会保障のお金は，子供1人の16倍〜18倍ほど多く使いますから，これだけ高齢者が増えてくれば，当然社会保障制度にダイレクトに影響を与えるわけです。もちろん子供の医療費とか家族手当とか児童手当とかは減ります。しかし，これを相殺しても，はるかに今後伸びてくる支出が多いわけです（図5-2）。そういう中で政府は「三位一体改革」あるいは「小さい政府」ということで，いかに財政を抑制していくかという改革を続けているというの

図 5-2　社会保障制度の構造改革

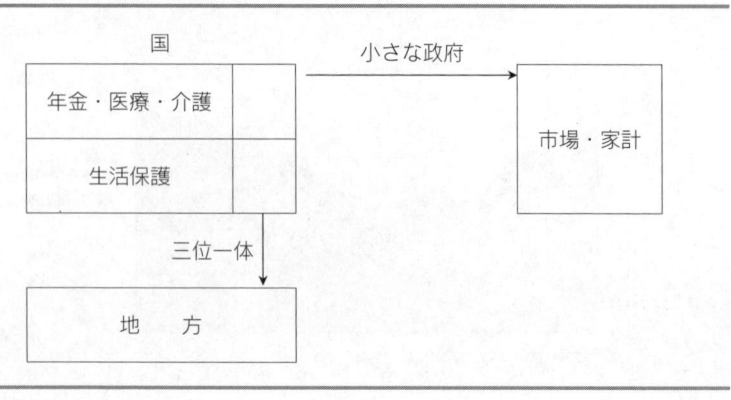

(著者作成)

が現状です。

　一方，社会保障全体を通して見てみましょう。図 5-3 は特に年金を中心に見たときの，社会保障のお金の流れです。医療制度，介護保険制度，年金制度があります。年金制度は，皆さんもご存じのとおり，若い世代が払った保険料を政府が集めて，それを年金という形で給付する世代間の移転で行われています。原理的には介護保険も仕組みとしてはほぼ同じです。医療保険も，実は同じです。サラリーマンの人は，8％ぐらいの保険料を払っていますけれども，そのうち3％〜3.5％ぐらいは自分のための医療保険ではありません。先輩世代のための医療保険ということでお金が回っているということになっているわけです。もちろん高齢者自身も，自分の年金から医療保険を負担しています。介護保険は既に年金から介護保険料を天引きしています。要するに年金を払う前に，介護保険料を抜いてから年金を渡すという仕組みになっています。しかし，その負担では全く足りない。

　今回の医療保障改革も，それと同じ仕組みを入れたわけです。政府は年金をお支払いする前に，医療保険料を天引きしてから高齢者にお渡しするという形になっています。だから，年金を集めたお金が財政の方に回り，介護保険料に回るということになります。今回の医療保障改革のもう1つの特徴は，独立し

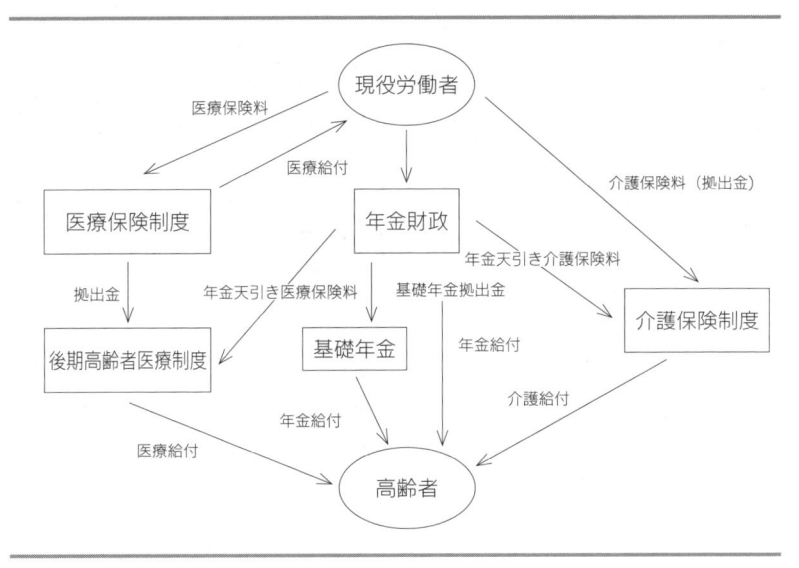

図 5-3 年金制度を中心とした高齢者社会保障制度

```
                          現役労働者
       医療保険料      ↙     ↓     ↘   介護保険料（拠出金）
         ↙        医療給付         ↘
   ┌──────────┐    ┌──────────┐
   │ 医療保険制度 │    │  年金財政  │
   └──────────┘    └──────────┘
        │         ↙    ↓    ↘       年金天引き介護保険料
      拠出金  年金天引き医療保険料 基礎年金拠出金        ↘
        ↓                                  ┌──────────┐
   ┌──────────┐    ┌──────┐              │ 介護保険制度 │
   │後期高齢者医療制度│    │基礎年金│              └──────────┘
   └──────────┘    └──────┘      年金給付      ↙
        │                ↓                  介護給付
      医療給付           年金給付       ↙
          ↘              ↓        ↙
                      高齢者
```

（著者作成）

た医療保険制度を75歳以上の高齢者専用の医療保険制度を独立してつくったということが最大の特徴です。今まではそうじゃなかったんです。会社をリタイアした高齢者は，国民健康保険に入るという仕組みだったんですけれども，それをやめて独立した制度をつくった。75歳以上の専門の医療保険をつくって，財源の半額を税として，10％だけ年金天引きで高齢者自身に必要な費用の10％を負担してもらう。残りの40％はだれが負担するかというと，若い世代のサラリーマンから集めたお金を支援金，援助金という形で回すという仕組みにしたわけです。ある意味，そういう意味では新しい若い世代から高齢者にお金が回る仕組みを確定したということになってくるわけです。

さて，こういう社会保障制度改革をやっているわけですが，年金・医療・介護その他は，図5-4のような構成になっています。現在では社会保障給付費は総額約90兆円ですが，2025年には140兆円程度に増加します。しかし，年金については，意外に増えません。その理由は，2004年の年金改革によるもので

図 5-4　社会保障関係費の見通し

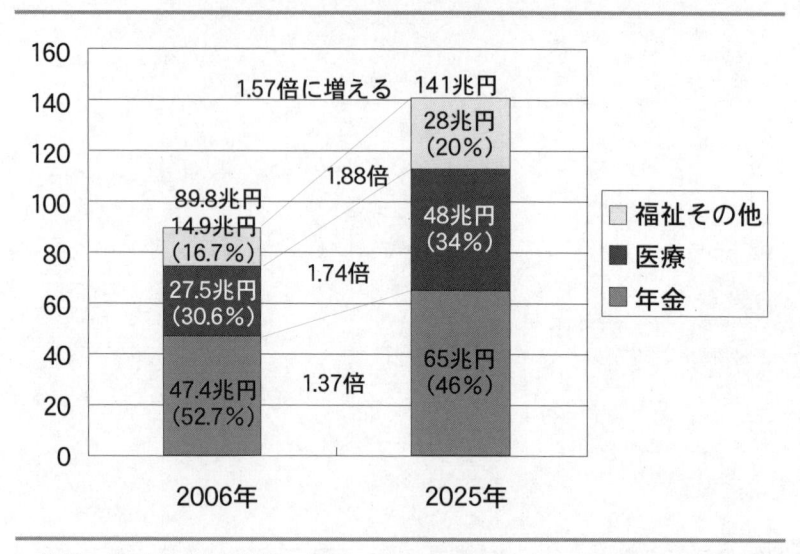

(資料)　厚生労働省政策統括官 (2006)「社会保障の給付と負担の将来見通し－平成18年推計－」より作成

す。1.4倍程度しか増えません。ほかに比べるとこの増え方は少ない。

　一体2004年の年金改革で何をやったかというと，若い世代の保険料を将来18.3％まで引き上げる，そこで止めます。それと引き換えに高齢者にも我慢してもらう。既に退職した高齢者，これから退職する人も，全部一切合切含めて2023年までの間に時間をかけて15％ほど年金をカットするという内容になっています。したがって，図5-4で見るように，本来なら年金は84兆円ぐらいまで増える予定だったものを，65兆円に抑えてあります。17兆円ほど節約したわけです。もらう人から見れば切り取られた。負担する人から見れば節約したと見えるかもしれません。医療の方は，今回の改革でもう少し増えるものをこの48兆円で抑えた。介護の方も改革で抑えたということです。それでも総額で，141兆円まで増えてしまうということになっています。

　それから高齢者向けの3つの財源も，図5-5のように今回はっきり整理されました。介護保険については，高齢者自身が払うのは，自己負担を除いて全体

図 5-5　高齢者向け社会保障の財源構成（％）

項　目	詳　細	基礎年金	後期高齢者医療保障	介護保険
公費負担	国	50	33	25
	地方	0	8	12.5
	市町村	0	8	12.5
保険料	保険料負担	0	10	19
	拠出金	50	40	31
自己負担		0	10〜30	10

（著者作成）

費用の19％，そして，拠出金，若い世代の払うお金は，全体費用の31％，そしてあとは，地方と国が負担する税からの財源で集めてきた部分が50％です。新しくできた高齢者医療も税財源から50％，そして保険の方から50％。基礎年金の方も今度2004年の改革で大体決まっておりまして，国庫財政から50％，そして保険の方から50％集めてくる。これは性格的にはあいまいなものですが，50ほど保険料で集めてくる。医療・介護・年金，ともに税財源の割合は50％になった。

　ただ，細かく見てみると，高齢化の度合いに応じて，この負担割合が調整されていきます。高齢化が進めば進むほど，保険料負担の割合が上昇して，拠出金の負担割合が下がります。今は，19％と31％ですけれども，65歳以上の人口比率が上がっていけば，20％と上がり，拠出金の割合が30％というふうに下がっていく。こういう調整で若い世代と高齢者世代の負担の調整をするという仕組みも組み込まれてはいます。現状としてはそういう財政方式になっているわけです。

4．社会保障と格差問題

　次に格差の問題を少し見てみましょう。何も老後の生活保障だけが社会保障ではありません。もう１つ中心的な役割を果たすのが生活保護，つまり一定生活以下にならないよう政府が保障する仕組みです。図 5-6 は OECD 各国別の

図5-6 相対貧困率とジニ係数

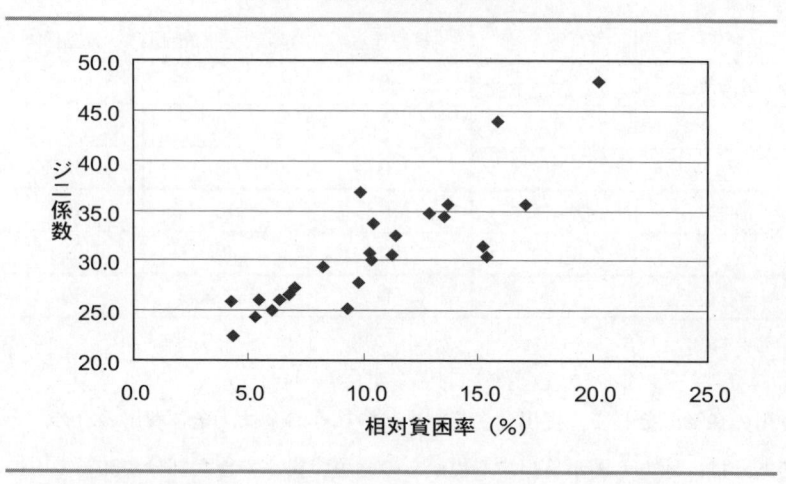

（出典）駒村・金（2006A）

統計です。横軸は「相対貧困率」で，縦軸は「ジニ係数」を示しています。

「相対貧困率」というのは何かというと，世帯人数を考慮して，それぞれの国民を並べていって，ちょうど真ん中になる人の所得のさらに半分以下の生活をしている人が何％いるかというのが「相対貧困率」です。並べていってちょうど真ん中になる所得水準，例えば，100人いたら，ちょうど50番目になる人の所得水準のさらに半分以下の生活をしている人の割合です。もう一方縦軸は「ジニ係数」と言って，所得の集中度を示すものですが，これが大きければ大きいほど，格差が広がっているというわけです。横軸が貧困の指数，縦軸が格差の指数です。当然ながら，貧困の多いところは，格差も大きいということが言えるわけです。格差が広がっていれば，当然貧困者も増えているということです。

現在，格差の問題が注目されていますけれども，格差の問題よりもむしろ貧困者の増大の方が問題なんだと思います。格差という言葉で，上位が伸びて何が悪いのかというような見方に変えられるのではなくて，一定生活水準以下の人が増えている。私は1984年から1999年までの約20年間のデータ（5年に1度

の統計を使いましたから，4時点のデータが取れるんですけれども），全部合わせると20万人ぐらいの統計データを使って，生活保護以下の生活をしている人がどのくらいいるのかを分析しました。生活保護以下にもかかわらず，生活保護をもらっていない人がどのくらいいるのか，しかも計算を都道府県単位でやってみました。こういう研究は今までなかったのですが，都道府県間の格差は大変大きかったのです。

それからバブル経済の80年代後半を底にして，やはり90年代になってくると，生活保護以下の生活をしている人がじわじわと増えて，人口の10％を超えるぐらいまで来ているのではないかというふうに計算しました。世帯ベースで見ると，その時点でも生活保護を受けている人は2％程度ですから，いわゆる生活保護の捕捉率（生活保護水準以下の生活をしているにもかかわらず，生活保護利用できている人がどれくらいいるのか）は2割程度だろうなという推定をしています。だから，生活保護の機能が次第に失われてきているわけです。国民の一定生活を下回る人たちが増えてきていることを放置していいのだろうかということは，私は大変大きな問題であろうと思います。

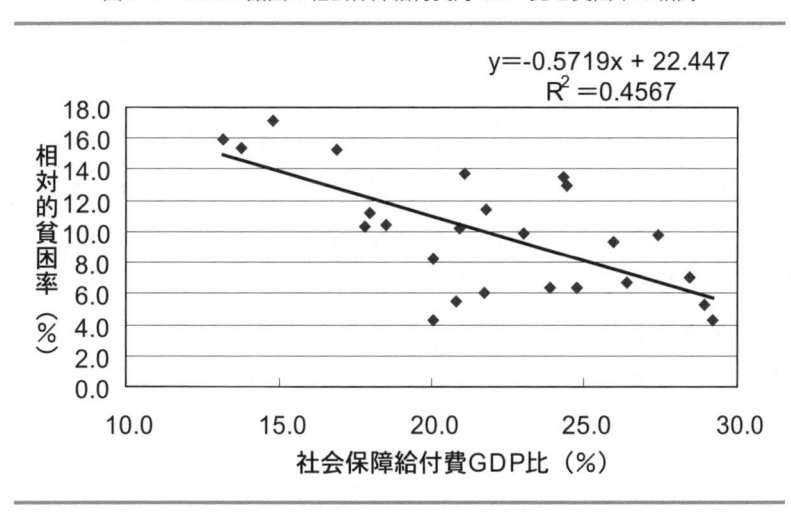

図5-7　OECD諸国の社会保障給付費対GDP比と貧困率の相関

$y=-0.5719x + 22.447$
$R^2=0.4567$

（出典）　駒村・金（2006A）

図5-7の縦軸は「相対貧困率」で，生活保護率とは違いますけれども，その国その国の標準的な生活の半分に満たない人の割合が，日本も高い。それと横軸は社会保障給付費がGDPに占める割合（これが大きい場合，「大きな政府」とも言うかもしれませんけれども）の関係を示しています。OECD諸国のデータからみると，社会保障給付費がGDPに占める割合と貧困率は負の相関がある。このことから，小さい政府を支持するということであれば，この格差あるいは貧困が増加する社会でも構わないということになります。小さい政府で，格差を小さくするというようなことは無理なんだろう私は思います。「小さい政府を支持します」と言えば，「貧困者が増えても，仕方がない社会です」と，正直に言うべきだろうと思います。そういう意味では，新しい政権も「小さい政府」と言いながら，格差や低所得者が固定しないような社会を目指しますというのは，無理な話です。

　小さい政府ならば，格差あるいは低所得者が増えても仕方がないというのは覚悟しなければいけないだろうと思います。しかし，私は，それは決していいことではないと思います。低所得者が増えている社会，一体どういう社会的病理が起きているのか。単に自己責任だと切ってしまっていいのでしょうか。

　これに関連して，社会的安定性を示す指数などを見ると，そういう低所得者の多い国の社会では，一体どういう社会的病理が起きているのかがわかります。社会保障支出はカットできたけれども，そのかわりに警察や防犯のコストに膨大な費用がかかる。人々が住んでいるエリアを分離することになる。そういうようなことも起きるんじゃないかと思います。日本のデータも見てみたんですが，格差が固定的なのか，それとも格差が次の世代に受け継がれていくのかというデータもあります。図5-8の一つひとつの点は東京23区で，横軸は「就学援助率」と言われているものです。「就学援助率」を23区別にとってみると，これだけの差があるわけです。「就学援助」というのは，生活保護か，生活保護よりもちょっと高い生活水準をしている人に対しては教育費を補助するという仕組みです。それを受けている中学生の割合については，東京都23区の場合，かなり幅があるわけです。縦軸は，同じく中学校の2年生に対する学力

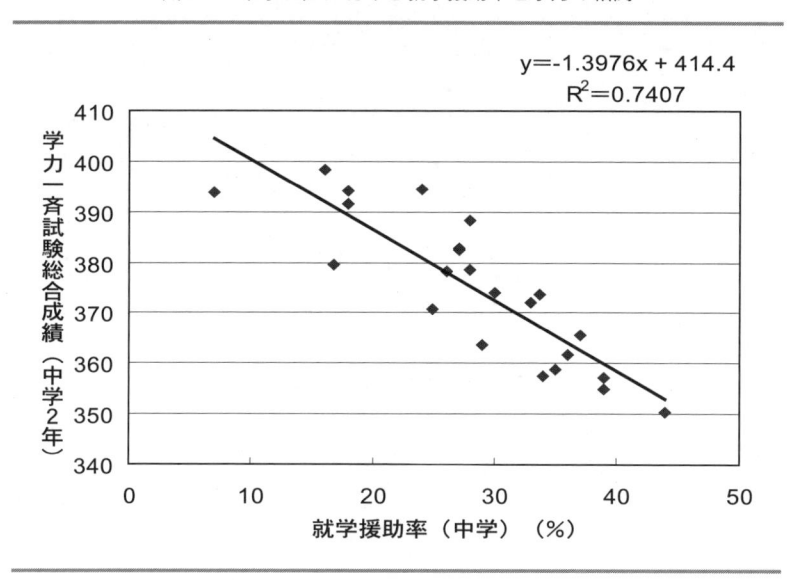

図 5-8 東京23区における就学援助率と学力の相関

$y=-1.3976x + 414.4$
$R^2=0.7407$

（出典） 駒村（2006B）

　一斉テストの結果で，23区別の平均点です。やはり相関はあります。親の経済力は，やはり子供の成績・パフォーマンスに影響を与えているわけです。
　これを見ても，学校でいい成績を取らなくても，将来に関係ないじゃないか。社会に出れば逆転できますという見方もありますが，本当にそう言い続けていていいのでしょうか。私はこれは大変疑問に思っているわけです。やはり格差の固定化，次世代への継承というのは極めて危険な状態になっているだろうと思います。私自身も，統計だけではなくて，23区の行政の方と一緒に様々なところを見に行って，なぜこのエリアは，こういう問題が起きているのかをヒアリング調査して歩きましたけれども，かなり深刻な地域も出てきています。
　ところで，そういう中で，生活保護は，セーフティネットとして，本当に困った人を助けるような役割を果たしているのでしょうか。先ほども言ったように，生活保護の捕捉率が低い。図 5-9 は，生活保護の受給割合（人員保護

図5-9 生活保護率と失業率

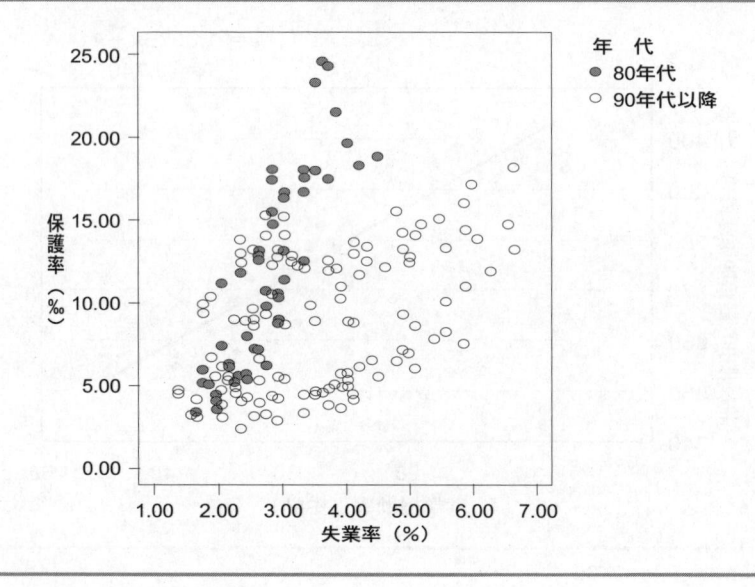

(出典) 城戸・駒村（2005A）

率）と失業率の関係を示しています。この一つひとつの点は，九州や北海道などの，いわゆるブロックを表しています。1980年代については，失業率がちょっと上がると生活保護率がすぐと上がるという関係がみて取れます。

ところが，90年代に入ってくると，この関係が崩れ始めて，失業率が上昇しても，確かに生活保護は増えるけれども，増え方が非常に緩やかになっています。これは一体何でしょうか。高齢化が進んでいて，高齢者は収入がない，働きようもないということで，生活保護に相対的にアクセスしやすい。この一方で，若年者の方が生活保護にアクセスしにくいということで，若い世代の失業者が生活保護にアクセスできない状態が出てきて，生活保護のセーフティネットの機能が落ちていて，事実上の年金に近づいてしまっているとも言えるわけです。

5. 社会保障の現状と課題——年金問題を中心に

　さて，貧困の問題，格差の問題，セーフティネットの問題をお話しました。もう一度年金の問題，医療・介護の問題に話を戻していきたいと思います。下にあるのは，年金知識に関する設問で，私が約1,300人ほどの人にアンケート調査をしたものです。各設問と正しい回答は以下の通りです。

①「国から年金を受け取るためには最低25年間の加入が必要である。」正解。

②「物価が上がると，基本的に物価の上昇にあわせて年金額が増える。」正解。

③「基礎年金とは，保険料を納めなくても受け取れる年金のことである。」不正解。

④「自営業者などが払う国民年金の保険料は，住民税の額に応じて決まる。」不正解。

⑤「国民年金の年金額は，国民年金に加入した全期間の収入に比例して決まる。」不正解。

⑥「厚生年金の年金額は，厚生年金に加入した全期間の賃金に比例してきまる。」正解。

⑦「2004年の改正で，高齢者が年金を受け取れる年齢が65歳から67歳に変更された。」不正解。

⑧「2004年の改正で，将来の保険料を固定することが法律に盛り込まれた。」正解。

⑨「2004年の改正で，専業主婦（夫）は，保険料を直接納めることになった。」不正解。

　回答に際しては，「どれが正しいと思いますか」と，「正しいと思っていれば，その自信の強さを選んでください。」，そして「とっても自信があるもの」と「自信のないもの」を選んでもらったんです。自信を持って間違えると大減点，自信を持って正解すると，スコアが上がるというアンケート調査をやり，国民は年金に対して，どのくらい正確な知識を持っているのだろうかという調

図 5-10　年齢別の年金知識

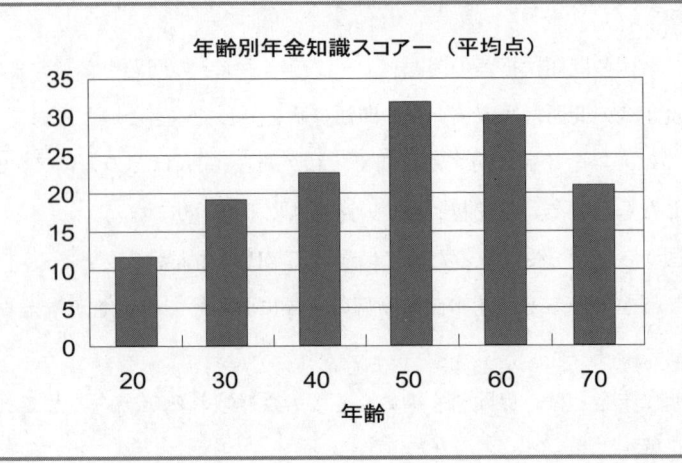

年齢別年金知識スコアー（平均点）

（出典）　駒村（2007 A）

査をしてみました。図 5-10 はその結果です。

　年金の理解度は、横軸が年齢ですが、若い世代は年金の仕組みがよくわかっていない。そして、年齢とともに徐々に理解が深まっていきますが、もらう直前になって、やはりようやく理解してくるわけです。ただ、その年齢になったときには、25年間払わなければいけませんから、30歳の後半で知っても手遅れなんですね。これから25年払っても、もう間に合いませんよということになるわけです。これが、国民の年金に対する知識の構造です。

　他方、図 5-11 は、どの質問の理解度が高いか低いかを示しています。棒グラフは下に行くほど苦手で、上にあるほど点数が高いわけです。つまり、「物価スライドの意味」や「年金と物価スライドとの関係」、それから「保険料固定方式の導入」については、ほとんど知られていないのです。あと、「国民年金受給は所得に比例して決まる」と誤って理解している方も意外に多いというのがわかります。

　こういうふうに年金が国民に理解されてない状態で、急速に年金不信というのが高まっています。なぜ年金に不信感があるんですかというときに、アン

図5-11 年金に関する理解度

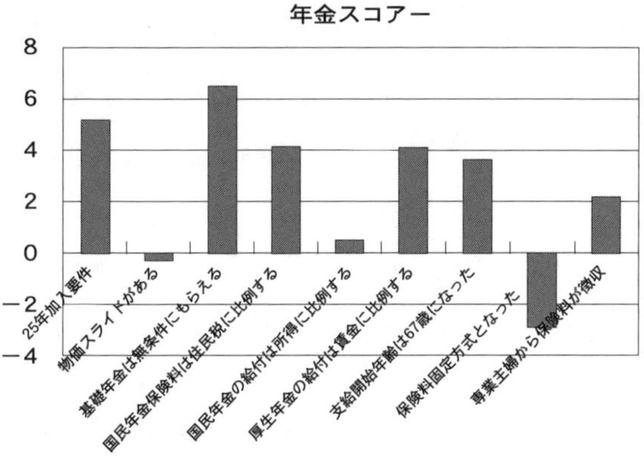

年金スコアー

(出典) 駒村（2007A）

ケート調査の回答で最も多いのが，社会保険庁問題です。2番目に来るのは，国会議員の未納問題です。

　しかし，根本的に国民が対決して，これからの年金の負担と給付をどの程度で折り合いを付けるのかという最大の課題は，人口高齢化への対応なんです。しかし，それを認識している人はアンケートの結果，少なかったですね。圧倒的に社会保険庁問題さえ何とかすれば，年金はよくなるんだ，財政は安定するんだと表面的に思っている人が多かった。そういう中で，2004年の年金改革が行われたわけです。雇用の流動化にどう対応するのか，空洞化にどう対応するのか，財政問題，世代間の負担，低所得の高齢者の増加，医療・介護・年金をどういうふうに再設計するのか。いろいろな議論をもっともっと本来やるべきであったわけですけれども，あまり十分な議論が行われなかった。社保庁スキャンダルにみんな目を向けていて，保険料と給付と負担のバランスに関する決定的な大きな改革が，だれも理解しないままに制度改革が行われていったというわけです。

　「マクロ経済スライド」という方法を使って，2023年までに年金が15％累計

でカットされるということを理解していた人は，どのくらいいるでしょうか，ほとんどいなかったと思います。年金改革は痛みを伴うため，「不透明戦略」がどの国でも採用される。スウェーデンの改革もイタリアの改革もドイツの改革も，基本的には給付カットです。ただし，どういう仕組みで給付カットになっていくかは，国民にはほとんどわからない。日本もそういう意味では同じなんです。

さらに，投票行動を分析すると，やはり年金不信を持っている人は，野党に投票します。したがって，政治的に年金を選挙の議論に引きずり出せば，野党に票が流れるだろうと読むわけです。「とにかく年金は問題がある」，「けしからん」と追及するわけです。次の参議院選挙で，与党はどうやってこれを切り返すのか，そういう動きをいろいろ見ているわけですけれども，これもなかなかおもしろいですね。多分，郵政民営化と同じ手法を使おうと思うでしょう。社会保険庁を民営化すれば，年金改革は終わりなんだ。国民が痛みを感じるような負担と給付の議論はしない。社会保険庁を民営化する，郵政民営化と同じロジックで，社会保険庁民営化をアピールして，これで票を集めようというのが，次の参議院選挙で与党がやってくる戦略ですね。社会保険庁は民営化するにしても，どっちみち解体的な見直しは当然必要なわけです。

ただ，社会保険庁がないと，年金給付はできません。保険料を取るだけが仕事ではなくて給付もあります。その給付する技術・情報とかは社会保険庁しか持ってないですから，潰して全くなしにしてしまえば，過去の記録から計算するプロセスとかも残らなくなるので，民営化するにしても何らかの社会保険庁の後継組織が必要だと思います。徴収の仕組みを歳入庁的な仕組みで国税庁と一体化させるという選択肢もあります。多分，民営化というふうに与党が打ってくれば，野党の方は，どうしても年金の問題を選挙のテーマにしたいわけですから，民営化ではなくて，歳入庁構想の方で対案をぶつけてくるだろうと思います。ただし，負担と給付の見直しといった大きな話というのは行われないだろうと思います。

2004年の年金改革は，大きい改革だったのは間違いないです。給付水準を59

%から50%に抑えるということは，簡単に言えば59と50の比ですから，59を100にした場合，50はその85%の大きさですから，15%分だけ給付カットするということです。

それから保険料は将来，上限を設定して18.3%にする。ただし，こういう財政的な議論は一段落しましたけれども，雇用の流動化に対する対策は全く行われなかった。この結果，どうなったかをポイントだけ説明しますと，先ほども言ったように15%の累積カット効果，これは全部足すと，計算方法にもよりますが，厚生年金だけで節約できたのは，100年間でざっと300兆円から400兆円ぐらいの過去債務，いわゆる積立不足部分をカットすることが2100年までの間にできます。

しかし，基礎年金については，現行の67,000円から15%下げ，57,000円まで下がります。生活保護よりもはるかに低いものに下がります。さらに少子化が止まらず続いているという状態もまだ続いています。少子化が今後も続けば，どのくらいまで下げるかというと，さらに10%下げなければいけなくなります。最初のスタートラインから見ると，合計で23%ぐらいまで抑えないといけなくなるだろうと思います。

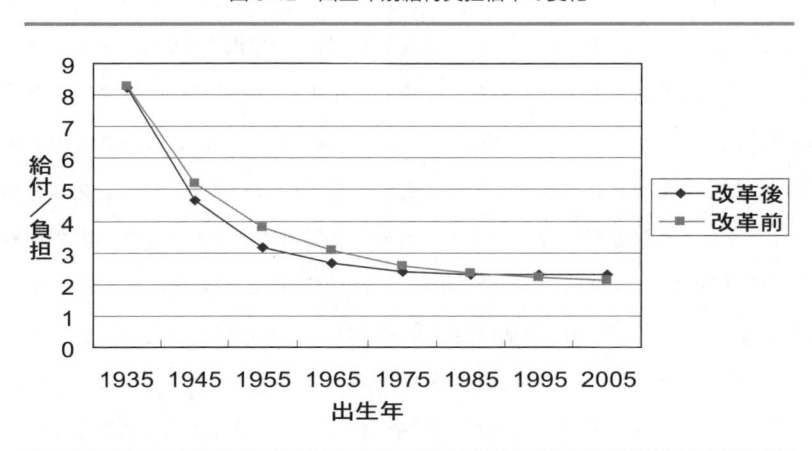

図5-12　出生年別給付負担倍率の変化

(出典)　駒村（2005Ｃ）

ただ，2004年改革で得をした世代もいるわけです。これはだれが得をしたかというと，皆さん20歳以下の人が若干得をしています。図5-12の横軸は何年に生まれたかを示しています。縦軸は生涯の負担に対して何倍もらえるかという金利も織り込んだ後の倍率です。ただ，負担に対して何倍もらえるかという倍率を計算するときの負担は，あくまでも本人負担だけで，企業負担は入っていません。企業負担はちょうど本人負担と同額ありますから，そこを考えなければいけない。企業負担をどう考えるか。企業負担を本人負担と考えるのか，それとも企業の負担で自分には関係ないと考えるのか。経済学的に見れば，やはり企業負担というのは，最終的には労働者自らの負担と考えるのが素直な考え方です。給付の方は世帯単位，負担の方は（これ厚生年金ですが）本人が負担したもののみです。当然，給付額はあまり変わらない。年配の世代は負担率が3％から6％という低いときに働いていましたから，当然低い負担で給付は今の皆さんと同じ額の年金がもらえますから，給付倍率は高齢者ほど有利になるわけです。

　そして若い世代になると，1985年生まれよりも若い世代で大体プラスになっていくという予測になっています。若い世代でも大体2倍もらえる。ただ，これは本人負担だけ考えていますので，企業負担を考えればこの倍率は半分になり，ちょうど1倍ぐらいになります。全体的に改革前に比べて改革後が下に来ています。特に1985年生まれよりも年配の世代は，倍率が下がっています。そして1985年生まれよりも若い世代は倍率が若干上がっています。改革前と改革後で比較すると，実は85年を境に，それより年配の世代はこの改革で損をする。それより若い世代は得をしているということになります。その理由は，何かというと，給付を15％カットする一方で，25％まで上がるはずだった保険料を18.3％に抑えたからです。ですから，若い世代ほど改革で得をする。図5-12の改革前と改革後の線の垂直距離を見れば，どの世代が一番損をしたかがわかります。そうすると，現在51〜52歳くらいの世代が一番大きくなります。皆さんのお父さんくらいの世代が一番割を食って，皆さんが若干得をしているという結果になっているわけです。

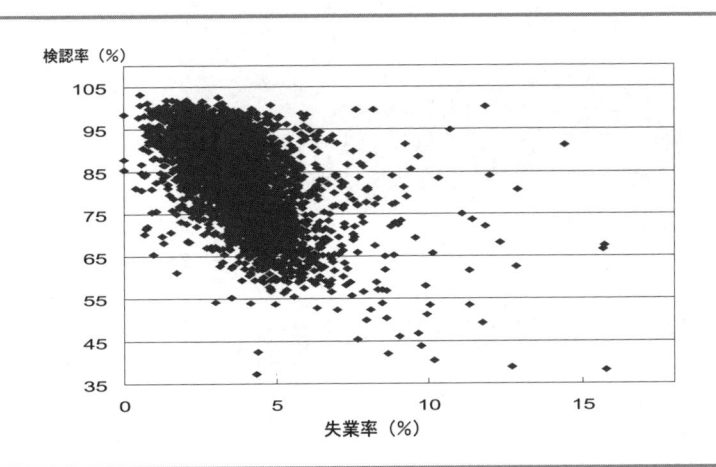

図 5-13　自治体別の失業率と国民年金納付率の相関関係（2001年）

(出典)　駒村（2003）

次にいわゆる年金の空洞化について見てみましょう。

図 5-13 は少しデータが古いのですが，2001年に当時まだ3,300ぐらいあった各市町村の失業率と国民年金納付率（検認率）の相関関係を示したものです。失業率の高いところ，雇用の流動化が進んでいるところは，納付率が下がっているという関係が見られるわけです。

ところで，国民年金に入っている人たちはどういう人たちが入っているのでしょうか。国民年金1号というのは，そもそも自営業者です。ところが，今や自営業者の加入者は僅かです。あとは自営業者以外の人が国民年金1号になっています。図 5-14 からは，国民年金1号が自営業者であるというのは既に事実ではないことがわかります。その中で払っていない人はだれかというと，厚生年金に入ることができなかったサラリーマン，無職の人，パートの人，こういったところの未納率が高いわけです。図 5-15 が示すように，自営業者の未納率はそんなに高くないわけです。国民年金の性格が大きく変わって，そのカバーする対象は自営業ではなくなって来ている。この現状を考慮した上で，国民年金の役割，今のままで国民年金はいいのでしょうか。私は，やはり国民年

図5-14 国民年金1号被保険者の職業別構成

(単位は%)

	平成8年	平成11年	平成14年
その他	5.3	4.8	7.2
無業者	31.4	34.9	34.7
パート	13.8	16.6	21
常用労働者	11.1	9.8	10
家族従業者	14.4	11.3	10.1
自営業者	24	22.6	17

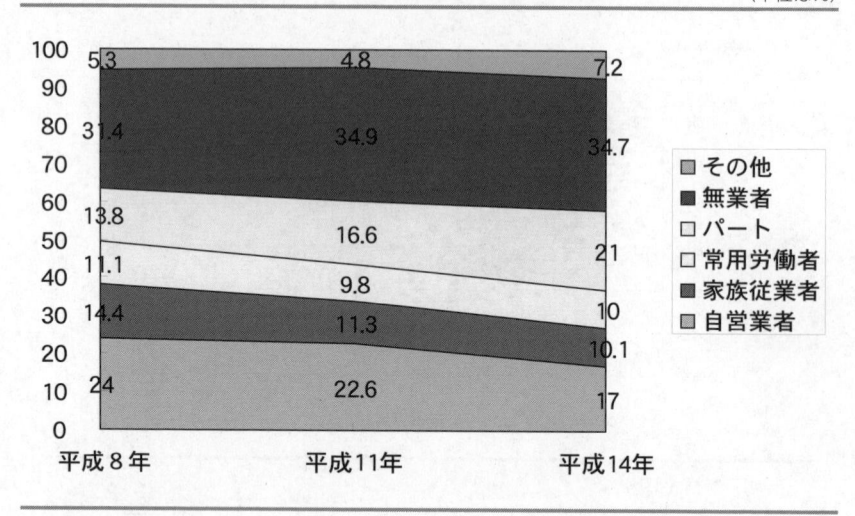

(出典) 駒村 (2007C)

図5-15 国民年金の職業別未納率

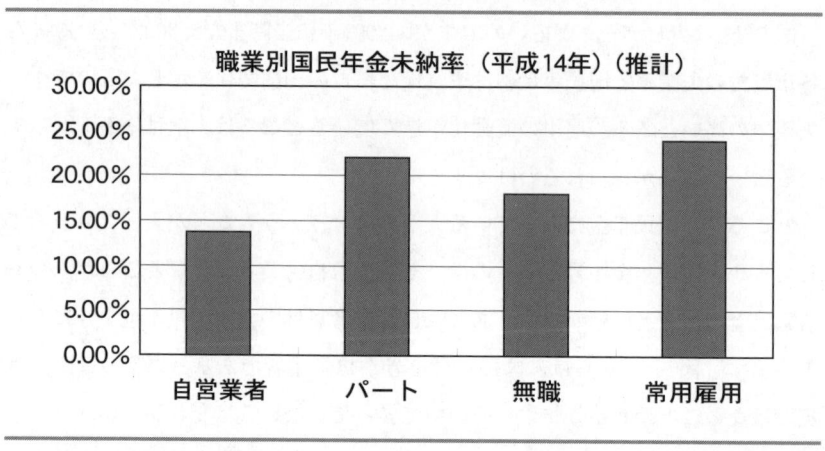

職業別国民年金未納率（平成14年）（推計）

自営業者	パート	無職	常用雇用
約14%	約22%	約18%	約24%

(出典) 駒村 (2007C)

金の対象は自営業に限定して，アルバイト，パート，非正規社員は，厚生年金の方でカバーする。つまり労働時間を今の30時間上限ではなくて，20時間あるいは15時間というように適用対象を広げていって，給与天引きにして，企業と

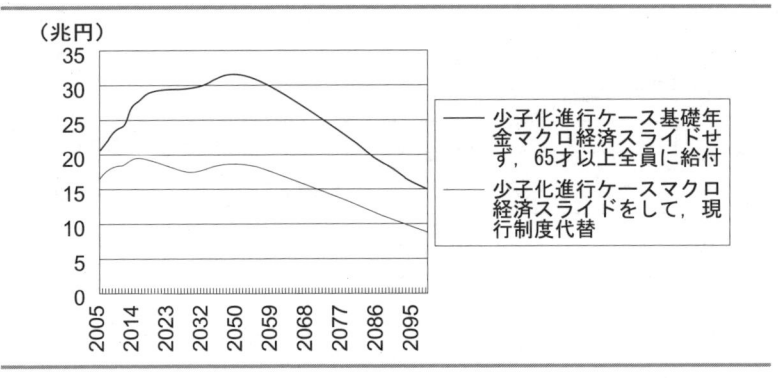

図5-16 基礎年金税方式と全額税方式の違い

グラフ凡例：
- 少子化進行ケース基礎年金マクロ経済スライドせず，65才以上全員に給付
- 少子化進行ケースマクロ経済スライドをして，現行制度代替

(出典) 駒村 (2007B)

労働者で，労使折半の形の負担に持っていった方が空洞化を食い止めるには一番早い。労働市場の変化に対応した社会保険制度にしなければならないと思います。

ところで，国民年金を税方式にすればいいんではないかという案もあります。学生の支持も多いと思います。図5-16のように，現在の基礎年金の費用は15兆円程です。15兆円を消費税で集めれば，税方式になるではないかという誤った考えがあります。15兆円は平均5.7万円程度の現在の年金受給者を対象にしたものにすぎません。国民年金をもし税方式にしたら，65歳以上全員に67,000円支払わなければいけなくなるかもしれません。今，払っていのは，一部のもらっていない人もいる中で，5万数千円を出しており，それに必要な財源が15兆円です。もし67,000円を65歳以上の人全員に保障しましょうとなると，23兆円ぐらいが必要になります。

しかももう1つ重要なことがあります。ききほど言った15％カットは，基礎年金もカットしますから，支出額を抑え込んでいくわけです。もし基礎年金を15％カットするのはひど過ぎるじゃないか。これはやめておきましょうという判断をすれば，もっと多くの財源が必要になる。つまり消費税で15兆円を集めればいいなんていう話ではないんです。最大図5-16のような必要な金額の

図 5-17　加入者見込みの推移

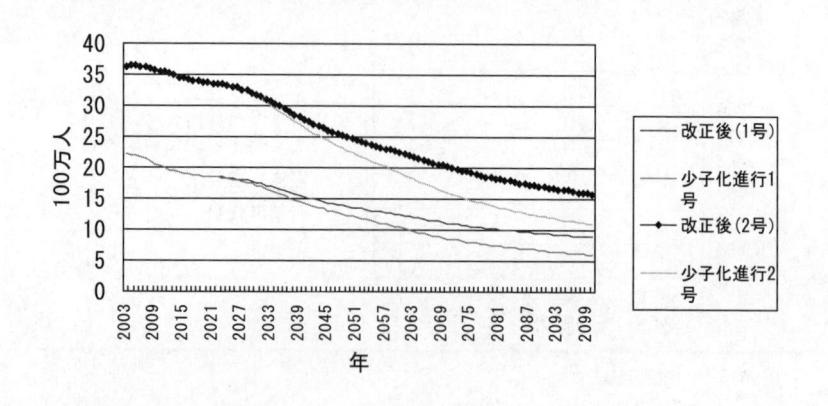

（出典）　駒村（2007B）

　ギャップが生まれるというわけです。そういうことも考えなければいけない。私は，税方式で全国民に基礎年金をばらまくという考え方には反対です。
　最後に，ではどういう案がいいかと申し上げたいと思います。
　図5-17は，将来の年金加入者の見込みを示したものです。つまり，政府の人口予測のズレが将来の年金加入者に与える影響です。政府は人口の推計を低位，中位，高位と3本推計でやっています。このことは，大淵先生や和田先生の人口の授業を受講されている方はよく知っていると思います。中位推計で将来の年金加入者，受給者を予測しているわけでありますけれども，これと低位推計でやった場合では，約100年間で年金加入者にこれだけ差が出ます。実際は，人口推計は低位推計の方に接近していますので，政府の予測はこの幅で（加入者レベルで）ずれています。
　これを，財政ベースで見ると図5-18のようになります。百年間でどれだけの財政収入の差が出るかを示したものですが，この間に，厚生年金に入ってくる財政収入は1,200兆円です。そして政府が国民に約束している給付も約1,200兆円ですから，百年ベースで見れば，積立不足はありません。ただ，人口予測が外れていれば，国民に政府が約束しているのは1,200兆円の厚生年金の給付

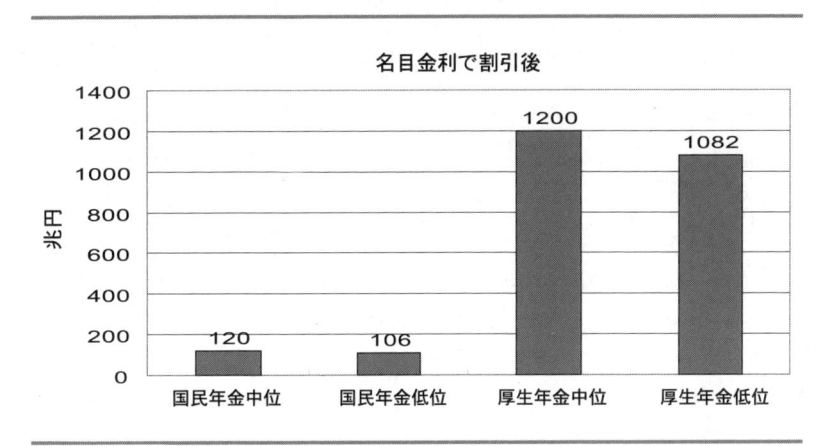

図 5-18　将来保険料収入の変化（中位推計と低位推計）

名目金利で割引後

項目	兆円
国民年金中位	120
国民年金低位	106
厚生年金中位	1200
厚生年金低位	1082

（出典）　駒村（2007 B）

を払うと約束しつつ，しかし，実際に入ってくる収入は，1,082兆円になりますから，10％のギャップが生まれることになります。

2004年の年金改革では，収支にギャップが生まれたら，その分だけ年金の給付額をカットするという法律なんです。前に述べたように，既に15％カットした後に，さらにこの10％相当の追加カットが必要になってくるというわけです。だから，年金水準は政府が約束している50％水準ではなくて，大体46〜47％ぐらいまで下がるだろうと思います。ただ，低位推計であれば，そのぐらいでとどまるだろうと思います。年金はなくなるということはありませんが，2004年に約束した内容は，政府は守れないだろうと思います。政府が2004年の年金改革は「守れなくなりました」と公式に認めるのはいつなのか。そのときには，年金の給付負担の見直しに向けて「国民にどうしますか」と問わなければいけないということになるだろうと思います。

それに対して，私の案は，図 5-19 のようにスウェーデンのような最低保障年金と所得比例年金とを組み合わせていった方がいいんじゃないかというものです。基本的には全国民が所得に比例した保険料を払い，そして，それに比例した給付をもらう。そして年金が不十分な人にのみ，税財源から最低保障年金

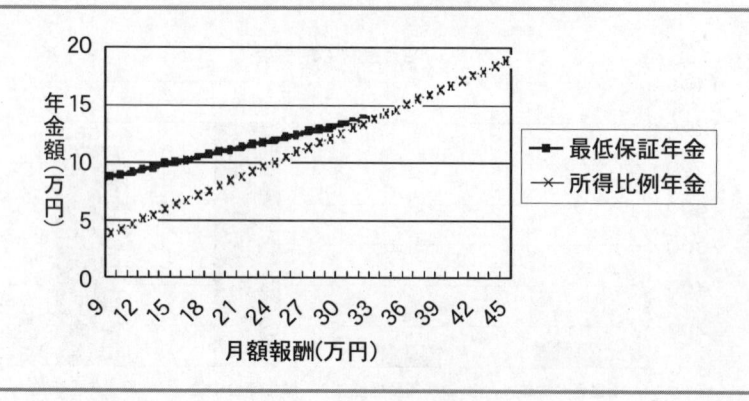

図 5-19　最低保障年金制度と所得比例年金の関係

(出典)　駒村 (2005 B)

を出す。これは北欧のフィンランドやスウェーデンなどで90年代に採用された方式です。両方の国とも，それまでは1階部分は完全に税方式で，所得比例年金の上に乗っかっている姿でしたけれども，財政的に維持できなくなって，国民全員に給付する基礎年金をやめて，最低保障年金に切り替えているわけです。

　高齢化の対応に対しては，私は2つしか対応策はないと思います。1つは，少子化の継続については，年金の給付カットで対応するか，あるいは保険料の引き上げ，どちらかを選ばなければいけないだろうと思います。私は，少子化の進展に対しては，一部保険料や消費税の引き上げも避けられないのかと思います。もちろん，その結果，世代間の不公平は出てしまうことになろうかと思いますけれども，避けられないのかなと思っております。

　しかし，一方で，寿命が延びることによって年金財政も悪化しています。これも大事な要素です。寿命の延びについては，給付カットで我慢していくか，支給開始年齢の引き上げで対応するしかないだろうと思います。実際に，フィンランドの年金改革は，これをやったわけです。若い世代に，「皆さん，高齢者は1年間100万円を5年間もらえます。寿命が5年でしたら，合計500万もらえます。若い世代の皆さんは，10年寿命が延びたら50万円で10年，この掛け算をすると同じ金額でしょう。累積でもらう金額は変わらないでしょう」と言っ

て，若い世代ほど寿命の延びに合わせて年金額を連動させて下げていくという方法をフィンランドはとっています。そのかわり，それだと寿命が延びた分だけ年金額が下がってしまいますから，高齢期になっても働ける支援を行うという政策をパッケージに提供するという改革を行っております。そういう意味では非常にわかりやすい。なぜ若い世代ほど給付が下がるのですか。寿命が延びた分だけ引き下げていただきます。なぜならば，皆さんもらう期間がそれだけ延びているからですねという説明をする。非常に論理的にはわかりやすい仕組みだと思います。こういうものを入れて対応するしかないだろうなと私は思っています。

　自営業が本当の所得を申告してくれないとか，様々な問題点があるかもしれません。そういうものについては当然わかっていて，なかなか難しくて対応できない部分もあります。シミュレーションも含めて社会経済生産性本部というところのホームページで私が計算して発表していますので，きょうはその話はこの辺で止めたいと思います。

6. 社会保障の課題と展望

　年金についての話は終わりました。その他の社会保障の改革についての話ですけれども，時間の制約上簡単にまとめさせていただきたいと思います。医療保障についても，予防を充実する，高齢者医療保険をつくる，出来高の診療報酬をやめて，包括払いを広げていく。治療をやっただけ病院が儲かるという仕組みは小さくする。包括的な払いの守備範囲をどんどん広げていくというようなことも，今回の医療保障改革では行われているわけです。ちょっとこの辺は技術的にやや細かい話なのですが，要するに，予防で医療費を抑え，それから高齢者向きのベッドを減らし，自己負担を上げていく，この3つの政策をコンビネーションして，2025年までに6兆円程度抑える。

　今までサラリーマンの保険は全国単位，そして自営業の方は市町村単位であったものを，サラリーマンの保険である「政府管掌健康保険」は，都道府県単位に分割する。そして，国民健康保険は集約して，基本的にこちらも都道府

図 5-20　介護労働者の予測

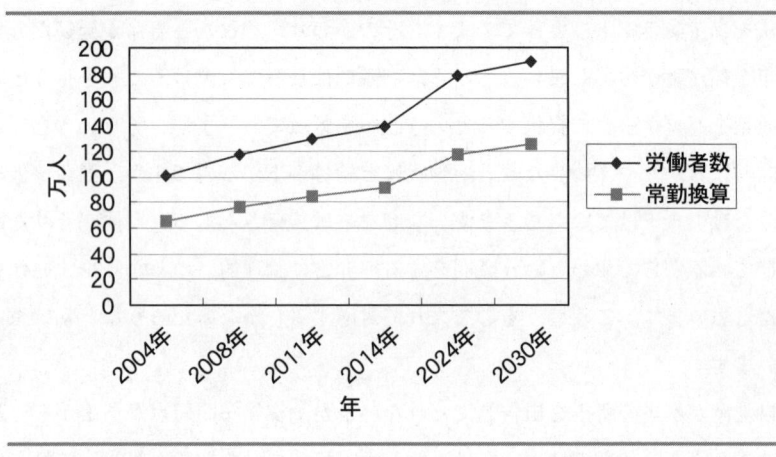

（出典）　駒村（2007Ｃ）

県単位に切り替えていく。都道府県単位で保険料に差が出ても，これは予防する努力をしたところは，低い医療保険料にするということで都道府県単位に切り替えていこうという動きが現在進んでいます。

　介護の問題には，介護労働者の確保の問題があります。図5-20は，必要な介護労働者の数の予測を示していますけれども，常勤にすると100万人ですけれども，非常勤で考えると200万人近く必要になってくるわけです。しかし，若い世代が減っていく中で，低い賃金で介護分野で働く人を十分確保できるでしょうか？　需要に対して供給を賄えるのか？　介護労働者の不足問題も，既に今日大きな問題になってきていますが，もっともっと本格化して，場合によっては外国人労働者に来てもらうという判断も，必要になってくるかもしれません。既にヨーロッパでは，外国人のケアワーカーの争奪戦も始まっています。今後こういったものがどうなるかも考えていかなければならないわけです。

　最後に簡単にまとめます。私の考えでは，年金はある程度スリム化していくのは仕方ないだろうと思います。ましてや，基礎年金を税方式で全員に配るというようなことは，やるべきではないと思います。むしろそこにお金を使う余裕があるならば，医療，特に勤務医の方にもっと資源を配分し，一方で開業医

へ回るお金を抑えた方がいいと思います。全体としては医療あるいは介護の方に重点を置く。そしてセーフティネットだけではなく，一度失敗した人が，また戻れるような——これをトランポリンと言うんですけど——再チャレンジと言うよりは，もう少し踏み込んだトランポリンの仕組みを入れていかなければならない。そのためには，まだまだ進んでいない福祉行政と労働行政の統合・協力関係を進めることも重要です。現在行われていることは，むしろ母子世帯の給付カットなどを見ると全く逆で，再チャレンジらしきものをサービスとして用意するから，それが有効であるかどうかは関係なく，万策用意したんだから給付カットしますよという，再チャレンジという言葉が，給付カットの言い訳の材料になっているんじゃないかと思います。きちんと効果があるということを検証してから，給付の見直しあるいは今言われているような生活保護の改革をやっていくべきではないかと思います。

参考文献

駒村康平（2003）『年金はどうなる』岩波書店。

駒村康平（2005A）「21世紀の社会保障制度を求めて」，城戸喜子，駒村康平編『社会保障の新たな制度設計－セーフティ・ネットからスプリング・ボードへ』慶応義塾大学出版会。

駒村康平（2005B）『年金改革』社会経済生産性本部生産性労働情報センター。

駒村康平（2005C）『福祉の総合政策』創成社。

駒村康平・金明中（2006A）「所得格差・貧困の動向とセーフティネットの役割（1）」『生活経済政策2006年7月号』。

駒村康平（2006B）「所得格差・貧困の動向とセーフティネットの役割（2）」『生活経済政策2006年8月号』。

駒村康平（2007A）『年金制度と個人のオーナーシップ』総合研究開発機構。

駒村康平（2007B）「高齢化・人口減少社会における年金制度・医療制度の将来」，小峰隆夫・連合統一研編『人口減・少子化社会の未来』明石書店。

駒村康平（2007C）「非典型労働者の増加に対する日独年金制度の対応」土田武史・田中耕太郎・府川哲夫編『日本・ドイツの社会保障改革－新しい連帯と競争の型』ミネルヴァ書房。

質問箱から

問 例えば地方の貧困者と都会の貧困者を比べると，地方ではデータにあらわれない形で住民間の助け合いなどがある。しかし，都市部ではそういうものがないので，都市部での貧困者あるいは格差の方が深刻なのではないでしょうか。結局のところ，格差解消をなくすには，小さな政府よりも大きな政府の方がいいのかどうかということです。

答 そのとおりで，都市部の貧困と地方部の貧困とは，かなり質が違っているだろうと思います。先ほどもお話したように都道府県別に貧困率を計算したり，生活保護率，捕捉率を計算したりしています。

生活保護の捕捉率，カバー率が低いところは，私は必ずしもこれが悪いところだとは思いません。というのは，地域のそういうネットワークがしっかりしていて，助け合っているから，あるいは生活保護が恥ずかしいという部分もありますし，親族のネットワークで支えている可能性もあるわけです。生活保護率も低く，なおかつ捕捉率も低いエリアというのは，東北，中部地方等にあります。これはやはりその社会のソーシャル・キャピタルというものがしっかりしているエリアなんだろうと思います。単に数字だけの貧困率では，その実態がわからないと思います。

一方，都市部は，また生活保護の意味，23区を見ても，なぜ特定のエリアに生活保護が集中しているのか。そこに一体何が起きているのかをぜひ皆さんも勉強してもらいたいと思います。例えば東京のあるエリア，非常に生活保護比率が高い。なぜか。これは公営住宅を集中的につくっていた時期があるんです。これがやはり今日様々な問題を累積させてしまった原因にもなっている。日本にはまともな住宅政策がありません。公営住宅のような形の現物給付の住宅政策がよかったのか，あるいはヨーロッパでやっているような住宅手当，住宅費保障のような政策の方がよかったのか，とにかく住宅保障政策というものがない。その中でいろいろな問題が起きてきたと思います。

問 結局のところ，格差解消をなくすには，小さな政府よりも大きな政府の方がいいのでしょうか。

答 小さい政府かどうかという問題です。これも手元に「大きな政府か小さい政府か」という点ですけれども，これはアンケートで1,300人の方に聞いてみました。統計的には，人口比をちゃんとウエートをかけて，ほぼ日本全国の人口比になるように調整した後の数字です。ですから，大きい政府でかつ，格差縮小を支持する人，20％ぐらい，私はいると思います。一方，小さい政府なのに，格差縮小でき

るというふうに思っている人も，やはり20％ぐらいいるんですよ。これは私はありえないと思っているんですが，思い込んでいる人もいる人も中にはいるんですね。
　やはり一定の格差は，仕方がないと思いますけれども，しかし，貧困線を下回った人たちがどんどん増えていく。そして，日本の社会保障制度の給付水準は，GDP比ベースで見ても，低い方です。もう少し私は大きくても，特に低所得者で本当に再チャレンジが必要なところ，それから障害者あるいは子供，こういったところには，やはりきちんとした社会保障が必要だと思います。私はもう少し増税しても構わないと考えます。
　格差拡大を受容する人たちもやっぱりいるんですけれども，この人たちは，自分に関係ないと思っているかもしれませんが，私はそうではないと思っています。格差拡大が社会的にどういうコストをもたらすか。社会保障給付費はカットできても，警察コストや防犯コストを必要とする社会，これがいいんですかと，私は問いたいと思います。
　あと，ある幅の中での国民の選択だと思います。生活保護も今の仕組みがふさわしいと私は思っていません，見直すべきところはたくさんあると思います。なかなかこの問題は，議論すると終わりがないんですが，私の意見は以上です。

第6章 環境と人間——源流に生きて

中村　文明

1. 社会観や人生観の基礎を大学で学んだ

　皆さんこんばんは。ただいまご紹介をいただいた多摩川源流研究所の所長をしております中村文明です。今日はこうした記念すべき講座の講師としてお招きいただいたことに心から感謝申し上げます。私の講義は「環境と人間——源流に生きて」というテーマで，皆さんに配布した簡単なレジュメに基づいて話していくつもりですが，まず多摩川源流研究所と多摩川源流の紹介から始めたいと思います。

　私は，昭和42年に中央大学法学部に入学しました。今から39年前のことですが，当時はお茶の水に中央大学がありまして，お茶の水で学ばせていただきました。日本の社会が高度経済成長の真っ只中の時代で，日本の経済が右肩上がりの国としての勢いがあり，国民も明日に向かって懸命に働き夢と希望のもてる時代でした。入学して最初に考えたことは，今は社会に出ていくための準備の時期だ，専門知識と社会観，人生観をしっかり身に付けて社会に役に立つ人間になろうということでした。私の憧れは，視野が広くて懐の広い人間的に信頼される人になる，誠実で信念を持って生きることができる人に成長すること，そして優しくて正義感の強い人間らしさの溢れる人になることでした。

　いささか，専門の方はお留守になりましたが，激動の時代を生き抜くための社会観，人生観だけは，学生時代にその基礎を修得することができました。当時多くの学生が，ベトナム戦争や学費値上げ反対などの社会活動に加わり青春の熱い血潮を燃えたぎらせていました。私も，人一倍正義感の強い方でした。東京の下町のセツルメント活動に参加する中で，生活苦や逆境にあって懸命に生きた人々に会い，底抜けに明るい生き方に触れました。社会的な差別や不合

理はあってはならないし，なくすために自分のやれることはどんどんやる，自分の幸せとみんなの幸せが両立するような，自分だけが良くなればいいという自己中心的な狭い生き方ではなく，社会のために少しでも役に立ちたい，自らに与えられた環境の中で，悔いのない，自分の子供たちに誇れる生き方を貫き通したいと思いました。

　これからの講義が皆さんのこれからの生き方の上に少しはお役に立つような話ができるかどうか不安ですけれども，河川の源である源流の様子，多くの問題を抱える森林の姿，人間と自然との付き合い方などへの理解を深める機会になれば幸いです。実際に今，私たちが日本の源流域で取り組んでいることについて幾つかお話をさせていただきます。

2. 日本で初めての源流研究所

　最初に，多摩川源流研究所の自己紹介です。源流研究所は，2001年（平成13年）4月に山梨県小菅村のシンクタンクとして設立されました。小菅村は多摩川源流に位置する人口940名の小さな村ですが，今から20年前にある大きな決断を下しました。川の流れは清らかで，緑豊かな森に囲まれた源流の自然環境を誰よりも大切にしよう，水源の村として綺麗な水を清浄なまま下流に届けよう，水質を確保するために下水処理にいち早く取り組もう，何よりも源流にこだわった村づくりに邁進しようと「源流の郷」として生きる宣言を行いました。自然観察のための研修施設や自然体験のためのキャンプ場を整備したり，上下流交流のための「源流祭り」を企画したりして，多摩川流域の市民との連携や交流を進めてきました。そして，2000年の第三次総合計画でより一層源流にこだわり，源流を活かした「源流の生活が謳歌できる」村づくりのために，村のシンクタンクとして多摩川源流研究所を設立することを決断し，村の将来を真剣に考え，村民全体の利益になる政策や提言を行うシンクタンクが生まれました。戦後，急激な都市化が進行する中で，棚上げされてきた源流の文化や歴史などの資源を調査・研究する源流研究所が，日本で初めて生まれました。廣瀬文夫小菅村長の決断がなければ私は源流域で活動することもできなかった

わけですが，小菅村の将来に向けての新しい挑戦が開始されたのでした。

以来，源流研究所はこの5年間様々な活動を展開してきました。第1の仕事は，源流域の歴史的，文化的，自然的な資源の調査，研究です。源流の価値や役割を科学的に探求し，その可能性を見いだし源流の役割を明確にしていくことです。

第2の仕事は，研究の成果を多摩川の流域に情報発信することです。今なお源流はどこなのかあまり知られていませんし，源流の村のことは滅多に話題にも上りません。源流の動きや姿を流域の住民に知らせよう，源流の大切さを理解してもらおうと源流研究所の会報「源流の四季」を，流域の自治体や学校，市民団体，育成会，マスコミ関係者などに届けています。

第3の仕事は，流域の視点を重視して，源流と中下流との交流事業を大きく推進していくことです。昭和30年に2244名いた小菅村の人口は現在940名まで減り続けており，これを増加に転じることは困難ですが，交流人口を増やすことは可能です。源流の魅力を発信して多くの心ある流域の市民に源流に足を運んでもらおう，そして源流ファンになってもらおう，そうすれば，滞在することで村に経済的な効果が波及します。村の活性化に貢献できます。

第4の仕事は，木材価格の低迷によるスギやヒノキの人工林の手入れ不足による森林荒廃をどうするかという課題です。小菅村と源流研究所は，平成15年度から，緑のボランティアによる森林再生プロジェクトに取り組み，多摩川流域の市民と協働で健全な森林を育てるために間伐や枝打ちを行ってきました。平成18年度からは「源流の木で家を造る」活動を展開し，森林資源の活用を進めています。

そして第5の仕事は源流ネットワークの形成です。源流から河口までの流域の多くの市民と繋がりをもつとともに，共通の悩みを抱える全国の源流域の自治体や住民同士が手を結び源流再生の行動を強めています。

3. 知られざる源流の四季

続いて，皆さんが触れたことがない知られざる源流とはどんなところなのか

写真 6-1　最初の一滴

ということを知っていただければと思いますので，幾つか写真をお見せしたいと思います。

　この多摩川の最初の一滴はどこから始まるか。実は山梨県甲州市塩山の笠取山から多摩川は流れ出します。全国に109ある一級河川の中で，川の誕生のドラマが目撃できる非常に珍しい川が多摩川です。

　ポタッポタッとしたたり落ちる一滴を掌に載せて飲みますと，多摩川が自分の体に流れるという非常に爽やかな気分になれます。景色もとても良い場所です。真っ正面に大菩薩，その右の方に霊峰富士山も綺麗に見えます。お友達を誘って1回登られることをお勧めいたします。

　師走の一ノ瀬川本谷と言いまして，12月の20日前後になりますと，実は，谷の両側が凍り始めていきます。師走の20日過ぎの谷間というのは，氷の花が咲いていてとても華やかです。もっと寒くなってまいりますと，谷全体に氷が覆い尽くして，せせらぎの音が氷の中にこだまして，何と表現したらいいのでしょうか，ささやきながら谷が流れる，そういうアイスホールの中を水が流れます。マイナス13度が3日とか5日とか連続しますと，谷全体が凍結することがあります。

　丹波山村の三条谷という谷がありまして，一帯は東京都の水道水源林になっています。その水源林の中に手つかずの森が今も残っています。皆さんは聞い

第6章 環境と人間――源流に生きて

写真 6-2

師走の一ノ瀬川本谷

アイスホール

竜喰谷凍結

たことがないかもしれませんけれども，谷沿いに育つ渓畦林のシオジとかサワグルミの森です。

　大菩薩嶺から流れ下る泉水谷では，もう流れている水をそのまま飲めます。この谷の上にはだれも住んでいないですから，本当に心洗われる清流が流れています。深い森から湧き出した水がそのままの姿で流れています。誕生したばかりの川はこんなに清々しい流れをしています。流域に人も住んでいない，道路も走っていない，林道も走っていない場所では，喩えようもない輝きを秘めながら川は流れています。

　多摩川源流には，様々な名前の川や谷，沢が無数に流れています。一ノ瀬川，小室川，中川，中島川，柳沢川，高橋川，大黒茂谷，牛首谷，三条谷，青岩谷などきりがありませんが，人間が近づきがたい急峻な山々の一つひとつの尾根まで名前が付けられているのには感心します。その中で特にお気に入りが竜喰谷です。竜喰谷の「出会い滝」，「精錬場の滝」，それから「ヤソウ小屋の滝」，これは滝壺がとてもきれいです。竜喰谷の上流には，こういう細い苔生した中を流れる谷がたくさんあります。

　多摩川源流で最も険しい谷，それは大常木谷です。釣り人も何人も命を落としていますし，沢登りのプロだってそうで，地元で恐れられている谷です。大常木谷で最初に出会う滝を「ゴケンの滝」と呼びます。1間が1.8メートルですから，5間というと約十メートルの高さですが，落差を名前に使っているという滝です。「センクの滝」には，先人たちの熱い思いが込められています。滝壺がエメラルドグリーンに輝く「二重滝」が続きます。一ノ瀬渓谷には「通らず」が4箇所続きます。都市河川の代表である多摩川，その源流に今でも通れない，だから名前のない淵や滝があるのです。

　小菅川源流の「妙見五段の滝」です。この滝は私が発見したころは名前がなかったんです。名瀑といっていいこの滝に出会ったときは，本当に吃驚しました。また，この滝の上流には，苔生した岩の間を縫うようにして流れ下る箇所があり，この場面をそのまま庭に再現したら素晴らしい日本庭園になるだろうと思いました。小菅川の源頭は妙見の頭です。そこには北斗妙見大菩薩という

第6章　環境と人間——源流に生きて

写真 6-3
　悠久の三条谷

写真 6-4
　竜喰谷出会い滝

精錬場の滝

写真 6-5

ゴケンの滝

センクの滝

二重滝

通らず

第6章　環境と人間──源流に生きて

写真 6-6

妙見五段の滝

大菩薩峠

天狗の頭・狼平

碑が埋め込まれており，歴史的な由緒ある箇所です。妙見の頭を下ると石ころがゴロゴロした賽の河原につきます。賽の河原から小高いピークを登り詰めると親知らずの頭です。親知らずの頭を下ると有名な「大菩薩峠」があり，中里介山にちなんだ石塔が建っています。大菩薩峠から南に舵をとると熊沢山に辿り着きます。そして「天狗の頭」「狼平」と続きます。

4. 多摩川源流の特徴と個性について

4.1 水干という地名に込められた先人たちの思い

　多摩川源流にはどんな特徴があるのでしょうか。多摩川源流ならではの特徴を2つ紹介します。はじめに，この川は明治11年に源頭が確定したという経歴をもっています。東京府は，多摩川がどこから流れているのか，周辺の森林の状態はどうなっているのかを探るために，職員の山城祐之を多摩川の源頭探索に向かわせます。青梅から馬に乗って上流に向かった山城は，源流の里である一ノ瀬高橋村の猟師に道案内を頼み，源頭に向かいます。猟師の楠藤五郎は「川の流れはここから始まる」と字水干（みずひ）に案内します。山城はここを多摩川の源頭と定めます。

　水干とは，沢の行き止まりを意味します。多摩川だけでも，源流域に数え切れないほどの沢が流れており，その一つひとつに行き止まりがあるのに，何故一箇所にだけ字水干はあるのか大変不思議に思いました。そもそも水干は本当に源頭と断定してもいいのか，誰でもが確かめられる明確な根拠があるのかと私自身疑問を持ちました。地元の方にその疑問を投げかけたら，黒川鶏冠山に登れば納得がいくと思うよと諭されました。確かにその山に登ると多摩川の最奥に水干があることが確認できました。

　源流を知り尽くした先人たちは，水が流れれば沢になり川になる，その川の最奥で最長の場所にのみ字水干という地名を与えたのではないか。「みずひ」は「みづひ」とも記すことが可能で，水の干すところ，つまり川の始まりです。最も奥地の最も長い川にのみ水干という称号を与えたのではないかと想像しました。多摩川の最初の一滴が生まれいずるところを水干と書いて多摩川の

源頭の小字にした人物は，一体誰なのか今後とも興味が尽きない場所となるでしょう。

4.2 玉川上水と東京都水道水源林

多摩川源流のもう1つの特徴は，実は，明治34年以来，源流一帯に東京都の水道水源林が広がっていることです。なぜ山梨県の山が東京都の都有林なのか。羽村から新宿の大木戸まで流れております玉川上水というのがあります。この玉川上水の開削こそが，江戸の庶民の暮らしを支え，武蔵野台地の新田開発の大きな原動力になりましたが，玉川上水が生まれた背景には，江戸の歴史が密接に絡んでいます。

1590年，小田原城で徳川家康は，豊臣秀吉から「三河から江戸に移りなさい」と命令を受けます。徳川家康が江戸に入ってきた年が1590年でした。当時人口の少ない寒村で，利根川も東京湾に流れていましたから，洪水が起こると，利根川，荒川，多摩川が一斉に氾濫を起こすという大変な場所でした。

徳川家康は1590年に入ってきて，まず何を始めたかというと，城下町をつくることと水を確保することでした。13年後に江戸幕府を開きました。江戸開闢によって，多摩川は日本の政治・経済・文化の中心都市の水資源を支える川に大転換しました。生活の安定のためには，安定的に水を確保しなければいけないので，多摩川の源流域をお止め山，つまり勝手に入って焼き畑をしてはいけない，乱伐をしてはいけない，許可なく出入りしてはならないという一帯に変えていきます。

水を安定的に確保するには，源流の森が非常に重要でした。だから，源流域の森を非常に大切にしました。そして，参勤交代が始まりますと，江戸の人口が急速に増えていきます。それは皆さんが歴史で勉強されたとおりです。人口の増加と共に，江戸は，深刻な水不足になった。それで江戸幕府を開いてちょうど50年経った1653年に43キロの長さの，当時の上水道の工事としては世界的にも大工事と言われた玉川上水が出来上がるわけです。その玉川上水の水を安定的に確保するために源流域の森林の管理を徳川幕府は非常に重視したわけで

す。

　ところが，明治に入りまして，民間と公的な所有を区別する官民区分制が導入され，民間には税金がかかるということから，多くの人が山の所有を放棄したと聞きましたが，そういう中で源流域の森が盗伐され，乱伐をされ，丸裸になっていきました。明治の中頃には，ちょっと雨が降れば，玉川上水が濁る。それから日照りが続くと，今度は見る見る水位が下がってくる，大変な事態を迎えます。そのため，東京府は明治33年に，明治神宮の森をつくったことで有名な東京帝国大学の本多静六博士を源流の森林の調査に派遣します。濁ったり，水不足になる原因は何なのかということを調べさせます。そうすると，江戸時代に鬱蒼としていた山が，5,000ヘクタールも6,000ヘクタールも禿げ山になっていたんです。

　驚いた本多博士は，国土保全の上からも由々しい事態だということで，調査報告書をまとめます。一帯を東京都が管理しなさい，森を育てることによって安定した水源を確保しなさい，そういう報告書を出します。今度，それを受けた東京市の市長に尾崎行雄（尾崎咢堂）さんといって，日本の議会政治の神様と言われた方が，東京市の2代目の市長として登場します。彼はことの重要性を認識して，何と言ったか。「給水100年の計」，つまり100年後の都民のために森を育てて安定した水を確保しようと決意したわけです。「給水100年の計」という大方針の下に，自らも馬に乗って多摩川源流へ出向いて，荒廃した森の現実を体験して，議会にその報告をし，同意を得て，市民の理解を得ながら100年前に源流の森づくりを開始したわけです。多摩川源流には，そういう骨太の政治家の活躍の歴史も刻まれていたわけです。玉川上水の異変の原因は源流の森の荒廃にあったわけですが，源流を軽んずると源流に泣かされるというか，源流は流域に大きな影響を与えるということを教えてくれました。現在，東京都の水道水源林は甲州市，丹波山村，小菅村の山梨県側と奥多摩町の4市町村に広がり，その面積は21,635ヘクタールにも及びます。都水道局の優れた管理によって全国屈指の水源林に成長している姿に尾崎行雄はきっと喜んでいることでしょう。

5. 子どもたちの瞳輝く源流体験教室

　続いて今，多摩川源流研究所で取り組んでいる源流体験教室や源流絵図作成，「森林再生プロジェクト」などを紹介したいと思います。

　今，地球の温暖化の問題が非常に深刻です。1人1人が自然環境の大切さを理解し，環境の保護や保全活動に取り組むことが求められていますが，何より大切なことは，自分自身の体験を通して自然をよく知ることです。そこで，流域の多くの市民に環境の大切さを知ってほしいと考え，親子で自然を体験し，源流を実感できる体験教室を実施しています。昨今，核家族化，少子化の中で子供たちは，自然体験が少ないばかりか，自立心に欠けるところがありますので，自立心を育てることにも力を入れています。

　どんな方法で源流体験教室を実施しているかといいますと，源流に来た親子や教師を前にして，まず「今日は怪我をします。転びます。痛い目に遭います。転んだら自分で立ち上がりなさい。痛かったら我慢しなさい。源流には道はありません。どの道を通るかは自分でよく観察して決めなさい。親も教師も今日は君たちに手出しはしません。自分の安全は自分で守ること，これが源流体験です。」と宣言し，ヘルメットを着けさせて川に入ります。「すごくきれい」「つめたい」と歓声を上げながら子供たちはドンドン源流を上っていきます。

　非常に流れの速いところを渡るときには，子供たちも本当に真剣そのものです。岩をヘツリながらわたる場所は上からロープが下がっています。私たちは「ヒヤヒヤドキドキコース」と呼んでいるんですけれども，ちょっと踏み誤ると，2メートルぐらいの深さの淵にドボーンと落ちてしまう場所です。年に2人ぐらい落ちるんですね。落ちたときにすぐに助けないこと。日頃プールで遊んでいて，溺れた経験がみんなありません。川に落ちると服を着ているので重たくなって自由が効かなくなって溺れてしまう。水を飲むと苦しいという，実際の川での体験が大切です。もちろん，一呼吸してこちらがドボーンと飛び込んで助けてあげると，本当にいい顔をして，子供たちは必ず「ありがとう」と

言ってくれます。

　上流までこうしてずっと上り詰めていきます。そうすると，途中で渓流にすむ魚，イワナとかヤマメというのがいます。天然のイワナとかヤマメを箱めがねでのぞいて体験します。大きなイタヤカエデがあります。イタヤカエデの根っこから，こんこんと清水が湧いています。それを子供たちと一緒に飲むんですけれども，子供たちが「おいしいッ」と言って，すごくいい笑顔をしてくれます。体験の終わりは，飛び込みです。水温は冷たいのに何回も何回も子供たちは飛び込んで遊びます。親や先生たちの監視の目から解放されて子供たちは潑剌としています。心の何かがしきりに動いています。体いっぱいの感動と喜び，輝く瞳がそのことを教えてくれます。

　そして，川の中で，川は流れが主人公で下流に向かって右側が右岸，左側が左岸。速い流れが早瀬，よどんでいるところが瀞，深いところが淵など川そのものの勉強もします。川から上がったら，森の中で水と森の関係を勉強します。体験した母親は「立ち止まって川の音を聞きながら，目で岩や木，水の色，石の形を見ては，川の静かな顔と強い顔を見ることができました。スタッフの話を聞いて『瀬』『淵』を見ると自然は無限の力で生きているんだと感じ源流から勇気をもらいました。」と感想を寄せてきました。源流体験には，流域の親子が毎年700名から800名参加しています。

6. 滝や淵などの地名と由来を訪ねて

6.1　地名は源流の記憶であり無形文化財である

　私たちが，今何故源流域の地名やその由来に関心を持っているのか，少し紹介しましょう。平成の大合併が進む中で，昔から続いていた地名が消滅しています。住民組織としての集落や基礎的自治体としての村や町もどんどん消滅しています。ところが，日本の地名の多くは，自然地名であったり文化地名であったりして，古代以来人間の生活の中から生まれてきたものです。川にちなむ地名，坂にちなむ地名，山にちなむ地名もあれば，市にちなむ地名，田んぼにちなむ地名，神社仏閣にちなむ地名など，ある場所を表すのにその土地や文

化，歴史などの特徴を共通の符号として利用する中から地名が生まれてきたのです。

その意味で，地名は土地の記憶であり，歴史や文化の伝承者であり，地域の貴重な無形文化財です。特に源流域は，山があり，森があり，川があり，畑や田んぼがあり，さらに月山や大峰山，白山などに見られる自然信仰も息づいています。そこには古代に生まれた地名や伝説，風習などが色濃く残っています。源流は川の源であるばかりか，日本文化の源，日本の歴史の源でもあるのです。源流に引き継がれている自然の中に神を発見し，自然と共に生きる信仰や思想は，慎みや恐れを忘れて自分さえ都合よければいいとする現代人への痛烈な警告になっています。私たちは，源流の文化や歴史に着目し，その記憶を発掘し，記録・保存・伝承する活動を大いに進めていきたいと考えています。

6.2 滝の名前はキコリの名前だった

それでは，皆さんのお手元にあります「多摩川源流絵図」を開いていただきたいと思います※。

この絵図の中央部の上の方に「塩山市」というのがあります。塩山市の右下に先ほどの「竜喰谷」というのがあります。実は，私の人生がこの「竜喰谷」との出会いで変わりました。1994年，今から12年ほど前ですけれども，7月18日の午前10時にこの谷に出会いました。実はその年，多摩川源流に光を当てようということで「多摩川源流サミット」というのが多摩川の源流で実施されました。そのときに，私が当時，大菩薩周辺の山野草の写真を撮っていましたので，そのサミットで「山野草の写真展」をやってほしいと，塩山市の幹部の方から頼まれました。でも，源流サミットなのに源流の写真がないというのは，これはさびしいなと思って，地元の人に「どこかいいところないですか」と聞いたら，中川だとか，大常木谷だとか，泉水谷だとか，いろいろな谷を教えてくれました。その中で「竜喰谷」という谷がありました。昔の人はどんな思い

※「多摩川源流絵図」は多摩川源流研究所（TEL　0428-87-7055）で販売しています。

でこの谷に「竜喰谷」という名前を付けたのだろうか。その訳が知りたくて，この谷に入りました。3時間半ぐらい歩く間に大小13の滝が連続しました。最初が「出会い滝」，2番目が「無名滝」，3番目が「精錬場の滝」で，その上に「箱淵」というのがありまして，そして映像でも見ていただきました「ヤソウ小屋の滝」，その上に「ゲタ小屋の滝」，そして「無名滝」，「無名滝」「イオドメの滝」というふうに続いていくんですね。

実は多摩川の一番上流に「一ノ瀬」という集落がありまして，そこの古老たちが話をしてくれるんです。「「精錬場の滝」というのは，そのすぐそばに金が出たんだ。武田信玄が戦国時代にあれだけの勢力を持ち得たのは，黒川金山があったからだ」と。甲州市塩山に「黒川鶏冠山」という山があります。この「黒川鶏冠山」に金が出まして，それで黒川金山と言いまして，この「黒川金山」こそが，武田信玄の財力の源だったんですね。甲府盆地の流域は，富士川だとか，富士川の支流の釜無川，笛吹川とかが甲府盆地の流域です。青梅街道で柳沢峠というのを越えてきますと，多摩川の流域に入るわけですけれども，峠を越えて多摩川の流域まで，なぜ山梨県なのかといいますと，実はここに武田信玄の財力を支えた黒川金山があったから，多摩川の源流域が山梨県になっているんです。その金山が実はこの「竜喰谷」にもあった。すぐ近くに金を産出した。その金を精錬するという意味で「精錬場の滝」という名称が付けられました。

今度は，その上の「ヤソウ小屋の滝」は，非常にきれいな「くの字」になって流れる，先ほども話をしましたように，滝壺がすごくきれいな滝なんですけれども，実はその周辺は江戸時代に天然の檜，200年とか300年，大体直径70センチから80センチ，すごい値打ちのある天然の檜がその周辺に生えていました。そこへきこりが山仕事で入って行きます。1日で帰れないから，滝のすぐ横に山小屋をつくって，そして何日も泊り込んで仕事をします。その小屋の持ち主が「ヤソウ爺」だったんです。滝の名前をたどっていくと「ヤソウ」という樵の名前にたどり着いたわけです。

6.3 サワグルミを下駄の材料にした

　その上の「ゲタ小屋の滝」，どうして険しい谷の上流に「ゲタ小屋」という名前の滝があるのかなと非常に不思議に思いました。皆さんも旅行に行ったときぐらい，旅館で散歩するのに下駄を履かれる経験があったかもしれません。下駄というのは，一番下駄に向いているのは桐なんですね。桐の木を使うと，軽くて丈夫で木目が非常にきれいだった。そのかわりちょっと値段が高いんですね。庶民は，どういう材料で下駄をつくったかというと，サワグルミとかシオジを材料にして下駄をつくる。サワグルミがたくさん源流にはあるものですから，価格が安くなるんです。左岸から流れ下ってくる沢の一角にサワグルミが群生していたんですね。そこに小屋を建てて下駄の寸法，30センチぐらいに切って，割って，それを背負って谷から数時間かけて里に持ってきて，そこで刻んで製品に変えていく。元の材料を切ったり，割ったりする，その小屋のすぐ横に「竜喰谷」で最も迫力のある最も存在感のある二段の滝がありました。この滝が「ゲタ小屋の滝」と呼ばれておりました。私たちは，この地にたどり着くだけでも難儀するのに，この周辺で木を切り小屋まで運んで，ほどよい寸法に刻んでいく。暮らしを支えるために，一途に素朴にただひたすらこつこつと働く古老たちの姿が目に浮かんできました。相当長い間このゲタ小屋は存在したのでしょう。村の多くの人が働いたのでしょう。村の誰でもがこの地を知っていたのでしょう。こうした思いを込めてこの滝の名前は生まれたのです。

　その上に今度は3つほど「無名滝」が続いて，そうして最後が「イオドメの滝」です。「イオドメの滝」というのは，もうこの滝から上には魚がいませんよというメッセージを込めた滝のことです。

　竜喰谷の谷の中に流れ下っております滝や淵の名前を一つひとつどっていきましたら，源流の人々の暮らしや仕事，その歴史が刻まれた滝の名前が幾つも続いていったんですね。そこには金堀衆もいて，きこりもいて，そうして川の恵みをもらう人たちもいた。そういう話を聞きましたら，もっともっと源流に入りたいということで，今度はその下の「大常木谷」に入りました。

6.4　材木の運搬は「筏流し」や「筒流し」

「大常木谷」に行きたいと言いましたら，一ノ瀬高橋の源流の長老たちが口をそろえて「行ったらあかん」と繰り返し言うんですね。「どうしてですか」と聞いたら，もう何人も死んどる，釣り人も亡くなっているし，沢登りのプロの人も亡くなっているから，もう絶対に1人で行ったらあかんと。どこまで入れるかと思って，おれは男だと思って入って行ったら，「ゴケンの滝」までは何とか入ることができました。でも，もう10メートルの壁がありまして，そこから上へは入っていくことができませんでした。そこで平山肇さんという68歳の方にガイドをお願いしました。

この方がマタギみたいな元気な方で，山の斜面を，犬が駆け登るのと同じぐらいのスピードで駆け登るというすごい方でした。その方にガイドしていただいて「ゴケンの滝」を避けてまくのに，1時間40分かかってしまったんですね。それで本当に45度ぐらいの傾斜のところを駆け登って，そしてロープを伝いながら下っていくという本当に修業ですね。その上の滝に出会うのに修業を迫られる，苦しみを迫られる，自分との闘いを迫られる，そういう場所でした。東京都の水源林の地図には「千苦の滝」と書かれていました。私も，自分自身がそれだけの苦しみを味わいましたので，「これだッ」と思って，実は95年から4年間も「千の苦しみの滝」に行ってきたんだという話をしたんですけれども，実は，守岡只さんという古老が「文明さん，違うんだ，その滝に滝壺があったか」と聞くんですね。「いいえ，滝壺はありませんでした」と話をしました。

皆さん，昔，上流から木を流すのに，どんな手段を取ったと思いますか。それは紀ノ川でも，太田川でもみんな筏流しをするんですね。筏を組んで，筏師がいて流していくんです。谷の狭いところは，どうやって流すかというと，筏が組めないから「筒流し」といって，1本1本流していくんです。1本1本で流せないところはどうするかというと，せき止めて，水を満タンにして，堰を壊すと，ドォーッと流れるんですね。それを「鉄砲流し」とか「鉄砲だし」と言うんです。上流から材木を下流に届けるのにいろいろな苦労をしながら，材

木を傷つけないよう，価値を落とさないように一生懸命知恵を出して下流に届けていくわけですね。

その「筒流し」をする際に，険しい谷で一番困るのが滝だったそうです。でも，大抵の滝には滝壺があるんです。だから，上から流せばドボーンと痛まないで浮き上がって，下に流していけばいい。

6.5 「セングの滝」の名前に込められた古人の執念

ところが，この滝は落差が30メートルありましたが，落下点が岩盤でした。水がものすごく飛び跳ねて，しぶきとなって舞い上がっているような場所でした。だから，私もカメラで撮るのに，しぶきが迫ってきて上手に撮れない場所だったので，非常に印象深いところでした。実はそういうときには「修羅を張る」わけです。皆さん「修羅場」という言葉を聞いたことがありますか。芝居や講談で激しい戦乱や血みどろの惨たらしい場面を「修羅場」といいます。血を見るようなものすごい場所のことですね。その「修羅を張る」というのは，頭の中に，二又になった木を想像してほしいんですけれども，二又になった木をずっと置いていって，その両側に丸太を置いて行くと，巨大な雨樋ができますね。30メートルの高さからずっと巻いて，滝の下まで大きな樋みたいなものをつくって材木を下に下ろしていくわけです。

こうした足場の悪いところにその修羅を張るには腕の利く業師，大工の「工」というのは「タクミ」と読みますが，たくさんのタクミを必要としたんです。1,000人のタクミを必要としたから「千工の滝」なんだと教えられました。ガーンというものすごい衝撃を受けました。私は何て知ったかぶりで，個人的な体験から，自分が千の苦しみを味わったから「千苦の滝」と勘違いして，みんなに喋っていたんですね。とんでもないことをしたと思って後悔したんですけれども，奥深い源流で200年も300年も育った銘木を傷つけないで，価値あるままに下流の人に届けたいと，樵たちは，命ある巨木を伐ったからには命在るままに届けるのが自らの務めと自覚し，執念深く巨木の命を守り通した。そのために渾身の力を振り絞って働いている山師の姿を思い起こしなが

ら,「千工の滝」というのは,そういう名前の由来があったのかと,本当にびっくりいたしました。

話を聞いていけば聞いていくほど,日本の「古人」が,川の恵み,森の恵み,そして山の恵みに感謝しながら,自然への愛着とか,自然への感謝を超えて,自然に対する畏敬の念まで込めて,1つ1つの淵・滝・沢や尾根に名前を付けて,そうして自然を大切にしてきた姿に触れることができた。そういう自然と人間との巧みな付き合い方や暮らし方が,この源流域にたくさん残されていました。

6.6 環境の語れる社会人になって欲しい

人間は自然を利用して,自然の様々な資源を活用しながら経済を発展させてきました。自然にたくさんの負荷をかけてきました。それで今,地球が悲鳴を上げ始めています。私はこの「源流絵図」をつくる過程の中で,たくさんのことを勉強しました。私たち日本人の祖先の自然を見る目は,ものすごく深いものがあって,例えば縄文時代の狩猟採取の時代は,自然に依存する生活の知恵から,雌の獣は撃たない,幼い猪の子供は捕らない,そういうことを体験を通じて全部身に付けていくわけです。捕り過ぎると明日の暮らしが危うくなるわけです。自分たちと自然がどうすればバランスよく永続していくことができるかという知恵をいろいろなところで身に付けてきていました。そういう意味では今,サスティナブルこそ最も大事だというふうに言われています。持続可能な循環型の社会をつくっていくためには,人間が自然とどういうふうに付き合っていったらいいのか,人間が自然から何を学んだらいいのか,私は源流の文化に触れる中で,たくさんのことを学んできました。世界各地で環境のことが話せない企業のトップは社会的に認知されない時代を迎えていると聞きました。1人1人の自然観,社会観が問われる時代はもうすぐです。

ところで,私がこの地図をつくったときは,この地図の右側の一番下にあります「多摩川源流観察会」という観察会の会長をやっているときのことです。30代〜50代の源流が大好きだという社会人を集めて,この会をつくりました。

この市民団体は，当時殆ど資金がありませんでした。私もこの調査のために自費で5年間，420回通って，この地図をつくり上げました。幸い朝日新聞，読売新聞がこれを取り上げてくれ，その新聞を見たという山梨県の河川課から電話が来ました。私が新聞の中で，こういう人間と自然との関わり合いの物語や地名の由来等をぜひふるさと学習で子供たちに伝えたいと，コメントをしていましたら，ぜひこれを印刷して世に出してほしいと私の自宅に来ました。できたら絵図の裏に，私の撮った写真と谷や淵のいわれを調べていますから，載せたいと言ったら，それはどんな企画でもいいから，ぜひ子供たちが親しめるように，いい企画をして出してくださいと言われました。うれしかったです，山梨県が60万円ポンとくれましたね。くれたというのは現金じゃないです，つくるのに印刷代が60万要りましたので，その60万円の印刷代を全部山梨県が持ってくれました。つくった部数が400部でした。彼らもなかなか考えているんですね。

山梨県に小中学校が330あるんですね。「ぜひ中村さん，小学校に寄付してください」と言うものですから，「ええ，もちろん」と言ったんです。当時64の町村がありました。それならと64の教育委員会にもこれを配りました。手元に6つほど残りまして，それでたまたま会員の中に建築をやっている社長がいたり，セブン-イレブンの経営者がいたりするので「おいちょっと金貸してくれ」，お前は5万出せ，お前は10万出せとか言って，お金を40万円ほど借りて3,000部つくって，元をどうやって稼ぐかということで今，頑張っているんですけれども，きょうは，お呼びいただいたということで，皆さんには，ぜひこういう源流の文化もあるということを知ってほしいということで，私からのプレゼントにさせていただきたいと思っております。

私は，この絵図を手始めにして，今，12年間で，この隣にあります「多摩川源流絵図小菅版」という絵地図，それから「多摩川源流絵図奥多摩版」という絵地図，それから奈良県の吉野川の源流絵図等，合計で4冊のこういう絵図をつくってまいりました。源流に生きる長老たちの話を聞けば聞くほど，森羅万象生きとし生きるものに心を配り，八百万の神と語らい，自然をものすごく大

事にする日本の人々の素晴らしさに出会ったような気持ちになりました。

　皆さんもこれから多分社会に出ると，企業の重要な，またいろいろな場所で指導的な立場に立たれることだろうと思います。そういう意味では，ぜひ環境に通ずる学生に，そして環境について自信を持って語れる企業人に，会社人間になっていってほしいと思います。

　この地球は，もう何十億年の歴史があります。私たちはその歴史の1コマで，その祖先からの地球を預かっているランナーに過ぎません。次の世代に，またその次の世代に，よりよい環境を残していかなければなりません。今，地球が悲鳴をあげ始めています。ぜひ日本各地の国土をよく見て，川を見て，海を見て，田んぼを見て，山を見て，森を見て，日本のことをよく知ってほしいと思います。

7.「森林再生プロジェクト」と国土の保全

　今，源流で一番困っていることは何だと思いますか。それはスギやヒノキの林です。日本の面積は68％が森林です。そのうちの4割がスギやヒノキの人工林になっています。昭和30年代に一斉に人工林に変わっていきました。あなたたちのおじいさん，おばあさんの子どもの時代には，みんな家にかまどがありました。そして，雑木林から木を伐って薪や炭にして，家庭の燃料は大部分が日本の森から生産されたものでした。それが昭和30年代に大転換が起こりました。燃料革命，エネルギー革命です。薪や炭から化石燃料に変わりました。この日本の森が，国民の暮らしと離れてしまいました。利用価値のない森へと変化したのです。日本の森は大きな転機を迎えたのです。

　そこで，政府は高度成長を睨んで，用材，材木をつくろうということで国土の森林の4割を伐って，スギやヒノキを一斉に植えていったんです。いわゆるスギやヒノキの一斉林の出現です。雑木林に生息していた野兎が放逐されました，熊たちも困りました，鹿も困りました。スギやヒノキの森には実が成りません。一斉林も管理されれば立派な森林に育つのですが，大量の輸入材により，木材価格が低迷し，林業が立ちゆかなくなり，人工林の管理ができなくな

り森林の荒廃が起こりました。手入れの行き届かないスギやヒノキの森には陽が差し込みません。真っ暗で，下草が育たないから雨が降ると表土がどんどん流れます。台風が来ると，もやしみたいな木ですから，暴風雨でバッタ，バッタと倒木が起きてしまいます。日本の国土で最も大事な水資源や森林資源を抱ええる源流域が今，悲鳴をあげています。

　私たちは，この東京の首都圏である茨城県，千葉県，埼玉県，東京都，神奈川県に3,400万人住んでいる大都会の人たちの生活を安全，快適にするには，私たちの源流域，秩父，多摩，甲斐，丹沢等の大自然も同じように大事にされなければ，本当の快適な暮らしを維持できないのではないかと思っています。大都市偏重のあり方，下流偏重のあり方を変えていきたいし，将来に向けて大都会と大自然が共存する社会を築いていきたいと考えています。

　そういう意味では，現場を見て欲しい。森にもっともっと親しんでほしい。皆さんが直接足を運んで森の姿を知ってほしい。知れば必ず変わります。知ることによって，必ず何かを感じます。そういう現場を大事にする人間，現場の声が聞ける人間，現場のことがわかる人間に，ぜひ成長していってほしいと願います。

　今，日本の材木の81％が輸入されています。森林王国の日本の資源が利用されていないという非常に厳しい現実があります。だから，私たちは今「源流の木で家をつくろう」，多摩川流域だけでも878の小・中学校があります。その小・中学校の保健室だけでも木づくりの保健室をつくっていこうじゃないかというメッセージを，今，全国に発信し始めています。木の大切さを是非つかんでほしい，川の大切さを是非つかんでほしい，そして「源流の木を使う」行動を流域の市民が始めて欲しいと願っています。

　私は「源流を軽んずる者は源流に泣かされる」というのが歴史の教えであり，歴史だと思っています。森を荒らすと，森が森らしい機能を果たさなくなると大変なことになるんです。

8. 今一番大切なものは何か——参加と協働の森づくりへ

　小菅村には、ブナの大木があります。松姫峠のブナは幹周りが3メートル55センチあります。環境省は胸の高さで、周囲が3メートルを超えると巨木、5メートルを超えると巨樹と呼んでおります。そういう大木が多摩川の源流には林立しています。200年，300年経ったミズナラ、ブナなどの森、そういうのをクライマックスと言うそうです。専門的には「極相林」と言うそうですけれども、その「極相林の森」を想像してください。そこでは、1ヘクタール、縦100メートル、横100メートルの範囲に、彼らは毎年毎年、木の実や葉をいっぱい落とします。雪が降り、風が吹くと、木の枝が落ちてきます。その重さは1ヘクタールで毎年3トンになるそうです。その森の生産物である実や葉や枝は、100年かかって1センチの腐葉土をつくります。この腐葉土こそが命なんですね。雨水を受け止め浸透させるのも、多くの植物が育つのもこの腐葉土のお陰です。

　源流は、過疎化高齢化が進むなかで、長い間ないがしろにされています。なぜかというと、有権者が非常に少ないからです。源流の森には投票権がないんですね。人口が多いところ、大都会は有権者が多いので政治の光が当たる。農山村より都市が重視されるという仕組みになっています。やむを得ないんですけれども、自然環境の大切さを理解する政治家や企業家を育てていくことが課題になっています。

　人間が生きていく上で、一番大切なものは何だろうか。おいしい水です。豊かな森や大地です。きれいな空気です。香りのいい風です。自然の中にいれば、それだけで人間は元気を回復します。自然には人間の内部に潜む治癒力や自己回復力を育てる不思議な力が備わっています。当たり前ですが、自然はどこまでも繋がっています。山と川と海、源流から河口までの、この命の繋がりこそが大事なんです。私たち日本人の祖先は、本当に森や川を大事にしてきました。日本人特有のDNAが皆さんの頭の中に、身体や心の中に、脈々と流れています。今、手入れのされない各地の森が悲鳴をあげています。助けて欲し

いと叫んでいます。皆さんも，手を差し出してください。流域の各地で進められている参加と協働の森づくりに参加して，次の世代に豊かな森を繋いでください。

　視野を広げることは容易なことではありませんが，若いうちに苦労して慎みと広い抱擁力を身に付けることです。意識的に自分の嫌いなタイプと付き合うことです。相手があってこそ自分があるわけですから，自分と考えの違う相手を尊重できる人間になってください。そして，敵対と対立の時代から対話と理解の時代になるよう世の中を導いてください。そういう意味では，「和をもって尊し」とする日本の伝統的な文化は，世界に誇れる文化だと確信します。ぜひ経済学ばかりでなく歴史や哲学や文化にしっかりと目を向け深く学んで，誇れる中央大学の学生に成長し，社会で大いに活躍していただきたいということをお願いいたしまして，私の話を終わらせていただきます。

質問箱から

🔵 多摩川の「最初の一滴」をどうやって見極めたのでしょうか。また「最初の一滴」になる前は，どうなっているのでしょうか。水として目で見て認識できるのかどうかというが第1の質問点です。

最初はきれいな一滴がだんだん汚れていってしまう，生活の源である多摩川をきれいにしていきたいと思いますが。1人ひとりが気を付ければ守れるものなんでしょうか。文明と自然，相反する2つが共生できる方法をお聞きしたいですというのが第2の質問です。

第3に，子供たちを集めて多摩川の源流を体験するというお話がありましたけれども，子供たちを案内しているとおっしゃっていましたが，子供たちの反応はどのようなものですか。やはり自然を直に経験させるのが人間にとって必要なんだと思うような，そういう指針などがあったら教えてください。

🔴 「最初の一滴」は標高1953メートルの笠取山にあります。その山は広葉樹林ですから，雨水が浸透して山頂から約100メートルぐらい下った大きな花崗岩のある場所で初めて一滴が顔を覗かせるわけです。辺りは傾斜が非常にきつくて，山道がなければ近づけない個所ですが，その花崗岩より上に水が浸みだしている個所はありません。その花崗岩から真珠のような一滴がポタッ，ポタッと落ちてきます。一滴の前は，地下に浸透している伏流水ということです。この一滴を写真に撮ろうとするとなかなか丸くならないんですね。私も62回ほど登りまして数千枚撮ったうちの1枚だけ，神様からプレゼントをいただいた。この写真を撮った日は6月18日です。最初の一滴に会える確率は約3割ほどです。今の時期（秋の季節）に行ったら，ほとんど一滴に会えません。「水干」というところは，沢の行き止まりという意味なんです。だから，日ごろは干し上がっています。6月，9月の梅雨には，目撃できますけれども，その他の時期は運が良ければ別ですが，なかなか出会えません。

それから2つ目の質問は，自然は文明と共生できるのかという，大変大切で重要な質問だと思いますが，現在は現代文明によって自然は限りなく壊されています。これまで築かれてきたオゾン層などの生命安全装置まで傷ついています。その原因は，巨大な人間の生産活動によって自然へ過度の負荷を与えていること。大きくは地球温暖化問題ですが，ここでは，ローカルな私たちの生活に身近な森林を例にとって話してみたいと思います。

森林を守ることと活用することをどのように調整するか。大事なのは「ゾーニング」なんですね。人間が踏み入ってはならないゾーンは残していくこと。「遺伝子

保存林」という原生の森が日本に 5 カ所あります。例えば十勝川の源流にトムラウシという高い山がありますけれども，その麓に人間が入っては行けない，つまり太古の姿がそのまま残っている場所があるんですね。ここは一切手を加えないでそのまま保存する。

　一方，多摩川の源流の場合は，自然度が非常に高い森もあれば，先ほど話をしましたような手入れがされないために，今，荒廃している森がたくさんあるわけですね。自然度の高い森は，人間の負荷や干渉を抑えて自然の摂理に任せていくことが基本でしょう。人工林は人間が手を入れることを前提にしていますので，間伐や枝打ちなどの仕事をして健全な森に育てていくことが大事なんです。

　人間が進入しないで自然をありのままで残していくところ，人間が利用するが人間の負荷や干渉を極力抑えるところ，人間の力を加えることによって森をよくしていくところ，またあるところは資源として循環させていくところ，それを私たちは「ゾーニング」と言っているんですが，そういう手法をとってやっていけば，私たちは生活を営みながら，立派にこれからも自然をよりよい形で残していけるのではないのかなというふうに思っております。

　3つ目の質問ですが，源流体験における子供の反応ですが，これは素晴らしいですね。「本物に出会わないと，偽物はわからない」と考えています。これが本物だったのか，これが生まれたばっかりの本当の川だったのかという表情を子供たちは見せてくれます。学校の先生たちが言います。下流の多摩川に連れて行っても，子供の心は動かない。源流には，もう源流に立つだけで，子供の心が動くのがわかる，表情が変わると言ってくれます。私もそのとおりだろうなと思っております。親も子供も自然体験が非常に少なくなっています。自分の目で，身体で本物の自然を知ることです。自然と対話し自然を体験することで，人間の感性が磨かれます。このことが何よりも大切でしょう。日本の原風景がまだ源流域には残されていますので，自然の雄大さや自然そのもののもつ魅力や無限のエネルギーを身体全体で実感して欲しいと思います。

第 7 章	グラフィック・デザイナー から見る人間と経済

佐藤　正幸

1. はじめに

　こんにちは。初めまして。私は群馬県高崎市在住で「Maniackers Design」というグラフィック・デザイン事務所の代表をやっている佐藤と申します。よろしくお願い致します。
　今回の講義のご依頼を頂いた時には「私には無理だろう……」とかなり悩みましたが，Maniackers Design という名前で活動を始めて，かれこれ来年で10年になるのでそんな区切りを付けるにも良い機会かもしれない，と宿命的なモノを感じたので今回の講義をお受けする事にしました。

2. モノとデザインと経済

　Maniackers Design のデザインのモットー「愉快に楽しく」をテーマにして日々デザイン活動を行っています。
　「愉快に楽しく」デザインしたモノを通して，受け手にも「愉快で楽しく」なってくれたらいいなという気持ちで様々なデザインを心掛けています。
　お配りしたステッカーは良かったらケータイなんかに貼ってやってください。カタカナの「マ」の文字をシンボルマーク化したデザインです（図7-1参照）。細長いポストカードの写真部分は，私も毎週愛読している週刊少年ジャンプを何冊か重ねて撮影したモノです（図7-2参照）。このポストカードには，折り目が付いています。そのままの状態で郵便を送ると120円かかるのですが，折り曲げて封筒に入れて送ると80円で送れるので，そのように折り目を付けてみました。普段も請求書や領収証などの書類と一緒に封筒に入れて送ったりして，さりげなくプロモーションしたりするのにもひと役買っています。

図 7-1　Maniackers Design のロゴ

図 7-2　ポストカード（写真部分）

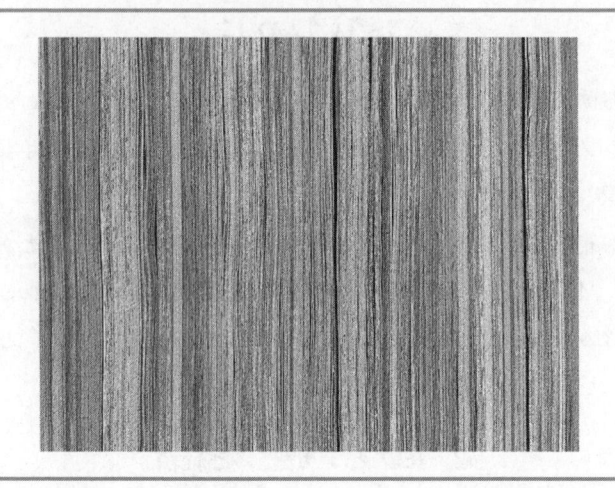

（出典）「赤のデザイン写真素材集 Photographic Materials 0112-0222 Red edition」（2005）

　私は中央大学の WEB サイト上の特別講義の紹介部分に次のような文章を書きました。
　　あなたを取り巻いている様々な『モノ』は，誰かがデザインしました。建物・パソコン・照明・椅子・机・筆記用具・雑誌・ポスター・様々な商品パッケージ・身に付けている洋服……。これらの人工物は全て誰かがデザインしたものです。
　　今読んで頂いているこの文字もデザイナーが膨大な時間をかけて 1 文字 1 文字デザインしたものです。このように「デザイン」された「モノ」に私達は取り囲まれて暮らしてます。この世に「モノ（道具）」が生まれた瞬間に「経済」が生まれたと言っていいと思います。大きい視野での「デザインと人間と

経済」についてお話できればと思います。

とは言え,「経済学」に関しては専門的には全く勉強はしていないのでまず手元にあった辞書で「経済」という言葉を調べてみました。

・人間の生活に必要な「モノ」を生産・分配・消費する活動と,これによってできる社会的つながり。

・金銭のやりくり。

・費用が少なくすむさま。また,費用をかけていないさま。

とありました。

そこで,今回の講義のタイトルが『グラフィック・デザイナーから見る人間と経済』という,私が話すにはかなり不似合いで,カッコよさそうな議題で,小難しい感じがするので,より分かりやすく,『グラフィック・デザイナーにおける金銭のやりくり＋モノ作り＋デザインってなんだろう』という感じで愉快に楽しくお話して行ければと思っております。

3. グラフィック・デザイン

私自身の日頃のお仕事について,説明しながら色々と話を進めて行ければと思います。

私の職業はフリーランスのグラフィック・デザイナー／アート・ディレクターです。イラストやキャラクターも描いたりします。普段の仕事の内容は雑誌,書籍やコミックス,絵本のデザイン,ケータイの待受画面デザイン,会社,ブランド,商品,様々なコンテンツのグラフィック,ロゴタイプ,シンボルマーク,フォントデザイン（フォントというのは書体の事です。タイプフェイスとも言います),色々なデザインの専門書などを企画して,出版したりしています。

いくつかご紹介します*。

DESIGN FONT という書籍については,執筆はメンバーの加藤（FLOP

＊ 以下,実際はカラーでの美しいデザインですが,白黒でしかもすべてをお見せできないのが残念です（筆者)。

図 7-3　サッカー・ワールドカップ速報サイト（2006）

DESIGN）が，本のデザインは私が担当しました。

　EZケータイアレンジというauの新サービスで提供しているデザインの一部を，待受画面だけでなくメニュー画面や発着信画面，電池表示，アンテナ表示等，深い部分までデザインしました。同じサービスの違うデザインも手がけ，色々な所がアニメーションするデザインもあります。バッテリーや，電波の部分も細かくデザインしています。時計や日付表示の文字もデザインしました。

　アサヒコムと日刊スポーツのwebサイトで配信されていたサッカー・ワールドカップ速報サイトのデザインです（図7-3参照）。この，デザインを全て担当しました。プログラム，ディレクションはルートコミュニケーションという会社です。ワールドカップ開催時は，これが2分遅れて速報されていましたので，大変な作業量でした。

　ソニー・マガジンズから発売されたスイスの絵本の日本語訳版，ソニー・マガジンズから発売された『ミスター・ランチ』の絵本——シリーズ3冊を担当

図7-4 前橋ダンスデパートメント・踊りに行くぜ!! (2006)

しました。この絵本の作者はタウンページのキャラクターデザインなどでも有名です。

広井王子：原作，コザキユースケ：作画の漫画『烏丸響子の事件簿』のロゴを担当しました。ほかに，デザイン書籍のデザインも数多く手掛けています。

「前橋ダンスデパートメント・踊りに行くぜ!!」という全国的なイベントの前橋公演のポスターです（図7-4参照）。

2001年の約1年間担当していた『音楽と人』という月刊誌のアート・ディレクションとデザインを担当していました。有名なフォトグラファーが撮った素晴らしいアーティストの写真を毎月毎月レイアウトするのはとても緊張感がありました。毎月2人体制で3週間位かけて丸ごと1冊デザインしていました。かなりハードな仕事でした。

日本橋ヨヲコさんが講談社イブニングで連載中のバレーボールの漫画『少女ファイト』のブックデザインは内海さんというデザイナーが担当していますが，私がロゴデザインを担当しています。超オススメです。

「ショーさん物語」という絵本のデザイン。絵はebicreamという，軽井沢在住で友人のイラストレーターが担当しています。
　ベネッセの中学講座チャレンジネットの教材や告知の一部で使用された「パソコンくん」というキャラクターのデザインや，ほかに，知り合いのご自宅の表札をデザインしたりもしています。
　高崎にあるテクタクという雑貨屋さんのロゴとキャラクター。ショップカード，ショッピングバックなどこのお店のデザイン物を色々デザインしています。
　また時々，クラブイベントでVJと言ってDJの流す音楽に合わせて，映像を流したりもしています。
　VJに関しては，仕事というよりほとんど趣味に近い活動です。
　Maniackers Designは現在4人おります。ここにいる小林の他に，加藤と山田という私と同い年のグラフィック・デザイナーが2人いて，それぞれまた違うデザインの仕事をしています。本を作ったりする時に協力しあったりします。様々なデザインの仕事をこなす上で協力してくれる友人のデザイナーもたくさんいます。
　Maniackers Designの著書として2005年12月に『青のデザイン写真素材集』と『赤のデザイン写真素材集』の2冊を作りました。
　MdNというデザイン関係の雑誌や書籍を多く扱う出版社から発売しました。企画立案から，本全体の構成，執筆，撮影，本自体のデザインと本の内容にかかわる部分のほとんどをやりました。自分自身はこんな本が作りたいなというアイデアを編集の方に提案し，スタートした企画です。30億年前の岩石からゴミ収集場まで幅広い視点で撮りました（図7-5，図7-6参照）。
　テクスチャーと呼ばれるパターン風に切りとった写真を，2冊合計で222点収録した写真素材集で，巻末にこの写真の高解像度の画像データがCD-ROMに収録されており，ロイヤリティーフリー（使用料が無料）で使用できるというなかなか便利な本です。写真集としても普通に見られるように構成しました。赤は暖色系でポップな写真，青は寒色系でクールな写真で構成し，2冊同

図7-5　赤と青のデザイン写真編より(1)　　図7-6　赤と青のデザイン写真編より(2)

時発売しました。

　全国の本屋さんなどで売っておりますので，興味を持ってくれた方は是非チェックしてみてください…。季節柄，年賀状のデザインなんかにも活躍して頂けると思います。これらの写真に文字をのせたりして使ってください。

　そんな事で普段もデザインのネタを探すべく，町中を注意深く観察しながら歩いていますが，この本を作っている時はさらに意識を高め，アンテナを強めて，なにか面白い被写体はないかなとキョロキョロしながら撮り貯めていきました。最終的には数千枚撮って，その中から選びに選んだ222枚を収録しました。さらにオマケとして，グラフィック・フィルタ素材も32点デザインしました。このグラフィック・フィルタ素材というのは収録されている写真と組み合わせるとまた面白い表現ができるというモノで，ここも今回の本のポイントの1つで，購買意欲をよりアップできればと思い，追加しました。

4. 本作りの経済学

　肝心な経済の事も話さなくてはいけないので，まずこの本を例に，どのようなシステムで仕事として進めて行ったのかもお話したいと思います。今回はぶっちゃけた話もした方が面白いですし，知りたい部分かなと思うので，経費の話やデザイン料，この本に関しての印税の事などの話もしたいと思います。

　1冊消費税込みで2,499円，CD-ROMが付属しているのでちょっと高めの

本です。2冊買うと4,998円……5,000円札を渡すと2円おつりが返ってくるという，……なかなか面白い値段設定になっております。

この本は出版社から発売しましたので，本自体の印刷費，営業，物流，広告にかかる経費は全て出版社が出してくれます。

この本を作るに当たってのManiackers Designにとっての経費は色々な場所に行って撮影した際にかかる交通費。基本的には近所で撮ったモノがほとんどなので10,000円位かと思います。

次に撮影に使った小物類の購入費。駄菓子屋さん，ホームセンター，スーパー，花屋さん，100円均一のお店など色んなお店に行って，色々なモノを買いました。

撮影用に購入したモノは全部で20,000円くらいだと思います。撮影に使用したカメラはキャノンのEOS 20Dという一眼レフのデジタルカメラを使用して撮影しました。

このカメラはすでに購入していたモノなので経費からは外しますが，この本の撮影の為に，よりモノに近づいて接写ができるマクロ・レンズを購入しました。6万円くらいしました。カメラのレンズって高いですね……。

デザイン作業，執筆，撮影にかかった時間はプライスレスです……。

合計すると本を作るに当たっての実質的な経費は約10万円くらいでしょうか。

この本の企画提出から発売まで，約3カ月ととても早いペースでの仕事でした。撮影，デザイン，執筆，編集に約2カ月，印刷から販売までに1カ月と普段の倍の速さで作りました。年末商戦に間に合わせたいという出版社からの要望でかなり急かされましたが，納得の行く本ができたと思っています。

初版は各3,000部刷りましたので，合計で6,000部発行しました。この最初の初版の6,000部が保証印税と言って，全然売れなかったとしても必ず印税が入ります。

本の印税というのは5～10％が一般的ではないかと思います。今回のこの本に関しての印税は7パーセントでした。

ですので，この本は2,499円なので1冊売れるごとに175円が私の手元に入る事になります。

6,000部発行したので，6,000×175で105万円が印税として入りました。

さらにこの本も自分がデザインしましたので本のデザイン料も2冊分入ります。1冊当り，だいたい20万円位ですので掛ける2の40万円です。本のデザイン料は出版社によって違いはありますが，だいたいこの位です。

この本を出版した事によって私の得た収入は145万円です。これに先の経費の10万円を引くと135万円になります。この135万円が収入になるのですが，口座に振り込まれる際に，源泉徴収され，1割の135,000円を引かれます。1,215,000円が最終的な収入です。

この初版分が全部売れそうになると再度，何千部と増刷していき，刷る冊数分また，印税が入ってくるという仕組みです。

私の出版したデザイン書籍というのは一般書と違って，ターゲットがかなり狭い範囲なので印刷する本の数も少ないです。1万部行けば大ヒットという世界かもしれません。

私も大好きな漫画家の鳥山明先生の代表作『ドラゴンボール』は全42巻でこれまでに1億冊以上を発行していると言います。

コミックス1冊490円ですから，印税10％と考えて計算すると『ドラゴンボール』のコミックスだけで50億円近い印税が入って来ます。税額もその分高くなりますが，それでもスゴイ額ですね……。気が遠くなります……。

5. フォント，ロゴ，ピクトグラム

次は，実質的なお仕事とは別にManiackers DesignのWEBサイトでオリジナルでデザインしたフォント（書体）です。自由に簡単にタダでダウンロードできるようになっています。

WEBサイトを始めたのが1998年ですので，かれこれ10年近くフォントをインターネット上で配布しています。

WEBサイトの公開当初は5〜10書体位しかフォントはありませんでした

が，今は100種類以上のフォントがダウンロードできるようになっています。このフォントのダウンロードが評判になってアクセスアップ，プロモーションに繋がっています。

フォント好き，デザインに興味のある方から，プロのデザイナーの方，お店の経営者の方，多種多様な企業，メーカーの方，広告代理店の方などが来て，毎日5,000人近くのアクセスがあります。

最近はあらゆる媒体で自分のデザインしたフォントが使われているのを見るようになりました。みなさんもどこかで目にされているかもしれません。今までデザインしたフォントをいくつかご紹介します。

これらのフォントはCMやテレビ媒体で使用されたり，様々な商品のパッケージにロゴとして使用されたり，雑誌や漫画や書籍のロゴ，広告のポスター，看板など文字を必要としているあらゆる媒体で使用されています。

このフォントというのはフォントの製作者，フォント制作会社によって考えが違うのですが，フォントを商用で使用したりする際には使用料がかかる場合があります。

Maniackers Designとしては商用だとしても扱いが小さかったりする場合には無料で許可しているのがほとんどです。そのような場合には無断で使用して頂いても全然かまいません。

書籍・雑誌のタイトル，商品パッケージ，社名・ショップ・ブランド・ロゴ，テレビメディア，広告のイメージに深く関わる場合などには使用料を頂いています。判断が難しい場合は，メールでご連絡頂き，Maniackers Designに具体的な使用目的，使用見本の画像などを連絡して頂き判断しています。

フォントの使用料の金額に関しては話し合いによって決めていきます。使用される媒体によってまちまちで，500円とか1,000円というモノもあれば，数十万円という大きな金額で使用を許可する場合もあります。

フォントを扱う事によって，ロゴタイプ，シンボルマークのデザインの仕事も多く依頼される事も多いです。WEBサイトで，フォントがフリーでダウンロードができるというシステムは先にも言いましたが，客引き効果もあります

図7-7　ワイナリー・ウェディング会社

Liege One

図7-8　みかんぐみのカミカンケンチクスクール（2006）

みんなでつくろう
みかんぐみの
カミカン
ケンチク
スクール

し，よい宣伝ツールになっていると思います。

　今までに作ったロゴをいくつかお見せしたいと思います。

　スマステーションというテレビ番組で人気を博した英会話の本のロゴ。テレビ番組内でもこのフォントが使用されています。

　アルテ高崎というサッカーチームが運営するフットサルリーグのロゴ。高崎にあるヴィンテージ絵本屋さんのロゴ。長野にある雑貨屋さんのロゴとキャラクター。

　キリンビールが運営する web サイト，キリンビール大学のコンテンツで使用されたタイポグラフィック。また，ワイナリー・ウェディング会社のロゴなども手がけました。Oの部分を指輪に見立てました（図7-7参照）。

　みかんぐみという建築家集団の展覧会のロゴです（図7-8参照）。ほかに，

図7-9 アイコンマニア用のピクトグラム(1)　　図7-10 アイコンマニア用のピクトグラム(2)

サイバードとイマジカが運営するケータイコンテンツのロゴ，緑茶メーカーの会社のロゴ，ウィリーオルガンという友人のバンドのロゴとマーク，キヨスクさんが運営する点心のお店のロゴなども作成しました。これは，池袋駅構内にあります。

　次に，先の著書とは別にマニアシリーズとして，過去にフォントマニア，パターンマニア，アイコンマニアという書籍も企画して出版しました。著者はManiackers Design のメンバーでもあり，普段は FLOP DESIGN という名前で活動している加藤くん，通称カットさんが執筆しました。

　それぞれ私とカットさんと編集の方で色々アイデアを考えて，本の内容を決めていきます。私は本のすべてのデザイン周りを担当しました。イラストも私が書いています。今回は，アイコンマニアという書籍に付属されている CD-ROM に収録する為に作ったオモシロピクトグラムをいくつかご紹介して，グラフィック・デザインの面白さを感じて頂ければと思います。

　ピクトグラムは，一般的に「絵文字」「絵単語」などと呼ばれていて，何らかの情報や注意を示すために表示される視覚記号（サイン）の１つです。表したい概念を単純な配色，単純な図として表現する技法が用いられます。日本では，東京オリンピック，大阪万博を経て，1980年代以降広く使われるように

図7-11　デザインフィールドG

なったようです。

　これはみなさんも毎日のように目にする男性用トイレ，女性用トイレを表現するピクトグラムです。

　これも普段よく目にする『非常口』を表すピクトグラムです。

　そしてこれがアイコンマニアの為に作ったピクトグラム達です（図7-9，7-10参照）。

　このように，文字で伝えるよりも簡単なビジュアルで伝える方が一瞬で伝わりますし，言語に制約される事なく，海外の方にも理解できるメリットがあり，グラフィック・デザインの大きな活躍の場になっています。

6．Tシャツ作りの経済学

　次に，群馬県内での活動として，モノ作りの大好きな友人達と組んで『デザインフィールドG』というデザインのイベントを毎年開催しています。今年も10月29日に開催して，11回目の開催になりました。私は第1回からこのイベントのアート・ディレクションを担当しています。WEBサイトやチラシ，ポスターのデザイン，会場のちょっとした空間デザインをしています（図7-11参

照)。

　今年は『世界のCMフェスティバル in Gunma』という友人が群馬の代表をしているイベントと組んで，群馬県庁の目の前にある「群馬会館」という歴史的建造物をお借りして開催しました。有名なイベントとの同時開催ともあって，600人以上のお客さんで賑わいました。

　『デザインフィールドG』というのは，プロ，アマチュア，社会人，学生を問わず，クリエイティブな活動をしている人達が普段作っているオリジナルの商品を——それぞれ決められたスペースにブースを出して頂き——自分で自由に値段を設定し，販売するというイベントです。東京ビックサイトで行われているデザインフェスタの群馬ローカル版みたいな感じで，より物販寄りになった感じでしょうか。Maniackers Design も毎回ブースを出して色々な商品を販売しています。

　Tシャツ，バッグ，小物，アクセサリー，洋服，デジタル作品，ぬいぐるみ，フィギュア，写真，イラスト，家具など様々なオリジナル商品がたくさん並びます。一品モノから大量生産モノまで多種多様です。

　開催する場所や規模によって変わるのですが，数千円の出展料を頂いて，その集めたお金で会場を借りる際の場所代，チラシやポスター等の印刷費，設営に際しての備品などを購入する資金に当てます。残った利益は次のイベントの際に使用するといった感じで毎回運営しています。

　過去には群馬県庁32階の展望ホールや，普段は廃墟になっている前橋消防署の跡地などをお借りして開催しました。

　オリジナルの商品を作るのも大変ですが，その商品の価格設定もなかなか大変です。原価を計算し，利益を考えて値段をつけないと赤字になってしまいます。商品にもよりますが，高い値段を付けて，ちょっと売って利益を上げるか，安い値段を付けて数を売るか，薄利多売と厚利少売のバランスがなかなか難しい所です。周りのブースとのバランスも考える必要もあるかもしれません。

　あとはお客さんがその値段に納得して買ってくれるか，くれないかという勝

図 7-12　雲 T シャツ

負にかかってきます。

　私もよく作る T シャツを例にしてみます（図 7-12 参照）。

　いつでも心は青空のように清々しく……というようなイメージで青の T シャツを青空に見立てて，シルクスクリーン印刷で白い入道雲をプリントしたデザインを考えました。

　インターネットで無地の T シャツを販売している WEB サイトから，1 枚約 500 円で購入しました。この T シャツはユナイテッドスポーツヘッドラインというアメリカのブランドの無地 T シャツで，生地もしっかりしていて，カラーバリエーションもたくさんあるのでお気に入りのブランドの 1 つです。色はロイヤルブルーという色をセレクトしました。この時はたくさんの枚数を買ったので送料は無料になりました。

　デザインは自分がやりましたのでデザイン料はかかりません。

　T シャツ君という自分でシルク印刷ができる商品などもありますが，数もあるし，印刷に関してはやはりその道のプロに頼もう！　という事で，このデザインしたデータと指示書を持って，近所のシルクスクリーン印刷専門の業者に発注しました。

161

シルクスクリーンにはプリント代のほかに版代というのがかかります。版を作って，インクを盛って，1枚，1枚刷っていきます。この版代というのが結構高くて7,000円位かかります。プリント代は1枚200円位だったと思います。同じモノを100枚作ったとします。近所の業者さんなので印刷の仕上がったTシャツは直接届けてくれましたので，送料は無料でした。

次にネームタグを作りました。

ネームタグにも色々種類がありますが，ココにはこだわってロゴ部分は刺繍にしました。これもインターネットで色々調べて安く作ってくれる業者さんを探しました。数年前の事なので正確な値段は覚えていませんが，1,000枚作って50,000円程度だったと思います。なので1枚の単価は約50円になります。

このネームタグの縫い付け作業は実家の母の元に行って頼んだので縫い付けにかかる費用はプライスレスです。こんな感じでコストをなるべく安く，こだわる部分にはしっかりこだわって商品を作りました。

さらに完成したTシャツをキレイにたたんで，クリスタルパックという透明な袋に入れて販売します。

これらにかかった費用を全部足すと127,000円位です。ですから，だいたい1枚の単価が1,270円になりました。

ここで実際に販売する値段を考えるワケですが，私はこのTシャツを3,000円で販売しています。なので42〜43枚売れば元が取れることになります。100枚全部売り切れば173,000円位の利益が出ます。

とは言え，このようなお客さんとのコミュニケーションを優先するあまりビジネスじみていないイベントでは安くしたりしますので，カワイイ子が値切ってくれば……2,500円にしたり，ほかにも商品を買ってくれたりすれば2,000円で売ったりもします。友人にプレゼントすることもあります。

中には赤字覚悟で原価より安く売っている方も中にはいます。このイベントはプロの方だけでは無いので，利益の事よりも自分の作品が自分の手から離れて，巣立って行くことの喜びを優先しているのかもしれませんし，プロモーション活動の一環としてやっていると思います。

私もステッカーやポストカードを大量に並べてどんどんタダで配布して，プロモーションしています。その後，連絡を頂いたりして，お仕事に繋がって行くというケースも良くあるのでこれはこれで，とても有効な手段だと思います。先行投資って感じでしょうか。

　このように自分でモノを作り，自分で値段を付け，自分自身がお客さんとコミュニケーションを計りながらモノを売るという経済活動を実体験として学べる，良いイベントだと思います。

7．デザインするという思想

　最後はグラフィック・デザインに限らず，デザインという言葉についてお話して，終わりにしたいと思います。

　冒頭にもお話しましたが，私達の身の回りにある人工物は全て誰かがデザインしたものです。

　日本にはインハウス・デザイナー（様々な会社に勤めるデザイナー）と私のようにフリーランスのデザイナーなど，合わせて約17万人のデザイナーと呼ばれる人達が日夜色々なモノをデザインしていると言います。

　デザインと経済はとても密接に関係しています。デザインと人間と経済はどれが一番大事かなと考えました。やはり人がいないと何も始まりませんから人が一番大事です。次にデザインです。デザインとは人や物とのコミュニケーションです。人が何かをデザインをしてそのデザインされたモノを，売ったり，買ったりします。なので一番最後に「経済」が来ると思います。

　人を大切にし，思いやり，相手の立場になって考える事で目的ができ，良いデザインは生まれてきますし，その良いデザインは必ず注目されて，自然と経済活動に繋がると思います。その経済活動によって生まれた利益は頑張って生み出したモノが売れた事によるご褒美ではないでしょうか。

　また，デザインするという行為は，決してデザイナーという職業の人だけの特権でもなんでもなく，誰しも日常的に行っている自然な行為だと思います。何か物質的なモノを作るだけでは無いと思っています。新しい企画，新しい方

法，新しいアプローチ，新しい価値観，新しい技術など目には見えないようなモノをデザインする事によって経済活動をしている人達もたくさんいます。

そんな経済活動に参加している状態こそ，自分という人間をデザインしながら，日々生活していると言えると思います。

ここにいる大部分の方は学生の方なので，これから社会人として様々な職業につかれると思います。どんな職業であっても「デザインするという思想」はとても重要なポイントだと思います。人間が生きていくという本質的な部分として，テクノロジーが進化しているのか，退化しているのか結局なんだかよくわからない，価値観が揺らいでいる時代だと思います。

確かに便利な世の中になっていますが，果たしてそれらが人間にとって良い事なのか悪い事なのか，よく考え，自分のイメージする，より良い自分に近づけるように「自分自身をデザイン」し，自分に合った様々な方法，得意分野を活かして，その周りにいる人達を楽しく，愉快にさせるような人間になる事で，より楽しい人生を送る事ができるのではないかなと思ってます。

私も中学生・高校生の時にグラフィック・デザイナーという職業を知って，興味を持ち，デザイン＆アートの専門学校に3年間通い，前橋の広告代理店にグラフィック・デザイナーとして4年勤め，独立し，フリーランスのデザイナーとして10年ほど経ちましたので，色々なモノをデザインしてきました。デザインって楽しい！　面白い！　と日々感じながら仕事をしています。

そういう「楽しい！　面白い！」と思うポジティブな気持ちはデザインにも現れていくと思っていますし，「面白い！」と評価してくれる方々のおかげで私も今日までやってこれました。

時には大きな修正がきて，何度も何度もやり直しになって，「もう苦しい……やりたくない！」と思う時もありますが，「そんな状況も楽しんでしまえ！　時が経てば良い経験になる！」とポジティブに考え直して日夜デザインに励むよう心掛けています。

デザインってなんなんだろう，自分にできる事ってなんだろうと日々自問自答を繰り返しながら勉強している真っ最中です。

これから生まれる様々なデザインに関して,「どんなデザインのモノが欲しいですか?」と聞いてもハッキリとは答えられません。しかし,良いデザインを見せられると人は「こんなものが欲しかった!」と言います。デザインって本当に難しいですね。

　ナガオカケンメイさんというアートディレクターは「自分はデザインをしないデザイナー」だと言っています。

　私もそうなんですが,ナガオカさんはリサイクルショップ巡りが大好きだそうです。すでにこの世の中にある過去のモノをもう一度じっくり観察し,そのモノに新しい価値観,新しいアプローチを提示してあげる事もデザインという言葉の意味する一つではないかと感じます。

　まずは「思いついたこと,やろうと思っている事をまず,やってみる。挑戦してみる」ということが大切だと思います。

　そんな事で,改めてデザインに興味を持ってくれたり,デザインの面白さを感じたりして頂けたら嬉しいです。

　これからもより多くの人達に自分のデザインを通じて楽しく,愉快な気持ちになっていただけるよう活動,勉強していきたいと思っています。

　色々つたない部分も多々ありましたが,今回の私の話はこれで終わります。今回の講義に際して色々ご協力頂いた,関係各位の方々に感謝致します。

質問箱から

問　1つのデザイン，1つのロゴ，あるいは1つのフォントを製作するのにどれぐらいの時間がかかるのでしょうか。

答　ロゴデザインに関しては，例えば1週間後にいくつかのアイデアが見たいという場合には，50個から100個ぐらいはアイデアを出して提案するんですが，だいたい2日か3日ぐらいかけて集中的にデザインをします。

フォントに関しては，アルファベット，記号，数字，ひらがなやカタカナなど，色々あるんですけれども，例えばアルファベットだけでしたら，簡単なものだと，3時間から5時間ぐらい，難しいものだと，1カ月から2カ月ぐらいかかります。

問　デザインに携わる仕事として「知的財産権」を意識していらっしゃるでしょうが，注意していることや失敗談などありましたら，お聞かせください。

答　私がデザインしたものをCMやテレビ番組で勝手に使われてしまう場合がよくあります。今もいくつかそういう抗議をしているところですが，そういう問題はすごく頭を悩ませますね。かなり難しいことだと思います。

問　デザインの仕事をしようと思ったそもそものきっかけを教えてください。

答　もともと子供の頃から，絵を描いたり漫画を読んだりすることが多かったんですね。イラストレーターになりたいなとずっと思っていました。それから，グラフィック・デザイナーという職業を中学生か高校生の頃に知りました。文字やイラスト，写真など，全部を構成して，自分の思うような表現ができるのです。絵を描くだけでなく，絵や文字，写真を使って，色々総体的なことができるというのにすごく興味を惹かれて，グラフィック・デザイナーを目指すようになりました。

問　佐藤先生は4年間広告代理店に勤めた後，独立なされたわけですけれども，その理由を教えてください。

答　広告代理店の会社の方向性というのが，私はあまり納得できなくて，何か研修と称して，山に籠もって大声を出すような社員研修があって，そういうのはちょっと違うんじゃないかと思ったんです。そういうのが私は嫌いだったので，そういうことではなくて，自分が思うようなデザインを自由にしたいなと思い，会社を辞めて独立することにしました。

問　「良いデザインとは何か」という問題があります。経済活動，仕事としてデザインをやっているわけですから，経済的に儲かればいいという立場もあるでしょう。また，デザインの依頼者の目的をきちんと，効率的に成就するものが良いデザインだとする立場もあるでしょう。ところが，依頼されずに作る，特定の目的もなく作られるデザインもあります。この場合，しばしば美しいものが良いというよう

に，美という価値の基準が持ち出されます。しかし，美は時代，国，文化によって変わるもの，人によっても違うものです。決して普遍的なものではありません。では，一体どのような基準に基づいて，良いデザインを判断すべきでしょうか。考えを聞かせてください。

🈁　なかなか難しいところだと思うんですが，デザイナーによって作家性を強く出す人と，全く無個性にデザインをする人と大きく2種類に分けられると思います。例えば私のデザインは，結構作家性が強いかなと思っています。デザイナーによっては，デザインには個性が必要ないという方もいるので，例えば身の周りにあるものを見回すと，朝起きて歯を磨く時の歯ブラシとかは，すごく良いデザインだと思いますね。

　身につけている筆記用具とか基本的なモノ，自分の身の周りにあるモノは，その人にとって良いデザインなのではないかと思います。

🈁　佐藤先生は高崎にお住まいですが，全国的な仕事を多く手掛けていらっしゃいます。高崎にこだわる理由や，高崎にいることのいい面，悪い面などについて教えてください。

🈁　そうですね，高崎だとデザインに関心のあるクライアントさんがあまりいらっしゃらないので，自分のデザインを必要としている方にめぐり会う可能性が，東京に比べればすごく少ないと思います。東京の方から依頼を頂いて，色々デザインを発表していく中で，それを高崎とか群馬県にいる方たちが，逆に見つけて頂いて，そこから連絡が来て「私も群馬県なんですけれども」という感じで仕事を依頼されることが最近増えてきましたね。高崎にいる理由というのは，元々群馬県出身で，電車に揺られたり人混みを避けて歩いたりするのは，どちらかというと好きではありません。周りに自然や緑がたくさんあるほうが，落ち着いてデザインができるのではないかと考えて，私は高崎でデザインをしています。

🈁　デザイナーとしてデザインをするために必要な道具，パソコンでやる時に必要なソフトなどについて教えてください。

🈁　今，映像を流しているソフトは，「モーション・ダイブ・トーキョー」という映像を流すソフトです。下に映像や画像がたくさん並んでいます。これらを読み込んで，マウスでひょっと載っけると映像が流れて，スキャン・コンバーターという画面をトリミングする機械があるんですが，それで今回はスライドにして見せていたんです。これらを作る実際のソフトは，アドビという会社の「イラストレーター」と，「フォトショップ」と，映像を作るソフトで「アフターエフェクツ」というのがあります。今回の画像なり，いつも普段やっているデザインは，その「イラストレーター」と「フォトショップ」で，ほとんどやっています。

第8章 映画と経済

大寺　眞輔

1. 映画批評家とは

　みなさん，こんばんは。今日は，「映画と経済」というお題目でお話しなさいと言われて来ました。映画批評家をやっている大寺です。まず最初に，この，映画批評家という肩書きについて，少しだけ最初にお話しようと思うのですが，皆さん，映画批評家って，いったいどういう仕事だと思われるでしょうか？

　わたしの場合，今回のように，大学の授業として皆さんの前でお話することも，普段から少しやってはいるのですが，それは必ずしも映画批評家の仕事ではありません。大学で教えるのは，大学教師としてやっているわけですし，あるいは，大学で何かを研究するのは，専門の研究者としてやるわけです。映画批評家が大学教師になって問題あるわけではありませんし，研究者の仕事をして不都合があるわけでもない。いえ，実際にはそういう仕事もしないとむしろ困ることが多いわけですが，しかし，それは映画批評家という職業を規定するような，つまり定義として要求されるような職務内容ではないとわたしは考えています。

　一方，さまざまな雑誌や新聞などのマスメディアで，映画についてあれこれ文章を書くこと。これはもちろん，映画批評家にとって重要な仕事の一部ですね。いや，外から見た場合，それこそが映画批評家という職業を定義するような活動であるかもしれません。しかし，それをもって映画批評家の定義とするのであれば，これはちょっと困ったことになってしまいます。

　と言うのは，映画について文章を書くのは，もはや映画批評家にのみ許された行為ではないからです。これは，メディアの側の変容に基づくところが大き

い問題であるわけですが，要するに，映画を見てそれについて文章を書くことなんて，マスメディアの中に自分の場所を持っていないような人であっても，たとえばブログを始めたり，ホームページを作ったりすれば，誰でもすぐにできることである訳です。もちろん，誰でも書けるからと言って，それがすなわち，「読むに値するような文章」を誰もが書けるということにはなりません。他人に自分の文章を読んでもらうには，それなりに芸というものも必要となりますし，あるいは，映画というのは100年を越える歴史を持った文化であり芸術でもある訳なので，ある一定の知識とか教養とか，鑑識眼のようなものが必要とされる場合もあるでしょう。もちろん，こういったものと全く関わりなく，個人の自己満足としてブログで文章を書くことも全く自由であるわけですし，それはそれで面白いことだと思うのですが，ただ一方で，こうして誰もが自由に映画について語ることができる状況が到来したという事実は，確実に，映画批評というものの成立基盤を脅かしていると思うのです。

　映画について誰もが書けるのであれば，たとえばそれが大新聞などに掲載されたものであるからといって，特にこれといって面白かったり刺激的であったりするところのないような文章を無理して読まなくても構わないじゃないか。確かにこれは事実だと思います。そして，それによってマスメディアの権威に保護されているだけのつまらない文章の多くが消えていってくれるのであれば，そんな素晴らしいことはないように思います。しかし，残念ながら，世の中はそのようには進んでくれないのですね。誰もが自由に文章を書けると言うとき，実は真っ先に消えていってしまうのは，映画と真摯に向き合って，その面白さを色んな方向へと開示してくれるような，つまり，本当の意味で「読むに値する文章」，書くのに時間がかかるような文章，こういったものであるのです。

　と言うのは，誰もが映画について文章を書けるというとき，その「誰もが書ける」という文章と「誰にでも書けるわけではない」という文章，これらの違いを明確に示すことが難しいという問題があるわけで，そうしたとき，映画と向き合う姿勢の「真摯さ」とか分析の鋭さ，文章の面白さと言った，本当に重

要であったはずの価値というものが，何よりもまずないがしろにされてしまうということがあるのですね。一般の読者に即席で分かるわけでもない価値の違いを生むという目的のためとして，映画批評というものは，ややコストパフォーマンスが悪いという言い方もできるでしょう。

　状況として，世の中に言葉があふれている，書き手があふれているという中で，その中から本当に良いものを探すというのは，これは実は，なかなか骨の折れる作業です。木の葉を隠すなら森の中に，というのと同じ理屈で，これはあまり効果的な選別作業とはならない。そうしたとき，では何がより簡便な基準となるかというと，たとえば，誰もがまだ見てはいない映画について真っ先に書くこと，レポートすること，要するに，マスコミ試写で映画を見て，それについて書くこと，宣伝することですね，これは映画批評家の仕事であるというよりは，いわゆるライターの仕事であると分類すべきでしょうが，こうしたものこそが，誰にでも分かる明確な分類基準となるわけです。

　マスコミ試写には誰もが行けるわけではない。したがって，そこで見た映画について雑誌や新聞で文章を書くことは，「誰もが書ける」ものとは異なる文章を書くことである。お分かりのように，これは文章自体の価値に基づくものでは決してありません。メディアなどによって保護された特権を享受することであり，それによって文章に価値を伴わせることであるわけですね。しかし，これは分かりやすい価値であるわけです。分かりやすい価値には，それに見合った対価が支払われる。したがって，ライターの仕事はそれなりに残されており，かなり厳しいとは言え，それでもまだ，経済的な活動として成立する余地がわずかながらも残されていると言える訳です。それに対して，映画批評というものは，誰にでも分かりやすい価値を即席で証明できるわけではない。その良さであるとか違いを明かしたてるためには，もう少し時間がかかるわけです。読み手に対しても，要求されるものがあるでしょう。こういったものは，現在の情報社会の中では，やはりなかなか難しい部分がある。今ここですぐに証明できるわけではない価値の違いというものは，現在の社会の中では，現実問題として，そんなもの全くなかったことにされる場合が多いのです。

映画批評家とライターというものには，元来，それほど明確な違いがあったわけではありません。ライター的な部分も請け負いつつ，言い換えるならば，その「おいしい部分」も曖昧に享受することによって，全体としてなんとかかんとか成立してきたのが，映画批評家という仕事であったように思うのですね。ところが，その「おいしい部分」だけを専門に取っていく人たちが増え，一方で，映画について文章を書くという行為自体に特殊性がなくなったというのでは，これは映画批評家にとっては，かなりつらい状況になったと言って良いでしょう。これが，映画批評家の直面している現実です。

　実際，映画批評というのは，現在，職業としては全く成立していません。たとえば，映画についての文章を専門に載せた雑誌が幾つか存在していますが，これらに文章を寄稿したところで，名誉とか本人の自己満足とか，そういった価値を除いた金銭的な報酬としては，これはもう，ほとんど無いに等しいと言って良いでしょう。実際，全く原稿料をもらえない雑誌というのもあります。多少もらえたとしても，その文章を書くための時間とか労力と比べるならば，これはもう，ほとんどお話にならない。マクドナルドでバイトした方が良い，と言うより，おばあちゃんの肩たたきでもした方がお金になると思います。だから，経済的には，もはや映画批評という行為は，少なくとも日本では全く成立していないと言って良いです。

　ここで，これが単に映画批評家という特殊な職業に従事する者にだけ関わる問題であるとしたならば，別にそんなことどうでも良いのだと切って捨てられるものなのかもしれません。わたしは映画批評家なのでどうでも良くないですが，皆さんにとっては，そんなことはどうでも構わないのだと，映画批評家などが専門的に請け負ってきた役割が，今やブログなどによって取って代わられたに過ぎないのだと，時代の移り変わりであると，そう言ってしまえるのかもしれません。しかし，そうではないわけですね。

　と言うのは，映画批評家というのは，映画についてあれこれ文章を書くという以上の役割を担っているからなのです。そして，これこそが，本質的に，映画批評家という職業を内在的に定義するものであると，わたしは考えていま

す。雑誌に原稿を書いていなくても，大学などで皆さんを前にあれこれお話していなくても，こうした役割をその人が果たしているのであれば，それは映画批評家と呼べる人であろうとわたしは思います。逆に言うと，いくらメディアで露出が多い有名人であろうとも，こうした役割をその人が果たしていないのであれば，それは映画批評家とは呼べないのではないか。少なくともわたしは，そう考えています。

では，映画批評家が果たすべき役割とは何か？　それは，映画批評家として映画を支えることです。

映画というのは，生きているメディアです。それは，さまざまな困難を抱えながらも，いまだ社会の中で一定の役割を果たし，存在感を持ち，影響力を行使するメディアであると思います。それは，能や歌舞伎のような古典芸能ではなく，絵画や小説よりも社会的なインパクトを持つことのできる，つまり，生きた芸術であるわけですね。音楽とは良い勝負じゃないかと思いますが，いずれにしても，かなり力を持った芸術であり，文化を作り上げてきた場所であるわけです。しかし，同時にまた，映画は，すでに生き続けることに困難を伴う芸術でもあるのです。映画が誕生して以来，まだ百年と少しの年月しかたってはいませんが，現在の世界の中を生き続けることに，映画は大きなトラブルを抱えてしまっています。映画は今や，そのありのままの姿では生きていくことができない。あるいは，生きていくことができたにしても，それがこの百年の間に積み重ねてきた美しさや伝統，様々な価値といったものを全て失う結果となってしまう。その全てを受け継いでいくことはできないにしても，しかし，全てを捨てて新しい世界に順応することだけを目的にしようというのでは，これはやはり，あまりにも問題が大きいと思われます。したがって，映画は今や，ある種の生命維持装置のようなものを必要としている。そして，映画批評家が果たすべき役割とは，この生命維持装置を発明し，そしてメンテナンスしていくことに関わってくるのです。

もちろん，映画批評家に映画の生命を維持させるだけの大きな力があるという訳ではありません。映画批評家にできることは，きわめて限られています。

そしてまた，映画批評家以外にも，実にさまざまな人々が様々な形で，同じ目的のために力を尽くしています。しかしながら，それとともに，映画批評家には映画批評家だからできるということも，やっぱりあるわけですね。映画批評家だからこそ果たせる役割というのも，間違いなくあるのです。

では，映画が抱える困難に対して，映画批評家が果たすべき役割とは何か？　あるいは，そもそも，映画が抱えている困難とは何か？　こういった話を，これからさせていただこうと思います。今日，ここまでの話はすでに，広い意味で，いわゆる経済的な価値に支配された世界の中で，では，映画批評家という仕事にはどういった意味があり，どういった困難を伴うものであるのかという話をさせていただいたつもりですが，同様に，ここから先も，大きな意味で，経済的な価値と，映画にとって本当に重要な価値という2つの軸に基づいてお話させていただこうと思います。

2. 3つの問題

ここで，一度，今回のタイトルに話を戻しましょう。今回，「映画と経済」というものを，お話のテーマとさせていただきました。では，映画と経済とはどのように関わりを持つか。そこには，大きく分類して，3つの問題があるように思います。

まず，映画を作るには何が必要かという問題。簡単に言うと，映画を作るには大勢の人間と多額のお金が必要であるわけですね。映画は，たとえば小説や絵画のように，紙と鉛筆さえあれば誰でもすぐに始められるという訳にはいかないわけです。ここでまず，映画は経済と関わりを持たざるを得ない。これが1つめ。

そして次に，映画をどのように作るかという問題。今日，映画の多くは何らかの物語を語るものであるわけですが，これは，そうした選択にも関わる問題となるでしょう。つまり，映画は別に物語を語る必要は必ずしもないわけです。にもかかわらず，大多数の映画が物語を語るのであるとするならば，その選択を決定しているものとは何か？　あるいは，その選択の内部にも，さらに

多くの制約と形式と枠組みが存在しているように思われます。映画は，こうした部分においても，実は経済と関わりを持っています。

最後に，映画で何を撮るかという問題。主題や内容，あるいは，具体的な映像とか音響に関わってくる問題ですね。ここでもまた，映画は経済と関わりを持つ。と言うか，もちろん映画はさまざまな物語を語り，さまざまなものをわたしたちに見せてくれるわけですが，それが一方で深く経済によって規定されているという前提によって，やはり経済というものが映画にとって大きな主題の1つとならざるを得ないという問題があるわけです。映画は，経済の内部に全て還元されてしまうわけでは決してありませんが，しかし，少なくとも片足はそこに置かれている。したがって，映画が誠実に何かを語ろうとすればするほど，自らを一方で規定しているそうした条件についても，映画は意識的でならざるを得ない，ということです。

今回の授業では，時間的な制約から，残念ながらこれら3つの問題全てについて十分にお話することはできません。したがって，ここでは最初の問題，つまり，映画を作るにはお金がかかるという問題を中心にして，あとの2つにも多少配慮しながら話を進めることにさせていただきたいと思います。

3. 映画の発明

ここで，少し映画を見ていただくことにしましょう。映画の発明者と言われるリュミエール兄弟が，1895年に撮った『工場の出口』という作品です。ごく短い映像の断片のようなものですが，これ自体が独立した映画の1本となっています。

上映1

　『工場の出口』

　La Sortie des usines Lumiere, 1895

　製作・監督・撮影：ルイ・リュミエール

今見ていただいた『工場の出口』という作品を含め，数本の映画を，一般の観客からお金を取ってリュミエール兄弟がはじめて上映したのが，1895年12月28日であったと言われています。そして，これをもって，この1895年12月28日を映画の誕生日にしようというのが，現在のところ，わりと一般的な支持を得ている映画の起源となっています。

　ただし，映画というのは，このリュミエール兄弟だけが発明したわけではありません。たとえば発明王のエジソンを含め，それまでにもリュミエール兄弟と近いシステムは，さまざまな国でさまざまな人々が作っていました。しかし，それでもリュミエール兄弟が映画の発明者と呼ばれることが多いのは，幾つかの根拠があります。

　まず，彼らが作り上げた装置の完成度がきわめて高かったこと。そして，一般の観客に向けて有料で，お金を取って上映したということ。そして最後に，それが大きな成功を収めたということです。中でも，あとの2つは，映画にとってとても重要なことであるとわたしは思います。つまり，一般観客に対して有料で上映して大きな話題を呼び，そして一定の収益を上げること，すなわち，興業として成立させることですね。映画は当時の科学技術の粋を集めた発明品であったわけですが，それだけではなく，同時に，見せ物の伝統とも深く結びついていたのです。

　もちろん，リュミエール兄弟がシネマトグラフを作り上げたときには，その発明品それ自体が人々の好奇心をそそる見せ物であったわけで，それに対して，現在では，映画がそれ自体として見せ物となるわけではなく，映画でどのようなコンテンツを見せるかという，その中身の方が中心にはなってきているわけではありますが，いずれにしても，映画はそれが発明された当初から見せ物と結びついた存在であったということは，やはりきわめて重要な事実であるでしょう。

　映画が見せ物であるというのは，その背景として，見せ物という文化や興業形態を許す社会的な条件が整っていたということでもあります。つまり，見せ物を見に行くだけの時間とお金の余裕を持った人々が都市と呼ばれる場所に，

当時,一定数存在していた,ということが言えるわけですね。この意味で,今見ていただいた『工場の出口』という映画が,そのタイトルの通り,工場の出口から出てくる人々を映し出していたのは興味深い事実だと思われます。これは,リュミエールが所有していた工場から出てくる従業員の姿を撮ったものであったそうですが,こうした工場のような産業システムが成立することによって,都市に多くの労働力が集中する,と言うことはつまり,都市に多くの人間が集まってくる,工場で働くことによって,多少はお金も持っている,休みもたまにある,遠くまで出かけるほどの時間も経済的な余裕もないけれども,たまには息抜きや娯楽も欲しい,そうした人々が都市にたくさん存在していたということが,映画にとって,きわめて重要な成立の背景であったと言えるわけです。

いわゆる,大衆ですね。大衆の成立が,映画の成立には必要不可欠であった。この意味で,映画は深く近代的な現象であると言えるように思います。それ以外でも,さまざまな意味で,映画は近代という時代と深く結びついているのですが,やはり,スクリーンを前にした多くの観客,つまり大衆に対して有料で上映するという,興業という形を映画が取ったことには,実に深い意味合いがあったということができるでしょう。

4. 夢の工場

さて,この工場という場所は,都市に大衆と呼ばれる人々を生み出していったということばかりではなく,それ以外にも,さまざまな形で,映画と関わりを持つようになります。と言うよりも,映画それ自体が比喩として,工場というものと深く結びつきを持つようになる。いわゆる,「夢の工場」と呼ばれるものです。これは主に,1940年代くらいを頂点にしたハリウッドにおける映画作りのシステム全体を指して,そう表現されることが多かった比喩であるわけですが,つまり,見せ物として出発した映画は,その延長として,芸術や文化であるばかりではなく,ひとつのすぐれた産業ともなったわけです。

ここで,1つだけ注意しておくべきなのは,もちろんハリウッドという場所は現在も存在していますし,また,そこで作られるアメリカ映画が,世界の映

画マーケットでもっとも多くの観客とお金を集めているのも相変わらず事実であるわけですが，しかし，ここで言われるような「夢の工場」としてのハリウッドと呼ばれるものは，すでに世界から失われてしまった，あるいは少なくとも，現在ハリウッドと呼ばれている場所は，かつて，1940年代を頂点に栄華をきわめていたハリウッドという場所と比べて，ある致命的な変容を被ってしまっている，ということがあるのです。

　簡単に言うと，その違いとは，それが工場であるかどうかです。かつてのハリウッドは，まさに工場であったが，しかし現在はそうではない。これが，両者の大きな違いなのです。工場であるとは，つまり，大量の従業員を雇い，管理者が品質をチェックしながら，一定のクオリティで商品を大量に生産していくシステム，それが成立しているかどうかということです。かつてのハリウッドとは，まさにそうした場所でありました。つまり，映画を撮る監督も，物語を作る脚本家も，出演する俳優たちも，あるいは作曲家や衣装，装置を作る人たちに至るまで，全てがスタジオに雇われた従業員であり，彼らの多くは，サラリーを支払われることで映画作りに関わっていたわけなのです。もちろん，作った映画がヒットしたとか，評価を得たとか，大衆に愛されるスターになったとかいうことによって，その報酬には大きな変動があったわけですが，しかし少なくとも，大前提として，彼らはスタジオに雇われた従業員であった。だから，彼らが個人として何を作りたいとかどんな映画に出たいとか考えたとしても，それを最終的にコントロールする権利を持っていたのは，工場としてのスタジオの側にあったということです。

　このあたりの事情は，現在では全く異なったものとなっています。かつて，こうしたスタジオとして存在していた会社，たとえばワーナーとかユニヴァーサルといった会社は，現在でも相変わらず存在しているわけですが，しかし，それはもはや，「夢の工場」として存在しているわけではない。つまり，現在のこれらの映画会社は，監督や俳優たちを従業員として雇い，彼らが作る映画を商品として，質量ともにコントロールしながら，その全体を統括するようなスタジオとして機能してはいないのです。

ところで，1950年代ごろから始まった，この大きな変容には，幾つかの原因がありました。ここで，その詳細に触れる余裕はないのですが，その中で，もちろん経済的な原因，たとえばテレビのようなライバルが登場したことによる映画界全体の産業としての行き詰まりは，1つの大きな原因となりました。

　ここで，また1本の映画を見ていただこうと思います。1941年にプレストン・スタージェスという人が撮った『サリヴァンの旅』というタイトルのアメリカ映画の，その冒頭の部分です。これは，いわゆる映画業界の内幕ものとも呼べるような部分を持った作品で，主人公のサリヴァンは，有名な映画監督という設定になっています。しかし，楽しいだけの娯楽映画ばかりを作るのにうんざりした彼は，何か社会的に意義のある作品を作りたいと考えるようになる。そういった部分から始まる映画です。

上映2

　　『サリヴァンの旅』

　　Sullivan's Travels, 1941

　　製作・監督・脚本：プレストン・スタージェス

　劇中劇が終わった後の本編は，たった2カットでしたね。いろんな状況とか設定が，あっという間に説明されて，重要な出来事が起こって，こういう部分からも，当時のハリウッド映画がいかに優れたものであったかということが分かります。

　いずれにしても，ここで主人公である映画監督のサリヴァンは，自分が本当に作りたい映画を作ることができないという問題に直面しています。つまり，工場の規格にあわない作品はお呼びでない，という話ですね。それと同時に，この夢の工場と呼ばれる場所で何不自由なく安楽に暮らしている彼には，世の中の苦労というものが本当には見えていない。そういう問題も提起されています。そこで，サリヴァンは，無一文の一般庶民として，世間の荒波にもまれてくることを決心する。ただし，これはある種の皮肉を伴ったプロセスであっ

て，最終的に彼は，夢の工場の中で作られている映画という娯楽が，生活の苦労やトラブルに疲れた大衆に対して，どれほど大きな喜びと娯楽を与えているかということに気づき，これまで撮り続けてきたような娯楽映画をまた作るためにハリウッドへと戻っていく，というのが，この作品の結末となっています。

　夢の工場としてのハリウッドという場所は，まず，創作者からその自由を奪うような装置として存在していたわけですね。その意味では，映画作りが工場で商品を作るような作業ではなくなったことが素晴らしいことであるかのように，皆さんは考えるかもしれません。そして，これにはもちろん一理あるわけですね。確かに，さまざまな才能を持った人間が，自分の資質にふさわしい作品を作ることのできる現在の状況は，歓迎すべきものであるようにも思います。しかし，ここにもまた，インターネットのような新たなメディアの登場と，それに伴う言説を取り巻く環境の変容の場合と似たような状況，すなわち，どこか逆説的な状況というものが存在しているのです。

　つまり，夢の工場は，確かに創作者からその自由を奪い取るような場所として存在していた。それはしかし，同時に，ある種の保護膜としても存在していたと言えるのですね。どういうことかと言うと，たとえば現在，映画というのは，1本1本，ひとつひとつが個別の作品として，単独で成立しています。つまり，同じようなものが大量にある商品の1つとして棚に並べられているわけではなく，いや，シネコンのような場所に行けば，今でもそのような形で映画は並べられているわけですが，しかし，作る側の問題としては，それは1本1本，一つひとつ個別の作品として成立していなくてはならない。つまり，その1本を作るためだけに，監督が雇われ，俳優が雇われ，脚本や音楽が書かれるわけです。その1本の作品のために，お金を調達し，人々が集められ，舞台が整えられ，そこで興行的にも内容的にも勝負しなくてはいけない。流れ作業の中の，マスプロダクトの一つとして，会社から与えられる枠の中でお馴染みの1本の映画を作ることはもはやできないのだ，ということです。

　ここで，ジャン＝リュック・ゴダール監督が80年代に撮った1本のビデオ作品を見ていただこうと思います。ゴダールの映画には，実にしばしば，お金の

問題に頭を悩ませる人々が登場するのですが，この作品では，先ほど見ていただいた『サリヴァンの旅』に登場したものとは全く異なる，現在の映画の世界に生きるプロデューサーと呼ばれる存在が描かれています。そのあたりに注目しながら，見ていただきたいと思います。

上映3

『映画というささやかな商売の栄華と衰退』

Grandeur et décadence d'un petit commerce de cinema, 1986

監督・脚本：ジャン＝リュック・ゴダール

　現在，映画のプロデューサーというのは，基本的にこういう存在であるわけです。つまり，会社のお金を使って，その範囲内で質量ともに安定した商品を供給し続けることを任されているわけではなく，1本の作品を作るために，どこからともなくお金を集め，人を集め，それが世間で話題になるような仕掛けを施し，作品としても商品としても成立させなくてはいけない。1本の映画を作ろうとするたびに，こうした努力の全てが一から必要となるわけです。

　ここには，実に大きな問題があります。大量生産品としてではなく，個別の作品として勝負というと，何か良いことばかりのような気もするかもしれませんが，実はそうではありません。映画作りというのは，お金も人手も膨大に必要となる，つまり，とてもリスクの高い作業であるのですね。リスクが高いと言うことは，すなわち分かりやすい結果をすぐに求められる。新しい試みがなかなかできない，ということでもあります。キャンパスを前にいつもと違った描き方を試してみたとか，いつもはギターで作曲するけど，今回はピアノを使ってみたとか，そういう試みがなかなかできない。かつて結果を出した実績のある方法を，繰り返し何度も求められる，そのことによって，映画作りに伴う高いリスクをなんとか軽減させようとする，そうした問題がここにはあるわけですね。

　これに対して，ハリウッドが夢の工場であった時代は違いました。そこに

は，もちろん工場の規格にあわない製品を作ることが難しいという問題もありましたが，しかし，逆に言うと，工場の規格をさえ満たしておれば，あとはかなりの自由が許される余地があった。あるいは，結果を残した実績のない新しい実験を試してみるだけの余裕のようなものも，そこには間違いなく存在していたのです。全体として自由がなかった時代の方が，むしろ個々の局面では自由が許され，逆に，全体としてたがが外れてしまった現在のような時代の方が，むしろ肝心な場面で不自由さに遭遇する場合が多い。映画もまた，そうした問題に直面していると言えるわけです。

　ここで，全体として「たがが外れてしまった」というのは，なにも映画の資金面にだけ関わる問題ではありません。これは，今日の話の前半で，映画と経済の関わりには大きく分けて3つの側面があると言ったもののうち，2つめに分類することのできる話であって，したがって，今日はあまり詳しくお話することはやめておこうと思うのですが，簡単に言うと，夢の工場と呼ばれたハリウッド式の映画作りというものは，基本的に，物語を語ること，それも，いかに効果的にそれを語るかという命題を中心にしながら，ある特殊な形式を作り上げたと言えるように思います。

　特殊な，と言うのは，それが必ずしも必然であったというわけではないにもかかわらず，いったん形式として成立した後には，それがあたかもきわめて自然なものであったかのようにも見えるような，あたかも，映画が物語を語るためにはそれ以外に方法がなかったかのようにも見えるような，1つの実に見事な形式を作り上げた，ということを意味しています。そして，物語を中心に，それをいかに効果的に観客に伝えるかという命題を基礎にして作り上げられた1つの形式があるとして，その命題のことを，映画の物語経済と呼ぶことがあります。これはつまり，いかに経済的に，効率よく物語を観客に伝えるか，要するに，映像の華々しさとか凝った作りの細部とかに拘泥することなく，全体として，いかに映画というものが透明に物語へと奉仕できるかという命題であって，もちろん物語を語るのが映画というものの特権ではありませんし，良い物語を語ったからそれがすなわち良い映画であるということにはならないの

ですが，しかし，物語を語ることに奉仕しようとする姿勢を通じて，映画は1つの古典的な形式を獲得したのだとも言うことができるのです。

現在の映画は，こうした2つの意味において，経済的な「たがが外れてしまった」状況の中を生きて行かざるを得ません。すなわち，夢の工場で大量生産される商品の1つとして映画を作るわけではなく，また，その夢の工場において古典的な完成を見た物語経済の内部において映画を作り続けるわけでもない。と言うのは，映画は生きている芸術であり，現在の自らを取り巻く状況がいかに不都合なものであったとしても，それを率直に引き受けて，その中で新しい作品を作って行かなくてはいけない，新しい地平を切り開いて行かなくてはいけないからです。

夢の工場という場所が失われてしまったにもかかわらず，そこで作られた古典的な形式の内部に踏みとどまって映画を作り続けることは，もちろん，それ自体として非難されるものでも決してありませんが，それはしかし，ある種のノスタルジーだと思います。ノスタルジーを感じさせる作品があるのは結構ですが，全てがそうでなくてはいけないという主張は，生きた芸術である映画にとってふさわしい態度であるとはわたしは思いません。映画はやはり，いかに困難なものであるとは言え，その困難を引き受けて新しい作品を生み出して行かなくてはいけないのです。

ここで，夢の工場であるハリウッドに対する，この二重の意味での距離感というか，つまり，それがもはや自らとは決定的に異なったものであるという事実を前提にしながら，同時にオマージュを捧げてもいるような，一本の映画を見ていただこうと思います。ヴィム・ヴェンダースが1982年に撮った『ことの次第』という作品の一場面です。

この作品は，当時，『ハメット』という作品をアメリカで撮っていたドイツの映画監督であるヴェンダースが，プロデューサーであったフランシス・コッポラとの軋轢などを踏まえながら撮ったと言われる作品で，物語的な展開はあまりないのですが，基本的に，ヨーロッパの映画監督がアメリカ資本で白黒映画を撮り始める，しかし，ポルトガルで撮影を始めたとたん，プロデューサー

がいなくなってしまう，そのプロデューサーを捜して，映画監督はロスまでやってくるという感じで，見ていただく場面は，おそらく映画作りのための資金調達に伴うトラブルから，いまや何者かに命をねらわれていて常にトレーラーで移動し続けなければ殺されてしまうというプロデューサーに，その映画監督がようやく再会した場面です。

上映 4

『ことの次第』

Der Stand der Dinge, 1982

監督・脚本：ヴィム・ヴェンダース

　深い混迷と疲労感，そして停滞した状況のようなものを感じさせる場面であったと思います。続いて，この後に続く場面を見ていただきます。トレーラーの中で一夜を過ごした 2 人が外に出てきて，別れを告げようとする場面です。

上映 5

『ことの次第』

Der Stand der Dinge, 1982

監督・脚本：ヴィム・ヴェンダース

　はい。何者かが放った銃弾がプロデューサーを背中から撃ち抜く。それに対して，カメラを銃のようにして構えた映画監督もまた，何者かの銃弾によって殺されてしまう。これ，大学生時代に見て，わたしがものすごく影響を受けた場面でした。誰が彼らを殺したのか，映画では最後まで分からないわけですね。一応，急発進する車のようなものは映っているわけですが，それが犯人の車かどうかは分からないし，誰が乗っているのかも全く見えない。誰が銃弾を放ったのか，全く分からない状況の中で，それでも映画監督はカメラを向ける

しかないわけです。これは，先ほどお見せしたその直前に置かれていた場面とあわせて，おそらく，現在の映画が置かれた状況の，その率直な姿を映したものであったのではないかとわたしは思います。

　すなわち，ハリウッドはもはや夢の工場ではなくなってしまったわけですね。スタジオシステムというのは，もはや存在していない。そして，現実に対する保護膜としても機能していたスタジオがなくなってしまった後，映画はもはや，現実というものの中で，それとダイレクトに肌を接しながら作られるより他ない。そして，夢の工場の中で作り上げられた映画の古典的な形式の内部にも，映画は踏みとどまっていることができない。そうした時，現実という場所は，しかし，映画にとって都合の良いものでは必ずしも無いわけです。つまり，映画が自らの持つ手段によってそれを把握しようとする時，現実というのは，必ずしもその中で見えてくるものであるとは限らない。たとえば，現実というもののある種の側面が，経済的な要因によって左右されると言うとき，その経済のダイナミズムというものを，映画は直接とらえることができないのです。もちろん，経済的な原因によって発生するさまざまな現象や問題を描くことはできますし，それは常に，映画にとって大きな関心の対象でもあると思います。しかし，映画というメディアは，根本的な問題として，絵と音によって成立しているわけです。どのような映像とどのような音響を作り上げるか，これが映画というメディアが持つ最大の武器であるとして，しかし，その武器によっては到達することのできない問題というものが，現在の世界の中では，ますます重要な位置を占めてきているとも言えるのですね。先ほど見ていただいた映像のラストで，映画監督がただ闇雲にカメラを銃のように構えていた場面には，このような意味があったのだとわたしは思います。

　ここで，現在の世界の中で重要な多くの問題，たとえば経済的な変容がもたらすダイナミズムについて，映画が必ずしも効果的な武器とはならないという問題に関して，これを最初に提示した3つの分類の3番目に当たる問題として，すなわち，映画が経済をどのように語るか，主題化するかという問題に沿ってお話することができるように思います。そして，これまた時間の制約か

ら，今回はそれを詳しく述べることができませんが，おおざっぱに言うと，これは必ずしも映画にのみ固有の問題ではない，という事実があるように思います。言い方を変えるならば，現在の世界を動かすダイナミズムは，どこかで，わたしたち人間が持つ目や耳の機能を裏切るような側面を持っている。そして，その齟齬や行き違いというものを媒介としつつ，目や耳の機能に基づくメディアである映画は，正面からではなく，いわば背中の側からではありますが，現在の世界の問題とか経済的なダイナミズムに関わる問題と関わりを持つことができる。あるいは，それを主題化することができるとも言えるように思います。ちょっとややこしい言い方をしてしまいましたが，今回はこれ以上詳しく述べる余裕がないので，このあたりで勘弁してください。

5. 映画批評家の役割

　再び，最初にお話した問題に戻ろうと思います。いずれにしても，夢の工場であるハリウッドから離れた映画は，現在，大きな困難の中で生きて行かざるを得ない。さまざまな側面において，深刻なトラブルを抱えながら，先の見えない状況の中を進んで行かなくてはいけないという問題についてお話してきました。そして，このとき，映画にとって最大の問題となる困難の1つは，そこに継続性がないということになると思います。

　つまり，夢の工場があった時代には，たとえば3本映画を作るうち，1つヒット作を生み出して，1つそこそこ無難な作品を作っておけば，もう1本くらいは失敗した作品があっても大丈夫だったわけですね。不良品というと言葉が悪いですが，しかし，新しい実験というのは，常に失敗を生み出すものでもあるわけです。これまでにない新しい何かを作り出そうとするとき，人はやはり，必ずしも成功するわけではない。というより，多くの失敗を積み重ねて，そこでようやく手にすることができるものを求めて，多くの映画監督と呼ばれる人たちは，映画を作り続けている筈なんですね。そうしたとき，現在のような状況は，映画にとって，やはりあまりにも不都合なものだと言って良いでしょう。1本1本の映画が，それ単体として勝負しなくてはいけないようで

は，そこに新たな実験とか，これまでの限界を踏み越えようとする冒険が許される余地が全く無くなってしまうからです。たまに失敗しても大目に見てもらえるような，ある一定のタイムスパンを伴った余裕とか継続性のようなものがないことは，映画のような芸術にとって，致命的な問題になるとわたしは思います。そして，映画批評が関わりを持つのは，こうした部分なのではないかと思います。

　たとえば，夢の工場としてのハリウッドが衰退するのとほぼ同時期に，映画批評の分野では，作家主義と呼ばれる傾向が強まってきました。これは，映画作品の背後に映画監督という1人の作家を見いだそうとする批評の傾向であって，現在に至るまで，かなり強い影響力を持って，さまざまな国で行われているものです。ところが，この作家主義と呼ばれる映画批評の傾向，一部ではとても評判が悪いのですね。というのは，たとえば記号学とか構造主義と呼ばれる思想が生み出された結果として，作品の背後にその超越的な意味の担い手としての作者という存在を置くという考え方が，やや古めかしいものとなってしまったという事実が1つ。また，映画作りというのは集団的な作業なのであって，監督という単一の存在にその全ての原因を求めることはできないという事実がもう1つとしてあるように思います。

　もちろん，これらはともに，正しい主張であろうと思います。しかしながら，同時に，それじゃなかなか厳しいという率直な現実がある訳なのですね。確かに，映画の作家主義には多くの場合，あやまちとか嘘なんかが含まれてしまう。しかし，だからといって，作家を媒介に映画を語ること全てを否定してしまったのでは，映画批評だけではなく，映画そのものがかなり厳しいことになってしまうのです。

　つまり，作家主義というのは，「夢の工場」が失われた現在にあって，映画にある種の継続性を再び持ち込むための装置でもあるわけですね。つまり，この作家は面白いから，ちょっとつきあってあげましょうよ，と，そういうことです。いろいろと実験もするし，その過程で失敗作も撮るかもしれないけれども，それを含めてこの監督の映画にしばらくつきあってあげましょう，それだ

けの価値はある人ですよ，と，そういうことです。もちろん，現在の映画の中に継続性を持ち込むための装置としては，作家主義以外にも幾つかの可能性があるでしょう。しかし，圧倒的な事実として，作家主義ほど成功を収めたものも，他には1つとして存在しなかったという現実もあるのです。だから，確かに間違いや嘘も含まれる場合が多いけれど，それでも全てが無価値であるわけではないし，それによってはじめて開示される映画の魅力というものも，まだまだこの場所にはたくさん残されているのだし，といったような理由から，わたしは作家主義というのは，まだまだ役に立つ，利用しない手はない1つの批評的な武器であろうと考えています。

　で，こういうことを考えるのが，映画批評家と呼ばれる人の仕事であるわけですね。すなわち，現在の世界の中で，どうやって映画を維持していくか，いかにして，それを成立させていくことができるのか。映画はもはや，夢の工場のオートメーションの中で作られているわけではありません。それは，わたしたちと同じ現実の中で，わたしたちと同じように先も見えないまま手探りで作り続けられるより他ない。しかし，それがいかに事実であったにしても，それをそのまま全て容認して，あるがままの状態に任せていたようでは，映画はもはや現実の中で足場を失ってしまうことになる。夢の工場が失われてしまった中で，映画は今どこにあるのか，それはどういった形で現実と関わりを持ち，わたしたちにとって意義深い存在であるのか。こうしたものを言葉として示し，明確な形で再提示していくような人が，そこではどうしたって必要となるのです。そして，それこそが，映画批評家と呼ばれる人たちの仕事であろうと，わたしは考えています。

　映画を支えるための装置を発明し，それをメンテナンスしていくこと。その装置とは，別に先ほど触れた作家主義だけにとどまるものではありません。しかし，どんなものであれ，それは有効な装置でなくてはダメなのです。役に立つものでなくてはダメなのです。そうしたものを探し続け，維持し続けること。これこそが，現在の世界の中で，映画批評家と呼ばれる人たちが果たすべき役割ではないかとわたしは考えています。

質問箱から

問 先生の映画批評家としての最終到達地点は何ですか。

答 自分が生きている間は,自分の役割を果たすということでしょうか。まず,映画を無闇に死なせないこと。いまや映画というのは,本当に放っておくと死んでしまう,そういうメディアだと思うんですよ。DVDやビデオで家で映画を見る,わたしたちが生きているのはそういう時代だと思うし,むしろそうした方がわたしたちのライフスタイルに合うような気がします。ただし,そうすると,その中で失われてしまうものがあると思うんですね。映画というのは,そうした中で,部分的には死んでいきます。時代に適合せず,不必要なものとなったのであれば,確かに死んでいくのも仕方のないことなのかもしれません。しかし,本当にそう言い切ってしまって良いのでしょうか。勢い余って,本当は今の時代にこそ重要かも知れないものまで,一緒に死なせてしまいつつあるのではないでしょうか。映画批評家は,こうしたことを考える必要があると思います。そうした中,ある場合には映画を支えなくてはいけないこともあるでしょうし,また別の場合には,その新しい役割について考えなくてはいけないかも知れません。いずれにしても,現在のわたしたちを取り巻く世界を出発点にしつつ,そこで映画にはそれでも何ができるのか,映画はそれでも重要なものなのか——わたしは重要なものだと考えています——では,それは何故なのか,それをどういう言葉で表現すればいいか,どうやって他人に伝えていけばいいか,こうしたことを考え,考えるだけではなく実際に行動に移すのが映画批評家の仕事だと,わたしは思います。そして,これは1人だけで,一つの時代や世代だけで完結するものではなくて,後に受け継いでいくしかないものだろうと思います。1人の映画批評家として何かを最終的に達成するのではなくて,ある種,歴史の中で自分の役割を果たしつつ,ある段階で次の方に「じゃ,後はお願いしますね」と受け渡す,そういうものだと思います。

問 映画がこれまで時代背景や人々のニーズの変化によって変容してきたことはよく分かったのですが,今後映画はどのように変容していくのでしょうか。

答 大きな問題ですね。軽々しいことは言えないですが,映画自体が人々のニーズに合わなくなってきている,映画館に映画を見に行くというのが私たちのライフスタイルに合わなくなってきているということは,やはり間違いなくあるでしょう。たとえば昔だったら,2本立て,3本立ての映画を見に行って1日過ごす,それで帰ってきて「今日のは楽しかったね」と,それが大学生くらいの人たちの楽しみとしてあり得たとして,今はそういうことをする大学生ってあまりいないでしょうし。映画館で1日過ごして,それで「楽しかったね」というようなライフスタイル

はなかなか一般的なものとして成立しづらい。そうすると，その中で撮られる映画ってやっぱり違ってきちゃうわけですよ。たとえば1本の映画で，3時間，4時間の映画というのは成立しづらい。上映時間というのは，映画にとって重要な問題です。映画というのは別に1時間半とか2時間じゃなくてもいいんですよ。10分でも構わないし，五時間でも構わない。そうした自由な幅の中で撮られるべきものです。だからこそ，いろいろな冒険ができるし，3時間だから，5時間だからこそ撮れる映画もある。そこではじめて見つかるような映画の形式や新しい実験もあるように思います。

ところが，そういう映画が人々のニーズに合わない，1時間半の映画を撮らなきゃいけないとなると，これは映画にとってものすごく大きな制約となります。そればかりでなく，さらにパソコンで見ることのできるネットムービー，あるいはケータイで見ることのできるムービーとかになってくると，これはもう，1時間半でもとんでもないということになります。たとえばケータイで見る動画なんて，もっと短くないと駄目ですよね。1時間半もあの小さな画面をじっと見ているなんて不可能ですよ。そうすると，たとえば5分とか10分とか，そういうものになってしまう。時間ばかりではなくて，映像的にも音響的にも，とんでもない制約の下に作らざるを得なくなる。

だから，問題はメディアなんです。どういうメディアが登場し，人々の関心をとらえ，ライフスタイルを変化させているか。そのメディアと人々がどうつきあっているか。それに映画も影響を受けざるを得ない。今，メディアは，非常に大きな変容の時期にあると思います。まず，映画館という存在が時代遅れになってしまった。テレビが登場し，ビデオやDVD，そしてパソコンやインターネットまでが普及しました。その中で，映像を再生する装置が，映画館という建物から家庭の中に侵入し，さらにはケータイによって持ち運び可能なものとまでなってしまった。たとえば皆さんが今一番よくつきあうメディア，映像・音響メディアというのは，やっぱりパソコンとかテレビ，いや，テレビの前に座るのさえ面倒くさい，ケータイで全部すましてしまいたい，ということになりつつあるのかもしれません。余談ですが，ゲームなんかもそうみたいですね。テレビにつなぐ据置き型のものから，持ち運び可能な携帯型のものへとどんどん移行しているみたいです。こうした中，では，映画はどうすればいいのか。どうしたものとして存在し得るのか。映画館の大スクリーンで見るものだけが映画だと言い続けているべきなのか。もちろん，そこには重要な価値があるとわたしは思いますが，しかし，時代に逆らいながら，それだけを言い募っているべきなのか。逆に，ケータイに収まるよう，自分自身をラディカルに変容させていけばいいのだろうか。

ここで簡単に結論を述べることはできませんし，どんな予測を述べたとしても，

それは必ず間違いだろうと思います。いずれにしても，こうした振幅の中で，映画自体が試行錯誤していかなくてはいけないということですし，それはすなわち，映画に関わるわたしたち自身が試行錯誤し，さまざまな試みと努力と間違いを積み重ねていかなくてはいけないということだと思います。

第9章 ワークライフバランス
──男性と育児──

田尻　研治

1. はじめに

　皆さんこんにちは。ご紹介にあずかりましたキャリアネットワークの田尻研治と申します。どうぞよろしくお願いいたします。

　タイトルに「ワークライフバランス──男性と育児──」とありますけれども，皆さんにちょっとお聞きしたいのですが，この「ワークライフバランス」という言葉を以前どこかで聞いたことがある方がいらっしゃったら，ちょっと手を挙げていただけますか。最近，時々耳にするようになってきた言葉です。仕事と生活との調和，さらに言いますと，やり甲斐のある仕事をしながら充実した生活を送るといったものです。

　皆さんも近い将来，就職されます。ですけれども，1日中仕事だけという方はいません。やはり仕事とそれ以外の私生活の両方とで1日が成り立っているので，育児・家事を含む生活と仕事との調和が大切になってくるわけです。こうした調和は，以前は女性特有の課題と言われておりましたけれども，これは男性にとっても大切じゃないか，そのように考えられてきたのが今日的なところであります。

　最初に，私，田尻の簡単な経歴についてお話させていただきます。アメリカ系の石油会社でエッソ石油，今は「エクソンモービル」という社名になりました石油会社で，ジェット機のエンジンオイルなどをつくったり，分析したり，試験をしたりするエンジニアを30年ほど務めてまいりました。社内結婚の妻との間に娘が2人おります。そこを3年ほど前，早期退職いたしまして，現在「キャリアネットワーク」という会社に所属しております。様々な企業とか大学に出向きまして，人材育成の話やキャリア・アドバイスなどを行っておりま

す。きょうのタイトルにもあります「男性の育児」について考えるグループで「育時連」というのがありまして，これは日本で男性の育児を扱う恐らく唯一の市民団体だと思いますけれども，そこに所属して，活動を行っております。これは私のライフワークになっています。

　男の育児と言っても皆さんにはなかなかピンと来ないのではないかと思います。中にはおられる方もいるのかもしれないですが，まだお子さんも，第一結婚もまだだろうと思います。それできょうはあまり抽象的な難しい話ではなく，私自身の生活体験，またキャリア・アドバイス，育時連の活動などを通じて見聞きしてきた具体的な事例，皆さんが自分の将来の生活を具体的にイメージできるように，そういう事例などを数多く話させていただきたいと思いますので，どうぞリラックスして聞いていただけたらと思います。

　キャリア・アドバイスを企業に出向いて行うのですけれども，キャリアと言うからには，仕事の話が当然出ますが，時には，生活（ライフ）まで及んだ話が出てきます。そこでの話を皆さんに2つほど紹介したいと思います。

　最初は男性の例です。メーカー勤務の30歳代前半の男性，こんな話がありました。「仕事は意欲的にやれている。ただ，帰宅が遅く，11時を回ることも多い。子供ができたばかりの妻をフォローしてやれず，それが元で数年前，妻子と別れた。今，新しい家庭を築こうという人がいるが，不安もある」。やり甲斐のある仕事は手に入れているけれども，あまりそれに偏ると，充実した生活が送れなくなる，そういった一例であります。私は彼に，「ワーク（仕事）とライフ（生活）との調和（バランス）が大切だ」と，まず話させてもらいました。そして，彼の生活を変えていくべく，さらに踏み込んで，「妻と夫婦間のコミュニケーションがとても大切です，きちんと取るように努めましょう。週の少なくとも半分は，遅くとも8時までには帰宅するようにしましょう。そしてお子さんが生まれたら，それを3回，4回，増やしましょう」。現場においてワークライフバランスの話は，このように具体的に話していかないと，力を持ってきません。

　もう1つの例は女性の方です。これは結婚して数年過ぎた働く女性に共通し

た悩みなのですが,「子供を持ちたいと思うけれども,仕事と子育て,どちらも中途半端になりそうで決心がつかない」というものです。私は彼女に「両立は大変だけれども,あなたならできます」と,まずエールを贈ることによって,彼女の背中を押すことにしています。そして,「お子さんが生まれたら,何でも1人でやろうとしないこと,あなたが潰れてしまうから。夫の協力が不可欠です。彼にも少なくとも週の半分ぐらいは夕食時までに帰って,一緒に育児・家事をやるように覚悟してもらいましょう」。このように両立へ向けてのポイントを話させてもらいます。それを聞いた彼女は,目を輝かせて,これから向かう難事業に夫婦一体となって取り組んでいこうと決心するわけです。

　ところで,一方,日本で女性は,お子さんが生まれますと,家庭に入って子育てするため,約7割もの女性が職場を離れてしまいます。女性がやり甲斐のある仕事を続けながら充実した生活が送れるかどうかのポイントは,パートナーの夫が自らの生活においても仕事一辺倒じゃなくて,ワークとライフのバランスの取れた生活を実践できるかどうかにかかってくるわけです。そういうところに,きょうお話していく男の育児の意味合いがあります。

　きょう1時間足らずの講座ですけれども,皆さんが将来,男の育児を含めて,自分はどういう生活(ライフ)を送りたいのか,講座を通じて,できるだけ頭の中でイメージし,デザインしていただきたい。きょうは皆さん150人ぐらいおられるとすれば,送りたい生活は150通りあると思いますけれども,ぜひそれをよろしくお願いいたします。

2. ワークライフバランスを考えてみよう

　ワークライフバランスとは,やり甲斐のある仕事をしながら充実した生活を送る,こういった生き方を目指す考え方です。1990年代後半,アメリカでは不況が続き,企業もリストラが頻繁に行われていました。アメリカにおいて社員のモラールは非常に低下してまいりました。そのとき企業(会社)が経営にワークライフバランスを取り入れると,それによって社員の満足度は向上し,それと同時に企業の業績もアップしました。その後,世界に急速に広まった考え方

であります。最近似たような経済状況にあります日本において，政財界中心となって，このワークライフバランスが大変注目を集めてきております。

　ここで，ここ50年ほどの日本の経済の動きを見てまいりたいと思います。高度経済成長時代が続き，74年ぐらいにオイル・ショックそれ以降，成熟期（安定期）に入ります。そして91〜92年にバブルがはじけましてから低成長時代，現在に至っているわけであります。50年ぐらいの間に，かなり激しく日本経済は動き，変化しております。ちょうどこれに呼応するかのような，歩調を合わせるかのようなある動きがありますので，ご紹介します。

　「仕事と余暇の関係に対する考え方，男性の場合」です。仕事はワークですね。余暇というのは，ライフと若干ニュアンスは異にしますけれども，この場合はほぼ同じであると考えていただいて結構です。したがって，ワークとライフに関する男性の意見と考えてください。3種類ありまして，ご紹介しますと「仕事志向」，これは余暇も時には楽しむけれども，仕事の方に力を注ぐんだ。

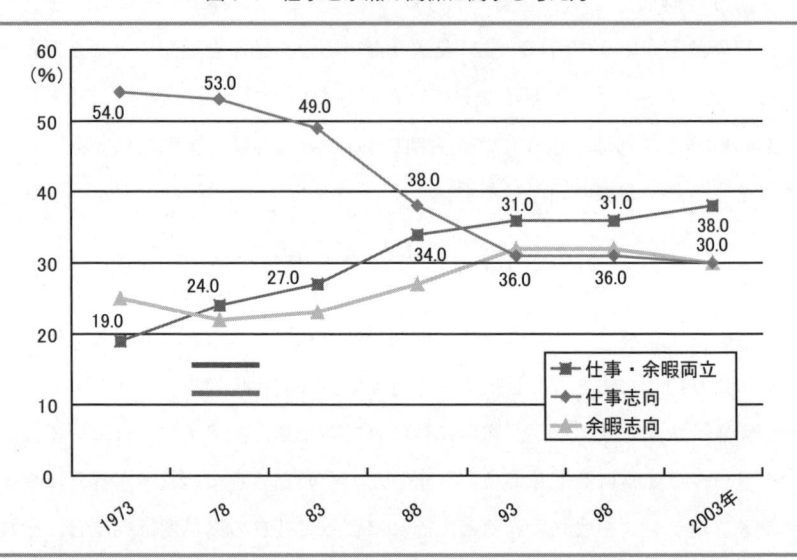

図9-1　仕事と余暇の関係に関する考え方

年	仕事志向	仕事・余暇両立	余暇志向
1973	54.0	19.0	25.0
78	53.0	24.0	22.0
83	49.0	27.0	23.0
88	38.0	34.0	27.0
93	31.0	36.0	31.0
98	31.0	36.0	32.0
2003年	30.0	38.0	30.0

（出典）　NHK放送文化研究所（2003年10月）

仕事に生き甲斐を求めて全力を傾ける。次は「仕事と余暇の両立志向」、仕事にも余暇にも同じぐらい力を注ぐ。そして最後は、「余暇志向」、仕事よりも余暇の中に生き甲斐を求める。仕事はさっさと片づけて、できるだけ余暇を楽しむ。図9-1を見ていただくと、おわかりになると思いますが、高度成長時代は、圧倒的に「仕事志向」が高かったんですね。ところが成熟期（安定期）に入っていき、どんどんその仕事志向が下がってきて、逆に「両立志向」が目立ってきます。それでちょうど「仕事志向」と「両立志向」が合致するあたりでバブルがはじけて、低成長時代に入るわけであります。

それで現在どうなっているかというと、約40％が「両立志向」です。「仕事志向」と「余暇志向」が30％ずつ、合計100％ですけれども、注目していただきたいのは、経済の動きにこれだけぴったり合わせるようにワークとライフに関する男性の意識が変化してきていることです。このことを考えていただきたいと思います。

そこで皆さんに聞いてみたいのですが、皆さんは、この3種類のうち、どれか。自分は「仕事志向」だという人。自分は「両立志向」だという人。圧倒的に両立志向が多いですね。それでは「余暇志向」の人。これも結構多い。思ったより「仕事志向」が少ないですね。いい傾向なんでしょうかね。

この章では、ワークライフバランスとは、不況の中のアメリカから起こった考え方で、その立ち直りに一役かったのだということ。そして日本の経済の動向に合わせて、高度成長時代は仕事志向が圧倒的に高かったけれども、だんだんワークライフバランス重視、両立志向へと男性の意識が変わってきて、今や両立志向が主流なんだということ。そのような話をさせていただきました。

3. 男性の育児参加（意識と実態）

男性の育児参加と言っても、事の起こりは結婚からだと思います。小倉千加子さんという作家の方を皆さんご存じでしょうか。彼女は女子大の講師をなさっておりまして、昨今の女子学生の気質に大変通じた方でいらっしゃいます。彼女の書かれた『結婚の条件』（小倉千加子著、朝日新聞社、2003年）と

いう本がありますが，その中から女子大生の結婚願望という一節を要約してここで紹介させていただきます。

「私が結婚相手に望む経済力はそんなに大きなものではない。ただ私と子ども2人が安心して暮らせる程度。子どもには小さい時から習い事をさせてやりたい。お金がないからといって子どもに惨めな思いをさせるのだけは絶対にいやです。子ども2人には私大に行かせてやれるくらいの給料は求める（私もそうしてもらったから）。月1回は外食（レストラン），年に1回は海外旅行に行く。そういう程度の経済力です。玉の輿願望はない。私の両親が夫の両親に肩身の狭い思いをするのはいやなので，軽い玉の輿程度で十分。勿論夫はまじめに働く人でないと困る。ちょっとの嫌な事で会社を辞めたりされると，とても困るから」。女子大生の多くが語るこうした結婚願望を男子学生に紹介すると，教室中に'冬虫夏草'みたいな菌糸状のような物が浮遊し，男子学生は漫然とした怒りと不安めいたものを感じる。――」

図9-2　冬虫夏草

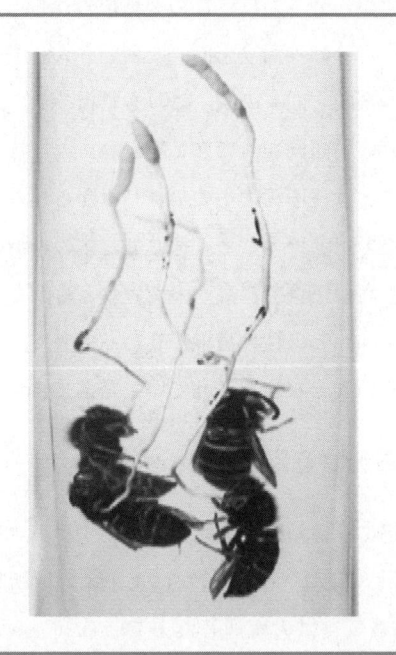

（出典）東北大学総合学術博物館　写真：菊地美紀

皆さん，この本で小倉さんが語っている女子大生が結婚相手に求める経済力と，それを重荷に感じる男子学生の戸惑いは理解できますでしょうか。

この文中の「冬虫夏草」というのは，中国で古来より珍重されている健康維持素材として有名なキノコの一種。特徴は，様々な昆虫に寄生し，ついた昆虫を腐らせずにミイラのようにして，外敵から自らを守りなが

ら菌糸を増殖させる力を備えています。ちょっと珍しい映像なので今日持ってきたのですけれども、昆虫に寄生したこれが冬虫夏草です（図9-2）。昆虫はたぶん蜂です。ここでは冬虫夏草が女性で男性が寄生される昆虫（蜂）といったところです。そう言うとここにいる女性の方に怒られそうですけれども。

私，30年ほど前，新入社員で会社に入った当時，周りを結婚適齢期の女性に囲まれまして，この男子学生と似たような不安というか、とまどいを覚えたのを記憶しています。私は結婚願望はありました。しかし「よし，おれが妻子を食わしてやるんだ」という，いわゆる男の甲斐性がどうしても体の中から湧いて来なかった。そのとき，私はふと結婚というのは扶養することなのかなと思ったんですね。結婚イコール夫が食わせる，扶養する，すなわち生活の世話をして養うことなのかなと。それで結婚しても働き続けそうな女性，また，子供が生まれても働き続けるような女性はいないものかと，会社の中を隈なく見たんです。そうしたら，そういう匂いをぷんぷんさせている女性がいた。それで，私はつかつかと歩み寄ってプロポーズしました。それが今のかみさんです。それで，彼女に「君も働き続けなよ，僕も育児・家事をやるよ」となったわけです。

先ほど男性の意識変化を見てまいりましたけれども、今、企業で働かれる男性でお子さんが生まれると「よしおれも育児休業を取って、育児をやるぞ」という人がどれぐらいいると思いますか。約5割，育児に参加したいという男性がいるんですね。そのうちの1割は，ぜひ育児休業を取りたい。びっくりするぐらい育児参加への意識が高い。

ところが企業の雰囲気はどうか。企業の中で「非常に男の育児休業を取得しづらい雰囲気がある」そのように答えた人も5割いるんですね。そして，「やや取得しづらい」といった人が3割います。ですから、合計8割の人が、自分の職場は男の育児休業を取得しにくいと感じている。女性の育児休業を取得しにくい人が2割ですから、男性の8割というのは非常に高いです。

こういう雰囲気の中で、男性で実際に育児休業を取得した人は、どれくらい

いると思いますか,皆さんもどこかで数字をご覧になったと思いますけれども,男性の取得率は0.5%です。200人に1人です。ですから,この会場・教室で1人いるか,いないかです。女性の取得率が72.3%ですから,男性の0.5%は極めて低い。世界で見てみますと,ヨーロッパは高いです。世界で一番と言われているのはノルウェーです。私も97年に10日ほど視察に行ってきましたけれども,90%以上の男性が育児休業を取っています。そうなってくると,男の育児は日常的な光景ということになってきます。

私がこの話の中で挙げる数字の多くは『男性の育児休業』(佐藤博樹・武石恵美子共著,中公新書,2004年)という本に書かれていますので,さらに勉強したい方は,ぜひ手に取って読まれることをお勧めします。

それでは,どうしてこんなに男性の育児休業というのが難しいのか。様々な理由があると思いますが,大きくは2つあります。そのうちまずひとつは自らの意識の中にあるんです。私はキャリアアドバイザーとして大学に出向いて学生たちに「共働きの是非」について討論していただくんですね。そうすると,半分以上の男性がこういう意識を持っているんです。「子供は小さいうちはかわいそうだから,その時期は,共働きをすべきではない」。要は母親が家庭に入って専任で育児をすべきなんだ,そういう意識ですね。私もかなりの方がそう思っているので,びっくりするんですけれども,そこに男性の育児が入り込む余地はないわけです。

もうひとつ,難しいのは周りの環境,つまり企業です。男性の育児は,理解度に年代差がすごくある。平たく言うと,お年を召した方には理解困難。日本の企業はトップ層に高年齢の方が多いのですが,男の育児なんて,彼らの子育て時代には,ご自分も体験したことないし,周りでやってる人も見たことがないので,想像つかないし,理解困難なんです。また,年長者ということでいえば,男性の育児のもうひとつの壁と言われているのが,親ですね。私は田尻研治と言う名前ですけれども,私の親も「研ちゃんが,そんなこと(男の育児)することないのよ」と,こうなるわけです。

ここで実際働かれている方の生の声を,私どもの市民団体である「育時連」

のホームページの書き込みから2つ紹介したいと思います。いずれも厳しいものです。ちょっと長いですけれども，原文のまま読みますので，皆さんイメージしていただきたい。まず最初は銀行マンについて，その妻からの書き込みです。

　皆さんこんにちは！　私は銀行員の夫（これまた非常に忙しい）と3歳の息子（平日は12時間以上，保育園のお世話になっている）との3人暮らしの働くママです。子供の自我の強さと仕事と家事・育児に疲れてしまい，偶然このホームページを見つけて書き込みをしています。私は現在，医薬品開発関連会社に勤務しています。前の職場で1年間育児休業を取った以外フルタイムで働いております。この春昇格し責任が増し，日々の生活に疲れ，これでいいのかというため息ばかりの毎日です。主人も相当忙しいのですが，私の報復を恐れ，かなり協力的ではあります。専業主婦率95％以上の銀行の中で，子供の病気や妻に代わってのお迎えなど，世間の男性の中では大健闘だと思います。主人が過去に育児休業を取ろうかと真剣に考え上司に相談したところ，「それは大したものだ，これからはそういう時代だよな。しかし復帰したとき，君の席はないと思うよ（転勤か左遷か）」と言われて断念したそうです。2人目が欲しいと思いつつ，仕事との両立に悩むうちに，そのタイミングを外し，年を取り過ぎてしまいました……。いろいろな人と語り合いたいです。

次はマスコミで働く男性からの書きこみです。

　夫婦ともにマスコミで働いています。自ら働きながらこの業界の欺瞞に腹が立ちます。男女共同参画社会，僕も同感ですが，決して保育園を増やすだけでは実現できないでしょう。まずは労働環境を変革しないことには，不幸な子供を増やすばかりだと感じます。保育園，その次は小学校の放課後と子育ての時間は減ることはありません。

共働きを実行している同僚たちも，保育園を利用しています。しかしその現実は非常に厳しい。双方とも転勤がある職場のため，別居10年と言う夫婦もいます。挙句ベビーシッターに預け放しのような生活。夫婦のどちらかが折れる，つまりどちらかが離職するのを待つばかりのギスギスする夫婦。

　そしてうまくいっている家庭は，例外なく『実家の支援』があります。つまり，東京勤務のサラリーマンならば都内に実家があり，保育園の送迎などを両親に頼れる方々なのです。この重要な要因が報道されないケースが目立ちます。『両立しているぞ！』とマスコミに華々しく登場する夫婦（官僚夫婦，NHK の女性局長などなど）は，まず，この『実家の支援』があります。

　この章では，結婚について，冬虫夏草の話，男の育児について取り上げました。ワークライフバランスのライフは育児に限った話ではないのですが，男性の皆さんが，自分の意識をライフに向けていくその転換期はやはり，お子さんを授かったときではないでしょうか。そういうことでライフの代表選手として男の育児を取り上げてみました。育児に深く関わりたいと，多くの男性が思っているけれども，実際にはなかなかできないでいる，そういった話をさせていただきました。

4．乗り越える力（男の育児がもたらすもの）

　企業社会の中で男の育児は思った以上に難しい。では，それを乗り越えて男の育児をやっていく力は，どこから生み出されてくるのでしょうか。皆さん経済学部なので最初お金の話から入っていきたいと思います。皆さんが就職されて仮に60歳まで働かれるとしたら，その生涯賃金は大体どれくらい稼ぐか，おわかりになりますでしょうか。皆さんは3億稼ぐんですね。女性の方で2億8,000万円。ですから，夫婦ですと5億8,000万円ぐらいの所得が生涯あります。

ところが先ほども言いましたように，多くの世帯では，お子さんが生まれると，仕事を辞めて家庭に入ってしまう。そしてお子さんが小学校に上がって手が少し放れたときに再就職します。そのときはフルタイムでは難しいのでパートで勤めるということになります。

もうひとつ，皆さんに聞いてみたいのは，ずっとフルタイムで働き続ける女性の生涯賃金と，辞めてしまい家庭に一旦入ってそれからパートで再就職して60歳まで働かれたとしましょう．その生涯賃金の差額は幾らぐらいになるのか，ちょっと頭の中で計算してみていただけますか。それは就業所得逸失額，あるいは機会損失額と言って育児で辞めて損失した額ですが，いろいろな試算の方法がありますけれども，2億2,000万円とかなり大きいです。

私は先ほど結婚というのは，扶養することではないと言いました。私は結婚とは，お互いのセーフティネットであると考えています。皆さんもこのセーフティネットという言葉を聞いたことがあると思いますが，その言葉の由来は，サーカスで空中ブランコの下に万一の落下に備えて張る命のネットです。最近は「雇用のセーフティネット」という言葉がよく使われます。失業保険や何かを指しますけれども，私は結婚こそが最大のセーフティネットであると思います。2人で働いていても，いつ何時，何があるかわからない。リストラで辞めざるを得ない，病気になる，事故に遭う。そのとき，もう一方が働き続けていれば支え合うことができる。そういった意味で結婚はセーフティネットであると考えています。ところが育児で女性が職を離れてしまえばその時点で2億2,000万円を失ってしまうわけですから，セーフティネットではなくなってしまいます。

男の育児で女性がフルタイムをやめなくて育児と両立できると考えれば，男の育児の経済価値は2億2,000万円になります。これは多少無理してでもやる価値のある額です。仮にそのために出世が遅れても十分ペイします。

ここで簡単に私の場合の話を紹介させていただきたいと思います。子供が生まれました。見ていると，かみさんが体調が悪いときも夜中，赤ん坊にお乳を与えている。自分も熱っぽくて体がガタガタ震えていても，ぐずるから，おっ

ぱいをあげて，ろくすっぽ寝なくて，次の朝，会社へ行くわけです。そんなことがしょっちゅうあって，このままでは彼女は潰れてしまうと思うことがよくありましたね。ですから，私のできることは何でもやろうと決心しました。保育園の送り迎え，これが朝一番で保育園に連れて行っても，毎日会社にいつも30分か1時間遅れてしまう。さぁ困ったというので，会社の上司や労働組合に相談しましたけれども，当時は制度がありませんでしたので，やむを得ず，育児のための育児時間ストライキと称して，毎日1時間の「育児時間ストライキ」をやりまして，それで子供を保育園に送迎してまいりました。まさに背水の陣でした。4年続けまして，時の風を受けて，会社が男性の育児時間を制度化してくれました。2人目の娘はその制度化の中で送迎ができたわけです。そうして会社の皆さんに支えられてまさに「継続は力なり」ということを実感したような次第です。

　そのときの家庭の模様を当時小学校2，3年だった娘が作文に書いていますので，ちょっと紹介いたします。母の日と父の日に書いた文です。

　　「お母さんへ，いつも遅くまで会社で仕事ご苦労さまです。私はそんなお母さんを応援します。これからも元気に会社で働いてください。そして何よりも私たちを守ってください。今年の母の日はカーネーションをあげなくてごめんなさい。かわりに私がつくったものをあげるね，楽しみに待っててね。」

次は，父の日で，お父さんへという手紙です。

　　「毎日毎日，朝早く起きて，ご飯を食べて会社へ行って，おまけに妹のお迎えをしての毎日ですが大丈夫ですか。私はそんなに頑張っているお父さんが大好きです。これからもこんな辛い毎日ですけれども，必死で頑張ってください。私もお父さんを見守っています。」

子供は正直ですね。余裕のお母さん，生きていくのがやっとという目いっぱいのお父さん，よくとらえています。そうやって，男の育児をやってまいりまして，男性の育児のもたらすものは，もちろんお金だけではないです。4つほど皆さんに紹介したいと思います。

　1つは，夫婦仲がよくなるということです。別に子供が生まれる前，夫婦仲が悪かったわけではありません。育児と仕事の両立というのは女性にとって大変な課題です。それを夫婦共同で乗り切っていくわけですから，おのずと夫婦の絆は強くなっていきます。皆さん，これから結婚なさる，もちろん好き，愛して結婚するわけですね。ですけれども，その好きという気持ちは，10年，20年，さめないでずっと続くと思いますか。これはしてみるとわかるんですけれども，はっきり言ってなかなか難しい。ちょっと哲学的ですけれども，愛というのは，日々つくっていかないと，一旦好きで結婚しても，どんどんさめていってしまう。ですから，愛を創り出す共同作業が必要になってくるわけですね。

　次に，男の育児は子供に対して「結婚っていいものだな」という思いを，メッセージを子供たちに贈ることができます。例えば夫婦仲があまりよくない家庭，「家庭内離婚」とまでいかなくても，ほとんど口をきかない，きいても喧嘩，お互いあんまり尊敬し合ってもいないような家庭で育ったお子さんは，結婚適齢期になっても，結婚を前に立ち止まってしまう。結婚に懐疑的・否定的になってしまって，踏み切れない。逆に夫婦仲がよければ，自分の目の前で夫婦が協力し合うのを見て育っていくわけですから，子供は「ああ結婚っていいものだな」と思うわけです。これは調査結果にも出ております。父親の育児参加度合いとその家庭で育って子供の結婚に対する肯定感は比例関係にあるというものです。

　3番目。子育てとは多くの人の手を煩わせるものである。先ほど学生の皆さんの意識として，子供は小さいうちはかわいそうだから，共働きすべきではないというのがありましたけれども，この背景にある考え方は「3歳までは母親の手で育てないと，情緒不安定な子供になってしまう」という「3歳児神話」

というものです。皆さんもお聞きになったことがあるでしょう。これは神話と言うくらいですから，根強いファン層があるわけですけれども，厚生労働省の厚生白書においても「合理的な根拠はない」と，きっぱり否定された考え方であります。現在183万人の保育園児は全児童の26％ですけれども，保育園児は24時間母親の手で育ったわけではないですね。彼女や彼らが情緒不安定な傾向にあるか，全然そういうデータは出ておりません。皆さんもやってみるとわかることですが，保育園に預けると言っても，夕方からは親が見ますし，土曜日，日曜日を含めて，非常にいいバランスで親は子供に接します。私の体験上も育時連の仲間もみんなが口をそろえて言うことですが「母子密着で，母親だけの手で育てるよりは，むしろ父親も，おじいちゃん，おばぁちゃんも，あるいは保育園の保父さん，保母さんも，近所のおばちゃん，おじちゃんも，なるべく多くの人の手を経て子供は育つのがベストである」と，このように実感しております。

　第4番目。本人の男性は，育児によって，職場におけるストレスをユーストレスに転換することができる。このユーストレスというのは，皆さん，聞きなれない言葉でしょうが，95歳でお元気な聖路加国際病院の日野原重明先生が，『人生百年私の工夫』（日野原重明著，幻冬舎，2002年）という本の中で，「ストレスにはよくないストレスのほかに，よいストレスとしてユーストレスがある。人間はストレスのない環境で生きることはあり得ない。何らかの刺激があり，それが人の体や心によい方向に作用するものがユーストレスである」と紹介しています。いま日本では年に3万人もの自殺者がいます。その7割は男性で，多くは職場におけるストレスだと言われています。自ら命を絶たないまでも多くの方が職場におけるストレスを感じて生きている社会なわけです。職場にそうしたストレスがあっても，もう1つの世界すなわち男性の育児で家庭にきちんと居場所がある人は，職場にかなりストレスがあってもポキッと折れない。むしろストレスをユーストレスに転換することができると，日野原先生はおっしゃっているわけです。

　私はワークライフバランスの考え方の神髄はここにあると思います。すなわ

ち2つの世界を持っていることは，自分の心にも体にも非常にいいんだ。キーワードは健康ですね。ですから，皆さんも生涯，例えご自分の人生において，子供が授からなくても，いつの時期においても，仕事と生活の調和は，とても大切になってくるわけです。

この章では，男の育児は経済価値として2億2,000万あるのだということ。そして男の育児は妻にとっても，夫婦仲，子供にとっても良いということ。そして何より自分にとって病気の元凶と言われるストレスから心と体を健康に保ってくれるのだということ。そのような話をしてまいりました。

5. より良いバランスに向けて

それでは皆さんが思い描いた生活を実現していくために，明日からどういうアクションプラン，行動をしていったらいいのか。それを間近に控えた就職──もう決まっておられる方もいらっしゃると思いますが──そして結婚，子育てと順を追って一緒に考えていきたいと思います。

まず，積極的に育児に参加してきました男たちのサンプルをここでご紹介したいと思います。図9-3の「育時連ポスター」を見ていただきたいと思います。様々な男たちの顔が写っております。企業の中で育児休暇を取った男たちIBM，ソニー，NEC，パイオニア，エクソンモービ

図9-3 育時連ポスター

(出典) 男も女も育児時間を！連絡会（育時連）

ル石油，そして渋谷区など自治体で働く人たち，様々な企業で働く男たちです。メンバーは約200名ほどおりまして，もちろん女性の方もおります。発足したのは1980年ですから，26年続いてきたことになります。こういう市民運動としては大変息の長い活動をしてきております。まさに「継続は力なり」です。ホームページは充実しており，アクセス数が30万回を越えました。アドレスがポスターに書いてありますので，皆さんも関心のある方はぜひ覗いてみてください。そのホームページには全国から様々な意見が寄せられてきます。今日はその1つを紹介させていただきます。

　先週で，2カ月半の育休が終わり，昨日から職場に復帰しました。男性の育児休業取得者第1号ということで，職場ではものめずらしさからの歓迎もあるのかもしれませんが，特に批判めいたコメントは聞こえてきませんでした。私としては育休を取るほど責任感の強い人は，会社にとっても有益であるとの認識を会社に持ってもらい，後に続く人たちがさらに快適に育休を取得できるよう仕事で実績を積んで頑張ろうと思っています。でも，残業は余りできませんね。定時時間内の効率を高めてコストパフォーマンス，優れた社員を目指そうと思います。私の育休取得の目的の1つは「かっこいいパパになる」だったので，ここは再び職場においても，かっこいいパパに近づくため頑張ろうと思います。

　それでは皆さんの，就職，そして結婚，子供が生まれたらという今後のライフプランについて，まず就職から考えていきたいと思います。就職というと，どうしても職業のことだけのことを考えがちです。けれども，大切なのはライフです。どういう生活を送りたいのか，それが土台となって，その上にワーク，仕事があります（図9-4）。
　私は都内のある大学に出向きまして，そこの男子学生に将来について話を聞きました。彼は，「僕の郷里は金沢だ。父と母も金沢にいる。僕は郷里が大好きだ。東京の大学を出て東京で勤めてもいいけれども，住むところが高い。最

初から金沢に勤めて生活をしたい。電気を専門に学んでいるので，電気技師として地元の電力会社に入りたいと思って狙っています」と，自分の未来を語ってくれました。私は「いいですね」と話をさせていただきました。そのように金沢で生活したいんだというライフプランが基盤にありまして，それを実現していくために地元の電力会社に入り

図9-4　ワークライフバランスの考え方

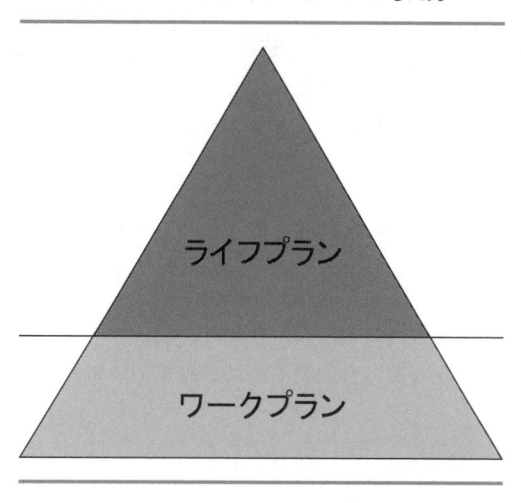

（ライフプラン／ワークプラン　ピラミッド図）

たい，という仕事上のプランがある。この逆はないんですね。どこか会社に入ってその会社に合わせた生活を送る，それはあり得ないということです。

　皆さんがこれから会社を選ばれる方もいらっしゃると思いますので，会社選びのポイントについてこれから話させていただきます。先ほど銀行やマスコミの厳しい実態をお話させていただきましたが，みなさんどう感じられたでしょうか。ワークライフバランスのポイントは，1日の仕事の終わる時間がきっちりしている会社がいいですね。ようするに時間のメリハリのはっきりしているところ。皆さんが企業に面接に行かれるとき，始まる時間も終わる時間も，何となくだらだらしていて時間にメリハリがない会社は総じてだめです。仮にA社が1日10時間以上働いてその給料だったらば，B社で8時間ピッチリ働いた給料がA社より多少少なくてもB社の方が良いです。要は時間単位の給料が，ワークライフバランスにとっては，とても大切になってくるわけです。時間単位のいい給料を考えて皆さんは会社を選んでいただきたい。

　仕事と家庭を両立して行こうと考えておられる方には，女性が3，4年で辞めてしまうような会社はよくないです。女性の勤続年数が長い会社，少なくとも8年，できれば10年はある会社，そして管理職に女性の方が数名はいるよう

209

な会社が望ましいです。そうした会社は時代の先端を行っている。しかし，ホームページや会社案内だけではいいところだけしか出さないので，そういう有益な情報はなかなかわかりません。そこで皆さん，ここぞと思う企業がありましたら，そこで働く人の生の声を聞いてみてください。それも勤めて2，3年ではなくて，5年，できれば10年ぐらい勤めてる方ならば，会社の全容がわかるし，自らも生活を築かれて，それとワークとの兼ね合いを語ってくれるでしょう。皆さんは大学受験に大変な労力を使われてきました。私から言わせると，会社は大学以上に皆さんの人生に大きな影響を与えます。大学受験のせめて半分の努力を就職活動にされて悔いのない会社選びをしていただきたいと思います。

　次は結婚です。皆さんどうでしょうか。どういう結婚，どういう男性がいいでしょうかね。「おれについてこいよ型」は，もう古い。「共に歩んで行こうよ」というスタイルがいいのではないでしょうか。具体的にはどういう男がいいか，私のような男性がいいのではないかと思います。あまり皆さん笑う方も少なくてよかったんですけれども，冗談です。セクシーな男性がいいですね。何しろ人生，お子さんが多い方が楽しい。そしてフットワークの軽い男性がいいですね。男女平等とか，男女共同参画とか，あまり頭でっかちな方よりも，一緒にいて「あっおれがお茶を入れるよ」とか，自然に立ってお茶を入れてくれるフットワークの軽い男の人は大変お勧めです。

　じゃ，女性はどういう女性がいいか。一言で言って，「男性に経済的に頼らない女の人」，いそうでこれが，実際はなかなかいない。ですから，皆さんが企業に入られたら，とにかく目を皿のようにして周りを見ることをお勧めします。先ほどの冬虫夏草じゃないですけれども，いつの間にか体内に入って，生きる屍にならないためにも，ぜひよろしくお願いします。

　次は子供さんができたあとについてです。女性の方のワークとライフの出し入れの図です（図9-5）。最初就職のときは，バランス的に例えば8対2とワークが多い。結婚されたら7対3，お子さんが生まれて2対8と今度はライフが多くなります。そしてやや子育てが落ち着いてきて6対4，最終的には8

対 2 。このように人生その時々で，ワークとライフの自分の時間を出し入れしていくわけです。一時的にワークの時間が少なくなるときもありますけれども，会社はその方のトータル，一生のうちにどれだけのアウトプットを会社に施してくれるかで見ますから，心配要りません。問題は 8 対 2 が，結婚しても，子供が生まれても，なかなか変わってこない男性なんですね。

　ライフワークバランスを考える上でもう 1 つのポイントはファミリーバランス，夫婦単位でバランスを考えるというものです（図 9-6）。女性が，ワーク 6 にライフが 4 。パートナーの男性は，8 対 2 です。このご家庭はファミリーバランスがワーク 14，ライフが 6 です。小学校前のお子さんがいらっしゃる家庭でライフ 6 では，大変心もとない。ですから女性のワークライフバランスがその時々に応じて変えていけるように，男性の 8 対 2 も不変のものと考えないことです。

　ワークとライフの出し入れは女性だけではおのずと限界があります。パートナーの男性も女性ほどではなくても，少しでも出し入れをすると，びっくりするぐらい女性の方が生き生きしてきます。ワークにおいてはフルタイムでの就労の継続が可能になるでしょうし，自らのキャリアの蓄積もできるでしょう。そしてライフにおいては，2 人目のお子さんも考えられるでしょう。そのようにパートナーの男性も出し入れすれば，女性の人生の選択幅も非常に大きくなってくるわけです。

図 9-5　ワークとライフのバランス（女性の場合）

	就職				
ワーク	8	7	2	6	8
ライフ	2	3	8	4	2

例えば…

図 9-6　ワークとライフのファミリーバランス

例えば…

	女性	男性	ファミリー
ワーク	6	8	14
ライフ	4	2	6

　　　　（10）（10）

　こうして男性がお子さんが生まれて育児をやっていくときに，先ほど上司が壁になっているというお話をしましたけれども，対処法には2つあります。
　まず1つは，自分の生き方をきっぱり決めることです。自分がぐらぐらしていたのでは，世の中において自分の生き方を貫けないです。子供が生まれたら，とにかく当面は最優先事項は育児をすることと，自分の生き方をきっぱり決める。もちろん仕事もするんです。ですけれども，第1は育児だということです。そうすると，周りは「おっこいつは意思が固いな」と見るようになるわけです。
　2番目，やたら突然に上司に対して「明日から育児休業を取ります」なんてことは言わないことです。あまり突然だと，上司はびっくりして，とっさに拒否反応を示してしまう。まず上司は男の育児は理解しないもの，できないものと考えてのぞんでください。時間をかけて解きほぐすように理解を求めることです。お子さんも突然には生まれないですね。妻が身ごもってから何カ月かあるわけです。時間をかけて自分の生き方を上司に話していき，理解を求める。お子さんが生まれてからも，子育ての喜び，自分だけに取っておかないで，上司にもお裾分けをする感じで子どもの成長過程を伝えていくことです。要するに壁を対立するものと考えないで味方に付けていくことが必要なのです。

第9章　ワークライフバランス

　最後の章では，皆さんの次なる行動，就職，結婚，子育てについて話してきました。私の経験から言うと，一番大事なのは結婚です。圧倒的に人生において結婚は大事です。その次が就職，そしてその次が子育てです。子供というのは，血が繋がっているから放っておいても強いきずなで結ばれているものです。大切なのは，どういうパートナーを選ぶか，それでほとんどその人の人生は決まってきます。

　こういう話をしていると，大変熱が入ってしまうんですけれども，最後に，皆さんも近い将来お子さんが生まれる。そうすると男の人は赤ちゃんのことを宇宙人が来たのじゃないかと思うわけです。何しろ言葉もわからないのですから，大変どぎまぎするわけです。それで妻に向かって「おいお前頼むよ」とつい言ってしまう。けれど，妻だって，「私も初めてなのよ，あなたと大して変わらないのよ」と言います。ですから皆さん，男の人も子供さんができたら，一緒に育児をやっていこうではありませんか。

　最後に，多少何か気負ってしまうんですけれども，私から皆さんに贈る言葉があります。「君たちは時代の風を受けている。職場においても男の育児，高らかに宣言して堂々とやっていってもらいたい」。

質問箱から

問 先生自身が1番目の娘さんの育児を手伝おうと「育児ストライキ」をしたのはいつ頃で，先生のご両親の反応や周りの反応はどうでしたか。

答 今，上の娘は20歳になっていますので，1986年の話です。当時，私実家へ帰りまして，父と母がいるとき，たまたまNHKのテレビで「育児スト」の模様をニュースでやっていたんです。赤ん坊を僕が裸でお風呂に入れているところや，会社と交渉しているところを見て，父と母は大変機嫌が悪かったです。「お前，家の中で手伝うのはいいけれども，何も会社にたてついてまでやらなくてもいいんじゃないか。それにTVにまででて外でわざわざ言わなくてもいいのではないか」という話でしたね。先ほども話したように，親とか年代の高い方はなかなか理解できない。そして広く世の中に訴えていくという発想もよくわからないのですね。

職場の中は，私が育児をやるということは，割りと前から話していましたので，ある程度は理解してくれました。例えば同僚は「おれは田尻みたいな生き方はしないけれども，お前みたいな生き方もあるんだよな」と，いった感じです。でも中には「田尻は恵まれている。他では通用しないよ」と言う人もいました。

「育児スト」を打ってやりましたけれども，皆さんにお話したいのは，決して無理をしてはいけないということです。私は育児ストライキを打ったのは無理ということじゃなくて，私にとってはすごく自然な営みというか，家庭で私がそうやって送り迎えをして，そして働くというのは，ものすごく自然だったんですね。だからこそ，4年も何年も続いたし，続いてきたからこそ，会社も制度化したり，世の中も変わってきた。そこで自分に無理すると続かないし，周りもそれほど変わっていかないんです。

ですから，本当にあるがまま受け入れて無理なくやっていくことが大切。とにかく皆さんに言いたいのは，ご自分の選んだ生活，無理のないような生活，彼女と送りたい生活を自信を持ってやっていっていただきたい。

問 男性の約5割は育児休業をしたいと思っているが，現実の社会では，企業の中ではとても取得しにくくなっているということを聞きましたけれども，企業側に取得しやすい環境をつくってもらうには，どのような努力が必要でしょうか。

答 今日は時間の関係で話しませんでしたけれども，なぜ今ワークライフバランスというのを政財界がこんなに注目しているかというと，本心は少子化にあるんですね。やはり仕事と子育てを両立してもらいたいという思いが国側にすごくあります。ですが企業はなかなか動かない。先ほど話しましたように，企業というのは，これはトップの雰囲気で企業文化というのはつくられるんですね。ですから，変え

ていくのは，トップが政財界の動きを受けて「自分の会社では男性の育児休業を促進します」というアドバルーンを挙げて，社内外に宣言することが効果的です。そうした社風をつくるのはトップの責任ですし，そうしないと目の前の上司は変えられないですね。

　先ほどの銀行マンの話じゃないですけれども，育児休業の相談に上司のところに行ったら，「君の席はないかも」などと陰でそういう話になったら，だれでもが育児休業の前で立ち止まってしまいます。ですから，そうした社風をつくるのは，トップの責任なので，トップが赤ん坊でも抱えたポスターを作って社内に貼るとかしないと，なかなか変わっていかないと思います。

第10章 働くということ
——人間らしい協同労働を通じて，良い仕事を実現する——

菅野　正純

1. 労働者協同組合の現状——協同労働の協同組合

1.1 失業者の仕事起こしから労働者協同組合へ

日本労働者協同組合連合会の菅野です。よろしくお願いいたします。

「働くということ——人間らしい協同労働を通じて，良い仕事を実現する——」という題を，恐らく鷲谷先生ではないかと思いますが，付けていただきました。あの人には，こういうことを喋らせればいいのかなということで，極めて的確な題を与えていただきました。

私は「元祖フリーター」と言っているのですが，30歳まで学校の警備員とか塾の教師をやっていまして，ブランコブランコしていました。恐らく学生運動の経験などが災いして，まともにこの社会で働けないのではないかという「重度職業障害者」と，今だったら言えるかもしれません。しかし，30歳になって，この社会の中に根を下ろして生きていきたい，働いていきたいと思うようになりました。そのときに学生運動の先輩が「全日本自由労働組合」という失業者の労働組合に書記として入っていまして，これは皆さん恐らくご存じないと思いますが，戦後の日本では大量に失業者が存在したわけです。戦争から帰ってきた人たち，焼け出された人たち，寡婦になった人たち，そういう人たちを公的な土木事業を国が予算の半分出して，地方自治体があとの半分を出して，公共事業を起こして就労させるという制度があったわけです。そこに働いている労働者の人たちが，その制度が日本が高度成長になって，もう失業問題はないだろうということで廃止をされるという状況に対して，今度は自分たちが仕事を起こして管理もするから，そこに自治体が失業対策事業としてやっていた仕事を出してくれということをやりました。労働者が管理する，経営する

ということにチャレンジするというのは，大変貴重なことだったと私は思っております。今まで雇われていた人たちが，自分たちで仕事を起こすということで，1980年5月1日から働き始めるんです。その事業を起こすに当たって「働く人が雇われ者根性を克服して自分たちで仕事を起こしていく」，と言っていましたが，私は大変素晴らしいことだと思いました。そのときに今まで何の経験もない，資本もない，技術もない人たちですから，「まちづくりに役立つ良い仕事をする」ということを掲げて新しい人生をスタートさせていこうということでした。

それまでの失業者というのは，そういう制度に入らなければ，生活保護を受けることになります。そうではなくて，自分たちは働いて生きていくんだ，挑戦していくんだということを打ち出したところに，私は大変感銘を受けました。ですから，鷲谷先生が出してくれたのは，「よい仕事とは何か」「人間らしい働き方とは何か」ということから始まります。

「良い仕事」，私は「大量生産・大量消費・大量廃棄」のフォーディズムが終わった後の人々の必要と願いに応えるものが良い仕事だと思っていまして，それは人間の命とか暮らしとか，かけがえのない人生が営まれる生活圏・生命圏である地域を豊かに支えていく，そういう仕事，個々の物の豊かさ，物質的な欲望が充足される，それに応えることが「良い仕事である」という時代から，むしろ人間そのもの，あるいは地域そのものを豊かに支えるということに人々の必要と願いが移行していると「良い仕事」を考えたいと思います。

そして，これまで「会社人間」ということで皆さんも中央大学は，今年大変就職状況がよいということのようですが，就職しても考えていただきたいと思うのですが，究極的には人間の命とか暮らしとか人生を支えていくような，そういう仕事を通じて社会に役立っているということが感じられるかどうか。そして，人間として使い捨てられるのではなく，尊重されて，自分の力を精一杯出して成長・発達していくということが人間らしい働き方ではないかと感じております。

そして，その両者を繋ぐものが，人間の生命とか生活になりますと，それに

応える労働の領域は，本当にたくさんになってきます。生産者と消費者（生活者）と地域住民が三位一体になっていく労働を「協同労働」と，捉えたいと考えています。

1.2 「協同労働の協同組合」とその原則
(1) 定義
「協同労働」という言葉を初めて聞いた方が大部分だと思います。失業者の仕事起こしから始まって，世界的に言う「ワーカーズコープ」というものになり，働く人が自ら出資をして経営をして労働していくという「労働者協同組合」というものが，世界の中にあるということを知り，そして，さらにこの事業活動を進めていく中で，協同労働というものに到達をしました。働く人々が，人と地域に役立つ仕事を自分たちで協同で計画する。出資・経営・労働を通じてそれを実現する。ここまでが労働者協同組合の形態的な規定ということになります。それとともに，利用者・生活者と協同する。利用者・生活者が実は協同労働を通じて協同していく，その労働者協同組合が自分たちの共同の財産だというふうに受け止めてくれて，様々な形でのボランティア労働や出資，寄付を含めて，あるいは施設を提供するとか，様々な形で働く人たちだけではなくて，利用する人・生活者もそういう資源を持ち寄りながら，それを自分たちの共同の財産としてつくり上げ，育んでいくというあり方。そして，さらに地域住民が地域での共同の財産としてこれを育んでくれるというふうになったときに，新しい働き方が定着をしていくのではないかと感じております。

(2) 原則
原則を営利企業といいますか一般の企業と比較してみたいと思うのですが，私たちはこういうことでまとめてきました。働く人々・市民自身が仕事を起こすというのがまず第1点です。一般の企業は資本の自己増殖のための手段として人間が雇用され，管理されるという存在になっている。その働き方から，労働そのものの尊厳を自ら実現していくというふうに転換をしていくことが第1

点です。

　第2点目に「働く人々が担う社会連帯の経営」と言っています。今まで経営と労働は分離をしていました。資本主義は，産業革命から，それまで誇りを持った職人だった人たちが，自分でどういうものをつくるか，誰に提供するのか，どういうふうに経営を発展させるのかを，職人一人ひとりが考えていた。それが所有と経営と労働に分離をされた。考えてみると，人間にとって大事なことは自立と尊厳です。自分たち自身が何をするべきなのかを構想して，それを自ら実現していくというところに人間としての尊厳があったはずですが，それが分離されてきたということになります。そして，役員は，株主総会で，株主が主権者となって企業の発展・営利のため，利潤追求のために役員が選ばれ，労働者を管理していくことになります。協同労働の協同組合は，そうではなくて，組合員自身が自分で立てた事業計画に基づきながら全組合員で経営をしていく。働く人の1人1票が経営の主体であるということになります。そうすると，役員も協同労働の「全組合員経営」というものをコーディネートするという役割を担う，権力者からコーディネーターへと変わってまいります。

　そして剰余について，これはNPOの議論の中でも「非営利」ということがありました。日本の「非営利」というものは混乱をしております。極端に言えば，儲けてはいけないとか，あるいは働く人が市場相場以下で働くのが非営利だという議論もあります。私は，そうではないと考えているわけです。そうではなくて，剰余を組合員が分けてもよいわけです。しかし，あえて拠出をしながら，それを今の組合員だけではなくて，将来，組合員となって働きたい人たちのための仕事をつくり出し，様々な人間的・職業的な発達というものを支えながら地域福祉・共済のために使い続けるという考え方は，協同組合以外にはありません。ですから，経営の目的は，そういう社会連帯を支えるために「不分割積立金」というもの，組合員に分配しないお金というものを積み立てていくというのが大きな原則になっています。

　3番目に，地域づくりというところに視野が広がってまいります。コミュニティをどう再生するのか，あるいは自分たちの企業だけではなくて「地域・循

環・共生」の経済というものをどう実現していくのか。そして、後で出てきますが、市民が主体となる「新しい公共」というもの、その3つを通じて新しい地域づくりを行っていこうというのが3番目です。

4番目に、協同の文化や人間発達というものを組織活動の中に内在させる協同組合であるということです。『食品の裏側』という本が出ましたが、安部司さんという人が書いた本で、ベストセラーになっています。読まれた方、いらっしゃいますか。この人は食品添加物のトップセールスマンだったんです。例えば、腐る寸前のくず肉を、添加物を入れることによって、大変おいしそうに見える、美しい。そういうものを提案することによって、そういう食品メーカーにセールスをして大変な成果を上げていた。

ところが、自分の娘が3歳の誕生日のときに、そのミートボールを大変おいしそうに食べていた。真っ青になって「やめろ」と言った。よく考えてみると、自分は、生産者の側に立ってそういうことをやって、企業に儲けさせていたけれども、自分と家族が消費者になることを考えていなかったということで、その晩、一晩寝ないで考えたそうです。そして、トップセールスマンの地位を下り、その会社を辞めてしまった。『食品の裏側』には、私もたびたびやっていますが、家族の分も含めて自分で食事をつくることになると、忙しいときには少人数で食べられるようなパックになっているのをずっと見てくださいということが書いてある。

自分たちの家族や知人たちが、それを食べたらどうなるのかということを考えない。利用する側も、便利だ、きれいだと言っているけれども、本当に食べなければならないもの、命の糧というのは何なのだろうということ、お互い、どういうものが必要なのかということを人間として共有しようではないかというところから、本当の食品というのが始まっているのではないかということを言われています。

有機農業でもそうです。安ければよいのか。本当に生産者が有機農業をし続けるということと消費者が本当に安全・安心な、栄養のある物を食べていくことは一体ではないか。そうすると、お互いに社会的な原理というか、共通の使

命とか課題とかルールとは何なのかということを考えながら，新しい生産と消費のあり方，市場のあり方をつくっていくことが，協同の文化や人間発達ということの１つの事例になってくるのではないかということが考えられるわけです。

5番目に，協同労働の領域を地域や全国で創り出していくことです。

6番目に，「非営利・協同のネットワーク」を形成していく。今，有機農業の例でもそうですが，有機農業を本当に持続させようと思うと，生産者と消費者がともに知識を持ち，それを発展させていくという合意がなければできません。それがだんだん複合協同組合という形で広がっていきます。もっと端的な例は，ケアの協同組合ですが，ケアワーカーの側とケアを利用する側，地域の人々，これらが複合的に協同していくというあり方が，いや応なく求められていきます。

7番目に，民衆のグローバルな連帯です。私はILOの総会に2001年，2002年に行くことができました。それは，協同組合の振興勧告というものをILOという国際労働機関，政府，労働組合，使用者団体がつくっている国際組織ですが，それが協同組合を振興させていこう，促進していこうということを決定する場に行くことができました。そこで，私が大変驚いたのは，児童労働の問題で，その撲滅ということが大きな問題になっていました。そういう意味で，民衆・世界の人々が本当に協同していく，共生していくということを社会的経済，国際協同組合同盟という形で参加をしながら実現していこうということです。これが7つの原則です。

1.3　労働者協同組合の現状と戦略

(1)　事業展開

具体的にどういう仕事をしているかというと，既存の分野としては病院などの建物清掃，総合管理，設備の管理を含めた管理です。それから公園の緑化，生協や農協の物流業務，物流センターがありますが，そこでの業務を受託しています。あるいは環境・リサイクル，最近では群馬県の神流町というところで

「有機農産物普及堆肥化協会」というNPOのお力もお借りしながら，堆肥化センターというものを過疎の地で実現して有機農業を広めていくということを始めております。また，労働者協同組合の連合会には，有機農業の生産者団体が3団体入っていたり，タクシーの労働者協同組合，出版の労働者協同組合も加盟しています。これが既存の分野からの流れです。同時に，新しい成長分野としてコミュニティケアとか，人間の自立や発達支援に関わる公共サービス，つまり高齢者の介護福祉，介護予防，子育て支援，保育，学童保育，職業訓練，コミュニティ施設などを運営しています。職業訓練は「仕事おこし講座」という形で，そこに来た失業者たちが自ら仕事を起こしていく，そういうことを公的な仕事として与えられ，受託をして担っています。最近では，障害のある人の地域生活，就労支援とかです。ちょうど今，指定管理者制度という形で，大変新しい公共のあり方というものがつくられようとしております。今まででですと，地方自治体や公共的な団体あるいは社会福祉法人という準公共的な団体が担っていた分野というものを，民間に開放していくというのが新しい流れになっています。

　その場合に，大変問題だと思うのは，公共サービスを民営化して市場化・営利化していく，企業が儲けるためにそれを使っていく，つまり人々が税金や社会保険料でその財源を拠出しているにもかかわらず，企業の儲ける領域にどんどん広げられようとしていることです。そのときに，私たちはただ見過ごしているのではなくて，働く人々・市民自身がむしろ公共サービスを担って，サービスを提供する側，あるいはそれを利用する側・納税者として，どういう公共サービスが本当に望ましいのかを設計しながら担い手にもなっていく。これを市民化，社会化と言ってます。そういうものとして適用していこうということで，地方自治体の中からは，やはりそういうものでなければならないという形で，評価していただいて広まっているところです。

　数値的には全国に400の事業所があり，事業高215億円，働く人々が約1万人という状況です。そして，組合員として実は「高齢者協同組合」というのがありまして，労働者協同組合が「高齢者協同組合」をつくる。つまり，新しい生

きがいある人生，福祉のあり方，そして仕事も担っていくという高齢期にふさわしい仕事を自らつくっていこうという協同組合を，労働者協同組合が呼びかけてつくりました。そういう組合を入れると4万5,000人という状況です。

(2) 21世紀戦略

労働者協同組合のこれから，21世紀の戦略は何かということです。全国の中学校区毎に，多世代の様々な人々が集まってきて連帯・交流しながら，コミュニティケアと人間発達を支援する。そして，生活総合産業の拠点になっていくということです。中学校区は1万人の単位ですが，それが日本全体で1万カ所あります。それこそが，働く人々・市民が最も担えるところではないかと考えて，そういう提起をしています。

生活総合産業ですが，最初は高齢者の問題でした。高齢者が地域の中で，当たり前の暮らしをし続けていくために何が必要かといえば，1つはコミュニティケアです。専門のワーカーが1対1でケアしていくというのではなくて，そこに集まってくることによって行われるコミュニティケアが必要だと考えるようになりました。その高齢者のケアを考えるようになったというのは，阪神大震災のときでした。あのときに，小学校，中学校の体育館に避難した。その人たち・高齢者が人の目の前でオムツを取り替えられるという経験をした。その人たちは，その屈辱に耐えられなくて，水も飲まなくなり，物も食べなくなり，緩慢な自殺を遂げていった。そういうものがケアなのか。まるで物体のように人間が扱われていくということに対して，そうでないケアとは何なんだろうということを一所懸命探し出し，学びました。

阪神大震災だけではないですね。愛知県の巨大な高齢者の公共施設では，職員がこう言っていました。1人朝食2分40秒，オムツ定時1日4回，そういうことが1990年代まで，まだ存在していたわけです。それに対する本物のケアとは何だったのかということです。

例えば「宅老所」というのがあります。職員の側が管理するのではなく，高齢者がそこへ集まってくると，自分たちの本当にやりたいことをやっていく。

例えば肺癌が全身に回ったおばあさんが，死ぬ最後の1週間まで，そこに集まってきて，仲間と歌ったり，話したり，お茶を入れたり，食事をつくったり，そして自分の手で最後までそうめんを食べていた。そのことが人間を支えていたし，元気にしていた。そうすると，集まってきて，当事者としての生活を蘇らせていくということ，それから地域の中で商店街の人たちが自分を見守って支えてくれるとか，様々なものがあって，初めて高齢期の暮らしというものが成り立つのではないか。

　それをさらに広げていくと，タクシーのドライバーたちが何をやったかと言いますと，1軒1軒ヘルパーが行くケアというだけでは，本当の意味のケアにならないのではないだろうか。人が寝たきりになったり，痴呆になったりしていくというのは，閉じこもってしまって，そして自らの生活の当事者にならなくて「させられ人間」，つまり「閉じこもり人間」と「させられ人間」が痴呆や寝たきりになっていく根本原因だということが言われたわけです。そのときタクシーのドライバーたちがヘルパー講座を受講するわけです。ケアの心と技術を持ったドライバーになっていこうと，自分たちで講座をつくり出すわけです。タクシーの業界というのは大変な業界です。さらに加えて今度規制緩和ということで，値段の徹底的なたたき合いに向かっていったわけです。

　それでは，タクシーのドライバーというのは，どうやって生きていくのかということを考えたときに，毎日の業務の中で，必ず今の時代では障害のある人，高齢者をお乗せする。そのときにどう対応するのかは差し迫った問題でもありますが，それでやってみると，自分たちの仕事であるタクシーというものの新しい意味を付け加えたわけです。「お花見に行きたい」，「野球を見に行きたい」，「温泉に行きたい」，そういう障害のある人の移動の自由を保障する労働なんだと。ムーブケアなんだとタクシーのドライバーたちが，自分の仕事に新しい意味を付け加えたわけです。そうすると，食事の問題，住宅の問題，移動の自由という問題があります。様々なものがすべて集まりながら，人間の暮らしを支えていくというのが生活総合産業ではないか。

　そうなってきますと，一つひとつは小さくても，また大きく利益を上げると

いうことではないにしても，それがネットワークすることで，市民自身がそういう仕事を最も的確に担っていくことができる，そういう生活総合産業の時代ではないかと捉えるようになってきました。そうしますと，今までの労働者協同組合のメンバーだけではなくて，すべての働く人々・市民自身が担っていく「仕事おこし運動」として展開していくのではないかと今考えております。

2.「協同労働」の展開

2.1 協同労働という考え方に到達するまで
(1) 「捨てるゴミの向こうにも人がいる」：病院関連労働の自己定義の発展

　協同労働の考え方に到達するまで，病院の清掃の労働を1つの大きな領域として始めました。清掃の労働ですが，清掃をしていると，恐らく清掃という労働はあまり知的でもなく，創造的でもない。だから，誰がやっても同じなんだと一般には思われ，徹底して単価の切り下げ競争というものに巻き込まれてきました。そのときに，清掃している労働者自身が「自分の労働とは何だろうか」ということを考えていくようになるわけです。そのきっかけとなったのが注射針問題でした。院内感染問題の走りだったのですが，看護師さんたちが注射針を刺して大問題になった。しかし，最も危険に晒されているのは清掃労働者でした。床やゴミ箱の中に平然と注射針が捨てられているということに直面し，そのときに清掃労働者たちが，捨てるゴミの向こうにも人がいるということを忘れないでほしいと言って，単に病院を告発するのではなくて，安全な注射針の回収，医療廃棄物の回収のシステムとは何か。そして，それが最後は地域の最終処理場へ行くまで，一連のそういう人と人との労働のつながりをどのように自らの問題として捉えて，安全なシステムを提案をしていくということに進みました。

　そうすると，患者さんや病院で働く人たちが，安全で快適な生活や労働の環境を実現する労働，環境保全労働ではないかとなっていくわけです。さらに掃除のおばさんと言われる人たちが，自らヘルパー講座を開催，受講します。そして最初は，病院のデイケアに送迎する仕事をいただくのですが，ある日，い

つも来ているおばあさんが来ない。どうしたのだろうということで家にまで行くわけです。そうすると，誰にも見取られずに死んでいた。こんなことでよいのだろうかと，自分たちで地域の食事会を開催し，そして自らデイサービスセンターを立ち上げていくというふうになっていきました。考えてみると，清掃労働者という人間がいるわけではなくて，たまたま清掃の仕事を担っているわけです。そうすると，能動的に，自分たちの仕事を様々に広げていくことができる。恐らく日本の労働者というのは，それだけの柔軟性といいますか適応能力を持っている。そうすると，自分は清掃しかできないのではなくて，様々なことができる主体なんだということに目覚めていくと，病院の見る目も変わってきます。「掃除のおばさん」「ゴミ屋さん」ではなくて，名前で呼んでくれる。そうすると，病院の中には医療行為以外の様々な患者さんの送迎や，ベッドを整える，院内のメール，様々なことがあって，医療職だけではできない，病院をつくり上げていくためのそういう仕事を任されていきます。

　さらに，地域福祉事業所を立ち上げ，コミュニティケアを担うということになりますと，退院した患者さんと結んで地域の中で暮らし続けることを支えることができる。そうすると，医療機関がもっとふくらみを持って，地域の中での人々の健康や生活を支えていくという医療機関になっていくということに貢献できるということなっていきます。

(2)　食と農（無茶々園）からの示唆

　2番目には，食と農ということですが，愛媛県に無茶々園というところがあります。無茶々園と言っても，お茶をつくっているのではなくて，有機農業のみかんづくりです。これは私たちより先輩なのですが，その人たちから教わったことが，大変大きかったわけです。ある夏の日，ビールを飲んでいると，酔いが早い，これは効率的だと思っていたら，それは農薬を吸ってるからだよと言われたわけです。自分たちの労働というのは一体何なのだろうか。そして，どういうものを消費者に対して送っていたのだろうかということを反省して，有機農業に一転して変わっていくということになりました。愛媛県の明浜町，

今，西条市というところと合併したところですが，その生産者団体である無茶々園が言っていることが，協同労働ということを考える最初のヒントになりました。彼らが何を言っているかというと，第1に「命に役立つ農産物をつくる」ということです。そのための有機農業，農法・土づくりを統一していく。しかし，それまでの農業生産者というのは，農協に納めることで終わっているんです。ですから，誰が何を食べているかなんてところまではつながっていなかったんです。それを転換して，自分たちの労働の意味を自覚的に捉え返しました。

　2番目には，「命の尊さを知った都市の人々と手を結ぶ」ということです。30年前は有機農業なんて聞いたこともないということでした。見てくれも悪いということだったわけですが，本当に評価してくれる，そういう都市の人々を生産者自らが組織をしていくということで，大変強力なものになっていくわけです。

　そして3番目には，「楽しく暮らせる田舎・地域をつくる」ということです。彼らは農業生産者ですが，労働者協同組合のメンバーです。協同労働者ということになりますが，ケアの仕事を立ち上げていくというところから連携が始まりました。この間，30周年でお伺いしたら，農薬・化学肥料を使わない農法ということは，同時に海を蘇らせる，小さな虫たちが戻ってくる，魚が戻ってくるということで，海と農地は実は繋がっている，地域の生態系そのものをつくりかえていく，蘇らせていくという労働なんだ，と言われました。生産者だけの単なる思い込みではなく，消費者の自覚的な結び付きという問題と，あるいは地域全体に，この明浜という地域でどういう生産をし，供給をして，発展していくかということにつながっていくんだ。そして，高齢者ケア，それから高齢期の新たな人生へということ，この3つが協同労働ということを考えていくことにつながっていきました。

2.2　協同労働のいま

(1)　介護保険制度を超えるコミュニティケアの展開～高齢者が地域づくりの主体に

　そして，協同労働の現在です。介護保険を皆さんご存じだと思いますが，2000年に大変期待をされてスタートしました。しかし，2007年，介護予防をやるんだと言いながら，実は今まで要介護の人たちが受けられていたサービスが徹底して給付が削減をされていくということになっています。制度があるから参入していったというのが大半の担い手の企業ですが，事業体としての経営も厳しくなるし，働く人たちの労働報酬も下がってくるということになってきています。

　そのときにもう1回徹底して，コミュニティケア，利用者そのものが交流をしながら新しい活動・生活を取り戻して元気になっていくことと，地域でそれを支えていく様々なコミュニティケアというものに立ち返るべきだということで，私たちは挑戦を開始しました。徹底して通所ケアを進めると同時に，健康づくりの日，あるいは文化的な講座などを同じ通所型サービスの中で行い，交流をして，それが介護保険の中で手当てされると同時に，自分たちの居場所づくりだということで，利用者が自分たちの施設としてつくり出していく。会員制の組織，自主グループとして自費でやっていくということになります。

　そうなってくると，この居場所を拠点にしながら旅行したいという人も出てくる。要介護の人を元気な高齢者が支えながら，高齢期になったら，障害を持ったら終わりじゃなくて，新しい暮らし，豊かな生活を実現していこうということをお互いの支え合いの中で実現していく。あるいは地域懇談会ということを組織し，人を集めてみる。人が集まってみると，何が出てくるかというと，例えば70代の夫婦，「40年間松戸の地域に住んでいるけれども，話し合う相手がいないんですよ」というようなことになります。そうすると，要介護，介護予防と言っても，人が集まって来なければ，閉じこもっていればそんなことはできないわけです。

　その中で，民生委員が，「実はお金がなくて，デーサービス以外には出て来

れないという人がいるんですよ」，ということを話される。そうすると，ケアワーカーの人がこういうことを提案するわけです。土地も農地もある。そうだとすると，その高齢者たちが農産物をつくり，あるいは焼物を焼いたり，仕事をやるということも含めて，その人たちも集まってこれるのではないか，あるいは近くに住んでいたプロの音楽家に高齢者が楽しく集まれるように，半分ボランティアで演奏をお願いしたところ，喜んでやってくれる人たちがいるということですね。

　そして，生活総合産業ということの1つに，2006年8月に，NHKの「生活ほっとモーニング」という番組で紹介をしていただいたんですが，先ほどの「掃除のおばさんが」というのは，北九州の門司労災病院で働いていた女性ですが，それが1つ，また1つという形で地域福祉事業所をつくっていく。自分たちがつくり出したノウハウとか人のつながりとかを活用しながら，地域福祉事業所を5カ所もつくっているわけです。それだけではなくて，100円惣菜とかコミュニティレストランをやっています。ケアとか福祉にかかわらず，本当に自然な形で人が集まってきて，共に食事をし，寂しくない暮らしをするということです。それからそこにいつも来ている人が来ないと，家まで出掛けて行って「また来てくださいね」と声をかけに行く。このコミュニティレストランや惣菜屋さんが見守り，支え合いの場になっていくというふうになってきました。すると，ただ介護保険制度に乗っかっているサービスではなくて，そういう形で様々なものを結合しながら，これが最高の介護予防ではないかと言えるものをつくり出していきました。

(2) 学童保育

　そうすると，高齢者ケアからさらに進んで，今，学童保育というところに新しい協同労働のあり方が広がってきています。大学を出たばかりの女性が挑戦していくのです。足立区では，4割の児童が就学援助を受けていて，大変貧しい地域というか家庭の基盤も崩壊しかねないような地域です。子供が育つには大変厳しい状態なんです。ですから，学童保育で小学校1年，2年の子たち

が，すでにいじめっ子，いじめられっ子の関係にある。学童保育の指導員の彼女たちが3周年で次のように振り返っているんです。

　いじめっ子2人が1人の子を押さえてサンドバッグにして殴り始めた。それだけは許せなくて「何やっているんだ，やられた子の気持ちがわからないの」と言ったら，「人なんか関係ねぇ」「本当にそう思っているのか」「うるせぇばばぁ」といった状況です。でも，そのときに怒鳴ったり，管理したりということで問題が解決するんだろうかいうことで，この子は何を考えているんだろう，なぜ暴力を振るってしまうんだろうか？　それは寂しさや，その存在を認めてほしいということではないかということを学童保育の指導員さんたちが話し合うわけです。そして，子供たちに向き合って，「先生は呼べば，いつでもA君の側に行くし，話も聞いてあげることができるんだよ」と話しかけます。その中でルールをつくろうということで，子供たち自身に問題を投げかけていきました。

　あの子はなぜ暴力を振るってしまうのだろうか。この学童保育の時間を本当に気持ちよく過ごせるような場所にしていくためにはどうしたらよいか，子供たち同士の存在を認め合い，子供たち自身に問題を投げかけていく。ここがすごいところだと思うのですが，「学童は先生だけがつくるものじゃない，みんながつくるものなんだよ，学童を楽しくするのも，つまらなくするのも，みんな次第だ」ということを積み重ねていくうちに，1年たって，本当に人を思いやる気持ちが子供たちの間で芽生え始めてきます。

　さらに考えてみると，問題のある子の保護者というのは，やっぱり自分も問題を抱え，孤立をしているのです。自分自身が誰にも相談できない。そのストレスで子供を虐待するようなことをしてしまったということを打ち明けてくれた。そうすると，親と子，当事者そのものの協同，つながりを取り戻すことが自分たちの仕事になっていく。すごいことです。今の学校でもないのではないですか。「学校というのは，子供たち自身が主人公になってつくるんだよ」ということを，学校は本当に言っているんだろうか。いずれにしても，親と子を一緒になってケアし，当事者主体と協同というものを組織していく。そして

「子供商い塾」という形で，商品の仕入れから販売まで，商店街の人たちが一緒になってやってくれる催しをする。そうすると，商店街の人たちが，この商店街にある学童保育の場が，自分たちも一緒になって子供を育てる場というふうに変わっていくわけです。

　すると，最初，暴力やいじめる，いじめられるという子供たちが学童保育の劇団をつくっていくわけです。この劇を地域の人々，学校の先生，親たちに見てもらう。今，このいじめに対して，命の尊さというものを考えてもらおうとか言っていますが，そんな理屈で通る話ではなくて，一緒になってお互い向き合いながら，共に何かをなし遂げていくという経験をしていきます。これが，大変大きなことなんですね。そうすると，最後には3周年には地域の人たちにも来てもらうことで，子供たち，親同士の協同，地域の協同というものをつくり出していく。こうして学童指導員が成長することでこういう実態をつくっていったわけです。

(3) 障害のある人の生活支援・就業支援

　さらに最近では，障害のある人の生活支援・就業支援ということが大変大きな領域として求められるようになってきました。養護学校の高等部の生徒たちを対象にヘルパー講座をやろうと計画します。その子たち自身がヘルパー，ケアの仕事を覚えていくということですが，福祉の専門家からは，そんなの無理だよ，そんな幻想を与えるなと言われました。しかし，命を支える仕事をやることで，その知的な障害のある子たちも本当に集中力が身に付き，親と先生と一緒になってその講座を受講していくということをやりとげました。

　そして，今度は自前の「仕事起こし講座」ということに広がっていきます。労働者協同組合のよいところは，働く人同士が協同していますから，そういう雰囲気，掃除をしている若い人たちが，自分たちで「仕事起こし講座」をやっていきます。その講座の後，清掃の仕事や，労働者協同組合の本部の「月刊情報誌」というのがあるのですが，そういうものの印刷をするというようなこと，あるいは公園の清掃，コミュニティセンターの清掃の仕事に障害のある子

たちが就いていきます。しかし，それだけでは障害のある子たちは非常に不安定ということになって，生活相談と悩みの相談を行う目的で「居場所づくり」を，自前でつくっていってしまうわけです。

　制度があったからやるのじゃなくて，この子たちが本当に働き続ける，尊厳を持って暮らし続けるためには，何が必要なのかということを，働いている清掃の組合員の若い人たちが考えてつくり出していった。これは大変なことだと思うのですが，次第に，制度的な助成金もいただくようになって軌道に乗っていきました。

　「障害者自立支援法」が本格的に2006年10月から施行されました。障害のある人たちの就労支援，地域での暮らしを支えていこうという，それ自体は大変素晴らしいことなんですが，障害のある人がサービスを利用するにしても，仕事をするにしても，1割負担がついて回り，そんな制度はとても利用できないということになっていきました。

　しかし，考えてみると，実は地域の中では，障害のある人とない人が共に働き，共に経営するというあり方があったわけです。先ほど触れた，群馬県でも缶・ビン・ペットボトルのリサイクルをやってみました。それ以上に素晴らしいと思ったのは，神戸で社会福祉法人「すいせい」というのがあるのですが，精神障害の人たちが，労働者協同組合のサポートも受けながら，海岸の清掃で働けるということを実体験しました。一度働いてみると，そのことを通じて生活のハリを取り戻してくる，元気になってくる。最初は「仕事なんて」と言われていたのが，もっと働きたいと発展していくのです。そのために，「すいせい」では，クッキー工場の中の「企業内授産」と言うのですが，理解のある企業からクッキーのパッケージというものの仕事をいただいた。そこからさらに市場で売れるクッキーを今度は自主事業としてつくり出していくということになりました。パティシェと言うんですか，そういう専門の人から指導を受けながら，本当に結婚式の引き出物にでも出せるようなもの，「障害者だからこの程度でということではだめだよ」と言われて，そういう協力を得ながら挑戦をしていったのです。そこから黒字が出て，今度はお返しをしていきたい。もっ

と多くの障害のある人の働ける場を，社会福祉法人の実績の中からつくり出していきたいということになった。

　大阪府の箕面市というところでは，障害のある人がオリジナルなデザインのTシャツやトレーナー，エプロンをつくっています。障害のある人が，生産力がない，効率性が悪いとは言えないんだということを示しているわけです。文化的なものだとすると，大量生産型で早くやれという画一的な労働には向かないかもしれませんが，そういうデザインの部門で得意な人がいる，あるいは地域の中からリサイクル品を無料でもらってくる，それをつくり直してリサイクルショップで販売をしています。

3. 21世紀型生産力としての協同労働

3.1 「競争」から「協同」の生産力へ

　21世紀型の生産力とは何だろうか。21世紀につくり出す私たちの財というものは何だろうか。この場合には，障害のある人がコミュニティの一員・市民として働き始め活躍し始める，そのことがコミュニティにとっても心豊かな地域社会をつくっていくということになるのではないか。そういう財というものが，私的な生存競争をし合う人たちによる生産力ではなくて，障害のある人もない人も協同する，そういう協同の生産力というものが21世紀型の生産力なのではないかと思います。

　物やサービスを提供することが，あわせてそういうコミュニティをつくり出していく。そういう財だとすれば，今，競争的な学校の環境の中で，統合失調症を初めとして様々な精神の病というものが生まれていますが，人間らしい働き方をしていくことになると，そういう生産力が，協同的な生産力に広がっていくのではないかと感じているところです。

　そうした財は何か。ドラッカーという人がこういうことを言っています。「社会的な領域において求められている生産物とは何か」，それは「自分で勉強し始める子供たち，社会人として自立と尊厳を持って世の中に出ていく青年男女，あるいは病んで，健康を取り戻していく人たち。そうすると，人間を変革

すること，そのものが財なんだ」ということです。それがまさに社会的な労働になってくるのではないかということを言っています。

3.2　異様な資本主義の克服〜社会の再生は労働の再生から始まる

橋本健二さんという人が『階級社会』（講談社選書メチエ）という本の中で，「格差社会」ということではこと足りないのではないかと言っています。もっと大きな構造変動が起きているのではないかということを橋本さんは言うわけです。というのは，35歳未満の無業層，フリーター層は550万人，28.5％になっており，労働者階級とも言えない，それ以下の階級として下層階級が膨大に形成されているということを言っています。

その中でも，とりわけ問題になっているのが「偽装請負」です。ピーク時に必要なだけの労働力を調達していく，したがって雇用関係もない。そして決定的に大事なことは，今，ある大企業の工場で，余りにも低い賃金のために，昼飯を抜いているとか，水とコッペパンの食事で，自分の労働力の再生産も保障されない。そして，結婚をして子供をつくって育てるという世代的な再生産も不可能な労働だということです。これは，大変異様な資本主義が生まれてきたわけです。同時に，働く人の使い捨てをやる経済，企業というのは何なのか。私は，企業が21世紀型の経済を提案できなくなっているのではないかと思うわけです。

そうなってくると，事は下層階級の話だと言えないのが『週刊東洋経済』の特集「落ちる中間層」です。ホワイトカラーの海外へのアウトソーシングが始まっている，ホワイトカラーが減らされていく。そして200万人の公務員がワーキングプアになる日が来る。どこか資本主義が狂っているのではないのか。この資本主義は，異常なところに来つつあるのではないかと強く思うわけです。公務員にしても効率性だ，安ければよいということになっています。それがどういう結果になっていくのかと言えばJRの尼崎脱線事故です。

効率性というのは何なのか，公共というのは何なのか，人間の生命を支えるとか，人間の発達を支えるということのために私たちは税金を出しているので

はないですか。社会保険の保険料というものも拠出し合っているのではないですか。何を目的とし，いかなる効率性かということをもう一度考えなければなりません。結局のところ，人間を使い捨てて，本当に必要なサービスが届けられなくなるような，そういう実態が形成されているのではないかと思うわけです。

　人間の労働とは何なのかを考えていくことになると，生存競争をし合って，その中で勝ち組・負け組で生き残ればいいということは，結局のところ多くの人々にとって使い捨ての明日が待っているし，必要なものが本当に提供されない。そうだとすると，協同労働と言ってきましたが，人々自身が仕事を起こしていく，地域をつくっていくという主体としてもう一度問い直すということが，根本的に求められているのではないだろうかと思います。

　厚生労働省自身が「雇用創出企画会議」というのをやりまして，大企業が雇用を拡大する時代は終わったと，はっきりうたっています。それになり代わって新しい仕事を起こしていくあり方は何なのか，その有力な分野はコミュニティビジネスだ。コミュニティビジネスといっても，営利の変形ではなくて，人々自身がコミュニティの中で地域の問題を仕事を通じて解決していく。その具体的なあり方として「労働者協同組合」という言葉が初めて官公庁の文書の中で書かれております。ですから，時代はそういう方向に向かっているのですが，そのことを本当に自分たちで実態をつくりながら新しい制度に持っていく。今の使い捨てではない労働のあり方を実現していきたいと強く思っているところです。

　労働の現場から社会が変わっていくという協同労働運動を，公務労働者も民間企業の労働者も本当に考えないと，労働運動の側も本当の意味では連帯をつくり出すことはできなくなっています。リストラになって，そのリストラを同じ労働者が担いながら，自分もまたリストラされていくということになってきます。もう一度その連帯をつくり出すためには，何が必要かと言えば，労働そのものが人間にとってどういう意味を持つのかということを根本的に考え直すところから始まっていくのではないかと思います。その意味で，社会の再生は

労働の再生から始まるのではないかということを申し上げまして，少し時間をオーバーしましたが，お話を終えたいと思います。

質問箱から

🔸 最初に，協同組合運動は，市場経済社会とはどのような関係になるのでしょうか。理念が先行すると，市場で生き残るのが難しい，あるいは広がっていかないような気がするのですか。

また，協同組合の労働者たちは何を求められているのか，普段，協同組合はどのようなことをしているのでしょうか。

もう1つ，フリーターについての質問で，菅野先生ご自身のことについてですけれども，「元祖フリーター」と名乗っていらっしゃいましたが，当時，フリーターで生活はしていけたのでしょうか，また，フリーターあるいはニートと言われる人々が，働けるようにするためには，どのようなことが必要であると思いますか。

🔹 本当は協同労働運動ということを申し上げたかったのですが，今の市場経済というのは，小生産者たちが，自分のつくっている物を交換し合うという市場経済ではありません。企業がグローバル化して極限まで独占状態が来ました。そのときに，同時に大量生産型，資本主義・営利企業にとってお得意だった大量生産・大量消費・大量廃棄というものが様々な意味で市場的な限界を迎えている。むしろグローバルな大企業が人間を動かしているわけです。そして，21世紀型の企業の見通しというものが，次第に見えなくなっている。大量生産以降というものが何なのか。

去年のホリエモンから始まった騒動というものが，実はバブル的な投機でもって，自分たちが何をつくるか，あるいはサービスや生産物をつくって評価をされて，それでもって事業経営を発展させていくというのではないやり方といいますか，会社そのものを，バブル的な投機の対象にして，金のある者がますます金が金を生むといいますか，そういうところに来ているのではないだろうか。バブル的な投機とその破綻を繰り返す経済になりつつあるのではないかというのが，思うところです。

そして，今度の憲法改正の動きもそうですが，「軍産複合体制」，戦争経済というものに大きな期待を寄せる。そういう状況というもの，あるいは食べ物にしてもそうです。アメリカの牛肉輸入にしてもそうです。安全性が確認されないのに，アメリカの企業が儲けることのために，日本もそれに追随していく。耐震偽装問題もそうです。地震が起これば死ぬということがわかっているようなものでも，生命・安全を損なうようなものでも，企業が儲けるためには平気で売り出す。儲け至上主義というのが極限に来たということだろうと思います。

その意味で，協同組合というものは市場を無視するものでもないし，市場を否定

するものでもありません。もっと本来的に生産者と消費者相互が，人間として連携して，本当に必要なものは何なのかということを発信し，それをつくり合う。あるいは，消費者もまた地域住民も労働者・生産者であるということからすると，経済の本来的な姿は，必要なものをつくり出し，交換し合うということが根底にあるわけです。その意味で，市場というものを本当に人間の連帯というものによってつくりかえていく，人間のネットワークによって制御される市場というものに再びつくりかえていくということです。単なる理念論ではなく，21世紀に必要な財とは何かということを繰り返し申し上げたのも，新しい市場をどうつくるかということなのです。と同時に，新しい公共をつくるということが合わさってまいります。協同組合は，そういう人間と人間の信頼関係を取り戻しながら，社会を再生しながら人間の経済をつくっていく営みです。だれも信用し合えない社会というのはあり得ないわけです。

　もう一度社会を再生し，市場を再生し，国家権力ではなくて，新しい公共を，人々自身が，市民自身が，本当に必要な公共サービスを設計し，つくり出し利用していく。こういう新しい公共，社会の再生・連帯ということを土台としながら，市場の領域と公共の領域をつくりかえていくという意味で，極めて現実的なというか，維持可能な社会を実現していく１つの有力な担い手が協同組合だと思っております。

　「元祖フリーター」の件ですが，確かに私の場合には「学生運動崩れ」とかいうものもありました。そのころは，労働者協同組合とか協同労働とかいうものは全くわかりませんでした。しかし，人と地域に役立つ良い仕事をして働き続けるという，それそのものが目的の協同組合があるんだということで，本当に驚いたわけです。日本社会では，企業というと営利企業，労働者というと雇用労働者，雇われて働く労働者というのが，抜き難く存在しています。

　原則のところでも申し上げましたように，社会的な連帯の中での企業というあり方があるんだ。特にヨーロッパでは社会的企業，社会的協同組合という形で出現をしているわけです。今の若い人たちにとって大変困難なのは，そういうものがまだまだ見えないということです。学校の段階から競争を強制されている。完全に時代遅れなんです。生徒たちが共に何かを協同して創造するという経験を積んでいくのかどうなのかということが，21世紀型の人材養成ということでは決定的に大切なはずなのですが，工業時代の教育のあり方がそのまま続いているわけです。一斉授業をやり，テストの点数でもって差別・選別をしていく。そして上層の部分というのは管理職になっていくようなあり方。本当はそれが崩れているはずなのですが，まだそれを続けているわけです。私は「学力テスト反対闘争」というのを中学の段階でやったわけですが，同じことをまた強化しようとしています。ストップウォッチ

を持って生徒がいかに早く正しい回答をするかと，もうそんな時代ではないのではないかと思います。ですから，人間が内面から荒廃していくということで，本当に子供たちが明日の社会を担うような人間になっていくのだろうかと思います。
　できる子というのも，またそうだということになります。そういう意味でニート問題というのも，根源は大変なことだと思います。競争の文化の中で，しかも1995年に今の日本経団連，当時の日経連が「新時代の『日本的経営』」というのを打ち出していくわけです。ごくごく一部の人たちが正社員としてエリートとして残っていく。それに対して，技術・技能を持っている人たち，あるいは経営などでも専門性を持っている人たちも3年とかいう形でもって，その生産力がある間は，企業にとって儲けになるという間は雇用を更新し続ける。しかし，要らなくなったら捨てていく。そして圧倒的多数は，パート，アルバイト，派遣労働者というふうに切り換えたわけです。
　昔だったら高校や大学というので「新卒一括採用」という学校から仕事へという経路があったわけです。それがなくなってしまった。即戦力の人間たちを採用していくというふうに切りかわっていくわけです。その結果として，高校生を初めとした若者労働市場の崩壊が起きています。二重三重の環境の悪化の中で，今の若いやつらは働く気がないんだ，覇気がないんだと，だから鍛えてやるんだと言うのは，全く見当違いの話です。
　私は，企業で働きたくないという自発的なというか，自ら主体的に選んだことですから仕方がありませんが，今の若い人たちは，そういう点で大変苦しいと思っています。
　そういう点では，職業訓練ということも含めて，社会的な回路をどのように再生していくのか。その根底に協同の人間の出会いがあるのではないかと思っております。

第11章 ディーセント・ワークについて

長谷川　真一

1. はじめに

　ご紹介をいただきましたILO駐日代表をしておりますの長谷川です。きょうは「人間と経済」の特別講義で，中央大学に呼んでいただきまして，話の機会を与えていただき，大変ありがとうございます。

　短い時間ですけれども，「ディーセント・ワーク」についてという題をいただきましたので，これをめぐって幾つかの話をしたいと思います。パワーポイントのコピーをお配りしてあるかと思いますが，これに沿って話を進めたいと思っております。

　きょうの話は，まず，ILOの目的・組織・活動について，簡単にご説明をし，その後，アジアにおけるディーセント・ワークに向けての課題，日本におけるディーセント・ワークに向けての課題，そして，最後に日本とILOという順序で話をしたいと思います。

2. ILOの目的，組織，活動

　ILO（国際労働機関）の目的ですけれども，ここに「社会正義の実現」と書いてあります。ILOというのは1919年，第1次世界大戦の後創設された機関でありまして，第2次大戦後，国際連合ができた後は，国際連合の専門機関になって続いていくわけであります。ILO憲章というのは，第1次大戦後，国際連盟ができたときに一緒にILOができて，そのときに書かれたのですけれども，「世界の永続する平和は，社会正義を基礎としてのみ確立することができる」「いずれかの国が人道的な労働条件を採用しないことは，自国における労働条件の改善を希望する他の国の障害となる」とありまして，国際的に労働

条件をできるだけそろえていくことによって,ひいては世界の平和の役に立とうということであります。

　今月「ノーベル平和賞」の授賞式がありましたが,ILOもノーベル平和賞を創設から50年たった1969年に受賞をしております。1日8時間労働とか,母性保護とか,児童労働,職場の安全,平和な労使関係の推進,こういったことがILOが扱っている労働の領域のテーマですけれども,こういった問題について,今までいろいろな実績を上げてきたということであります。

　21世紀の今,ILOが掲げておりますのが,「ディーセント・ワークの実現」,すべての人々にディーセント・ワークを実現することが目標であります。ディーセント・ワークとは,本当はカタカナであまり使いたくないんですけれども,なかなか日本語にうまく訳せない。駐日事務所では「人間らしい適切な仕事」とか「人間らしい仕事」と訳しております(註:2007年秋に「ディーセント・ワーク(働きがいのある人間らしい仕事)」とすることで関係者が一致した)。このディーセント・ワークについての簡単なパンフレットも資料の中に入れてありますが,「ディーセント・ワーク」という言葉を考えるときに,ディーセント・ワークでない仕事,ディーセント・ワークの欠如というのは,どういう状態かを考える方がわかりやすいかと思います。

　まずは,失業,仕事がないということです。雇用機会がないということが一番大きい。次に,ディーセント・ワークという場合には,雇用がない,失業ということだけではなくて,雇用の質も問題になる。不完全就業あるいは質の低い非生産的な仕事,危険な仕事と不安定な所得,それから権利が認められていない仕事,男女不平等,移民労働者が搾取されているような仕事,それから働いている人の代表権や発言権がないような仕事,病気や障害あるいは高齢者に対する十分な保護がないような仕事,これがディーセント・ワークではない仕事です。それが逆である仕事がディーセント・ワークで,そういうディーセント・ワークをすべての人々に実現しようというのが,今,目標として掲げていることであります。

　それで,ILOの組織ですけれども,1919年に設立されたわけですが,国際

機関としての大きな特徴は，政・労・使の三者構成の組織であるということです。意思決定機関に労使という政府以外の民間が直接参加している唯一の国連系の専門機関であります。この意思決定機関の下に事務局があるわけで，事務局の本部は，スイスのジュネーブにあります。179カ国の政・労・使は大体国連の加盟国と同じですが，国連に加盟してILOに入っていないのは，北朝鮮とか，幾つかの国があります。加盟国によって構成される総会，それから政・労・使の代表による理事会が意思決定機関，その下の事務局はジュネーブに本部がありまして，本部直轄の駐日事務所，それからワシントンとニューヨークに事務所があります。

　それからあと主に技術協力活動，これについては後で詳しく説明しますけれども，技術協力活動を総括する5つの地域総局というのがあります。アフリカ，欧州・中央アジア，アジア太平洋，それからアラブとラテンアメリカ，それぞれの下に準地域事務所なり，それぞれの国の単位の事務所があります。ここでは，アジアの例を挙げますと，国別事務所は北京，ハノイ，コロンボ，カトマンズ，ダッカ，イスラマバード，ジャカルタ，マニラ，こういった所にILOの事務所がありまして，技術協力の様々な活動の総括・調整・管理をやっています。

　ILOの活動の主なものとして，ILO条約が有名です。ILO第1号条約が，有名な8時間労働を定めた条約で，これは一番最初の総会で，できたわけです。そういった国際労働基準を設定して，その適用監視，批准した国などについて，それをちゃんとやっているかどうかを監視するというのが活動の重要な柱であります。

　それとともに，特に第2次大戦後，多くの発展途上国が独立をして，国連やILOにも加盟してきています。そういう発展途上国はなかなかすぐにILO条約に決められた基準に現実が対応できない。それらの国々の基準実現を目指して国際社会として技術協力をしていこうということで，この国際的な技術協力の活動があるわけでありまして，これが特に第2次大戦後，拡大をしてきているわけであります。

あとはそれをサポートするような「訓練・教育・調査研究・出版活動」，こういったことをやっているわけであります。ILOの活動あるいは駐日事務所の活動についても，きょうの資料の中に小さなパンフレットを入れてあります。我々の駐日事務所では，日本語のウェブサイトや毎月，メールマガジン等も出しておりますので，ぜひ時間のあるときに見ていただければありがたいと思います。

　先ほどディーセント・ワークの説明を簡単にしましたが，すべての人にディーセント・ワークをというILOの目標を実現する上で，ILOは4つの戦略目標を決めております。1つは，仕事の創出，雇用機会をつくるということであります。小規模企業の振興，協同組合の振興，労働集約型インフラ整備，技能・職業訓練を通じた能力開発，災害後の仕事おこし。これらは主にILOが今やっている発展途上国に対する支援を頭に置いていますが，もちろん雇用の創出には，マクロ経済政策を初めとする経済政策が非常に重要な要素になるわけであります。

　2つ目の戦略目標としては「仕事における基本的人権の確保」。結社の自由及び団結権，労働組合の基本権ですね。それから差別撤廃，男女差別，人種差別，様々な差別の撤廃，それから児童労働，強制労働の撤廃，こういった仕事における権利の問題，これが2つ目の戦略目標であります。

　3つ目が「社会的保護の拡充」，これは日本で言うと，労働基準法に代表されるような話です。また職場の安全，衛生であるとか医療，失業保険，年金，移民労働者の問題，最近日本では「ワークライフバランス」という議論などもあるのですが，こういう社会的保護というのが3つ目の戦略目標です。

　最後の4つ目の戦略目標は，社会対話の推進であります。先ほど申しましたように，ILOは，政・労・使という三者構成を大事にして，それを意思決定の基礎にしているわけですが，それぞれの国でも，政・労・使の対話あるいは労使の対話，そういった話し合いなり，交渉を大事にしていこう，それが社会対話の推進ということであります。ILOはこの4つの戦略目標を定めて具体的な活動をしていきます。

それぞれの戦略目標についてもう少し説明をしますが，まず，1つ目の雇用，仕事の創出です。ここに書いてある例は，ILOがやっている技術協力活動の1つの例ですが，これは障害者のための理容技術コース，フィリピンでやっている例ですけれども，経済的な力がついていない弱い立場の人に対して支援をして，自分で自立をして，生計の道が立つようにすることを目指してTREE（Training for Rural Economic Empowerment）というプロジェクトがあります。ILOがやるのは，パイロット的に，その国で1つプロジェクトをやって，これを1つの例として，その国でもっとこういった活動が自主的に進むようにしていく。国際機関としては，いろいろな国でやった技術協力でうまくいったもの，成功していることを，他の国に適用して広めていこう，そんな活動をするわけであります。

　2つ目の権利の話です。「仕事における基本的人権の確保」であります。1998年にILOは「仕事における基本的原則及び権利に関するILO宣言」をつくりました。ILO条約は1919年からつくってきていますが，現在187の条約があります。非常にたくさんの条約があります。たくさん条約があると，なかなか一つひとつの条約は目立たない。言い方は悪いですけれども，そんな事情から，幾つもある条約の中で特に重要な条約，「中核的労働基準」というふうに呼んでいますが，4分野の8条約を選んだわけです。「結社の自由及び団体交渉権と労働基本権」，この87号条約とか98号条約というのは，日本でも最近ですと，公務員の労働基本権問題の関連で有名であります。それから強制労働の撤廃，児童労働の廃止，それから職業上の差別撤廃，この4つの分野の8つの条約を基本条約と呼んで，この8つの条約については，批准していない国でも重要視してほしいということで，普及の促進を図っているわけです。

　最近はこの8条約「中核的労働基準」はいろいろなところで使われるようになってきて，例えば国連の「グローバル・コンパクト」があります。国連も最近，経済社会分野の活動に力を入れているわけですけれども，「グローバル・コンパクト」の中でもこの8つの基本的なILO条約・中核的労働基準を尊重すべきだとしていますし，今ISO（国際標準化機構）で，CSR（corporate social responsibility），企業の社会的責任についての国際基準をつくろうという動きがありますが，その中でも，この中核的労働基準について議論されています。

きょうバンコクから私のところにニュースが送られてきましたけれども，これによれば国際的な労働団体と世界銀行，IMF の会議が今週あり，その中で，世界銀行のウオルフォウィッツ総裁が，公共の基盤整備のために世界銀行が融資をするときには，ILO のこういう条約を守っていることを条件にしたいというような発言をしたということです。例えば児童労働でダムをつくるとか，そういうことは認められないというような意味であります。

今，第 2 番目の戦略目標の話をしたわけですが，ILO の活動で，条約の関係と実際の技術協力の話がどのように連動しているかを，児童労働を例に挙げて少し説明をしたいと思います。

規範的な活動，先ほど申し上げましたように，児童労働で 2 つの重要な条約，最低年齢の条約と最悪の形態の児童労働の撤廃の条約，この 2 つの条約がありますが，この批准の促進をする，各国で批准をしてもらって，この基準を守ってもらうというのが規範的活動であります。

それとともに児童労働撤廃国際計画（IPEC）というプロジェクトを立ち上げて，これによって主に発展途上国で児童労働が少なくなるような技術協力活動をするということであります。日本で児童労働の話をすると，何で子供が働くのが悪いんだとか，ニートとかフリーターにならないように，子供のころから少し仕事の経験を積んだ方がいいんじゃないかという議論が出るんですけれども，それは定義の問題でして，「児童労働」とは子供たちの健全な成長を妨げる仕事を意味します。家や田畑での手伝い，あるいは小遣い稼ぎのアルバイトなどは，ILO の児童労働の定義には入らない。原則15歳未満の子供，それから最悪の形態については「18歳未満の子供が大人のように働く労働」という定義をしています。最悪の形態についていうと，例えば「債務奴隷」と言って，親の借金のかたに働かされるとか，鉱山とか，非常に危険・有害な環境において働かされるとか，そういった労働が最悪の形態で，これを特になくそう

としているのです。

　先ほど申し上げた4つの分野の世界の状況についてILOは毎年1つずつ取り上げて実情を調べています。児童労働については2004年のデータで2006年に発表したわけですが，2000年，つまり4年前に比べると，世界の児童労働は少し減ってきています。これは経済成長もあるし，ILOの活動などで少し取組みが進んできたということがあります。しかし，2004年の段階で世界全体で見ますと，子供7人のうち1人がまだ働いている。そういう実態がある。減少はしているが，特に発展途上国，貧困な国を中心に児童労働がまだかなりあるということであります。

　それで技術協力の活動ですけれども，児童労働が何であるのか，最大の原因は貧しいからであります。子供が働かないと，家族の生活ができない。親には生計の道がないということで，貧困というのが最大の原因ですが，それに加えて子供に教育を受ける機会がない，学校がない，あるいは学校で教える適当な教師がいない，あるいは親自体の教育が欠如している，それから地域社会で子供が働くという慣行がある，あるいは紛争とか災害があって，子供も働かざるを得ない。社会の変化で地方から都市へ出てきて，都市のインフォーマル経済と言っていますけれども，表に出ないところで仕事をせざるを得ないとか，いろいろな問題要素があるわけであります。

　ただILO条約をつくって「児童労働はけしからん，やめなさい」と言っても，事は進まない。それぞれの地域，それぞれの場所における，なぜ児童労働が起こるかという原因がありますから，そういったことに応じた様々な活動をするという技術協力プログラムの展開もILOはやっておりまして，今，ILOの技術協力プログラムの中では，児童労働をなくすという活動が一番多い。一方，大人に仕事の機会がないから，子供が働かざるを得ない。みんな連動をしているわけで，大人にディーセント・ワークをと言っています。児童・子供はよく言うことを聞くし，安く使えるしということで，子供を使う。他方，若い人の雇用機会がない。そういうことを放置していると，児童労働自体，人権の問題でもありますけれども，そういった児童が成長したり，若者が成長して

も，十分な社会への貢献ができないということになってしまう，そういうことをなくしていこうということであります。

　これはILOがやっている活動例の1つですけれども，パキスタンで「サッカーボール・プロジェクト」というのがあります。世界のサッカーボールの約75％がパキスタンのシアルコットという地区で作られている。これを1996年，今から10年前にILOのプロジェクトで調査をしたところ，7,000人の子供が学校へ行かないでサッカーボールをつくっていたということであります。これを何とかしなければいけない。サッカーボールを蹴ってゲームを楽しむのはよいが，ボールをつくっている元が児童労働だ，これを何とかしようということで，シアルコットのいろいろな地域の機関と連携して，子供たちが学校へ行けるように支援をしよう。サッカーボール自体は，コミュニティ単位の作業場を設置して，児童労働でなく，作るようにしよう。それから今まで学校に行かないで労働をしていた児童は，すぐに正規の学校に入るわけにいかないので，ノンフォーマル教育，正規の学校へ入るための準備的な教育の機会をつくって，そこへまず子供に行ってもらおうということをやったわけです。そういうセンターをつくりまして1万人を超える子供を教育して，正規の学校に移行できるようにした，これは1つの具体的な活動例であります。

　それから，もう少し最近ですけれども，カカオ，チョコレートの原料豆，これは西アフリカでほとんどつくられているわけですが，ここでやはり25万人を超える子供たちが働いている。これも何とかしなければいけないということで，チョコレート，ココア業界等がイニシアティブを採りまして，国際ココアイニシアティブを締結してこれで活動を始めています。子供たちを教育・訓練の場へ戻す，家族の所得向上の支援等々の活動によって，これを救済することを目標にして技術協力を進めています。

　次はディーセント・ワークの戦略目標の3番目「社会的保護の拡充」であります。安全・衛生の活動を例としてお話しますが，小規模建設現場について，参加型の安全衛生改善活動をやっております。これも建設現場といいますと，特にアジアは中国，インドを初め今，経済成長が進んでいます。東南アジアで

も成長が速いので，建設現場が非常に多く，特に農村から都市へ出てきて建設現場で働く人が増えているのですけれども，そういったところで，どうしても安全・衛生が忘れ去られる。現場に即した安全・衛生の活動を普及しようというプロジェクトをやっています。

最後の4番目の戦略目標は，社会対話の推進ということで，これはイタリアの例ですけれども，企業の社会的責任の原則に沿った政策と実行のために，イタリアとか，あるいはチュニジアとかモロッコとかアルバニアなどに行って活動しています。これはイタリア外務省の財政支援ですけれども，いろいろな国がILOの正規予算とは別に，拠出金を出して，特にこういった活動について支援してくれております。先程述べた児童労働の活動についてもアメリカの労働省から結構たくさん支援をしてもらっています。日本の支援についても，後で少し説明をします。

3. アジアにおけるディーセント・ワークに向けての課題

今日の話の2番目のテーマは「アジアにおけるディーセント・ワークに向けての課題」で，アジアにおけるディーセント・ワーク，雇用問題についての課題について，少し話したいと思います。

今年の8月から9月にかけて韓国の釜山で「アジア地域会議」という4年に1回あるアジア版のILO総会がありまして，ここで2015年までにすべての人にディーセント・ワークを確保しようという「アジアにおけるディーセント・ワークの10年」という宣言を採択したわけです。2015年というのは，国連が「ミレニアム・ディベロップメント・ゴール」という「国連の開発目標」を定めていまして，この目標年次が2015年です。2015年までに貧困を減らすとかHIV／エイズの罹患者を減らすとか，8つの国連開発目標というのを決めているのですけれども，それに合わせた形でILOの場合には，自分の分野であるディーセント・ワークを，そこまでに実現していこうということであります。

地域会議で主に議論されたテーマとしては，5つあります。まず，「生産性向上と雇用の創出」，基本的に生産性の向上をしていかなければいけない。そ

れから若者の雇用問題がアジアではまだまだ重要であります。3つ目に移民労働者の問題，次は労働法などで労働市場をどういうふうに管理していくか，最後に社会的保護の拡大，これらがテーマであります。

　議論の材料として，アジアにおける問題を人口・貧困・雇用の3つに分けて，ILOが報告書をまとめたのですけれども，これも詳しくはこの会議については，ILOの東京事務所のウェブサイトに特別のページを設けていますから，見ていただけるとありがたいのですが，まず人口の問題があります。アジアはまだまだ人口が総じて多く，若い。アジアには中国やインドなどがあり，非常に人口が多いということはご承知のとおりなんですが，一方で少子化・高齢化というのがかなり進んでいます。アジア・太平洋地域全体を見たときに，人口構造がどう変わるかというデータをみますと，0歳から14歳までの子供が，今は大体30％ぐらい，あと25年たつと20％ぐらいになると思われます。それが15歳から24歳，25歳から59歳を見ていくと，全体として少子化・高齢化というのが徐々に進んでいます。実は日本で1.29ショックだ，1.27ショックだと言って，合計特殊出生率が下がっているということが取り上げられているのですが，日本と中国と韓国がどうなっているかというのを1970年から2004年までプロットすると，日本はどんどん少子化が進んでいるんですけれども，韓国は20年前ぐらいに日本と並びまして，大体ここから日本と韓国は抜きつ抜かれつという感じであります。中国は，改革開放が1978年ですが，「一人っ子政策」で，文化大革命のころまでは，毛沢東は生めよ増やせよというような感じだったんですが，人口政策を転換して「一人っ子政策」を行った。そんなことで合計特殊出生率が下がってきているわけです。

　日本と中国と韓国の例をみてみましょう。高齢化率というのは，総人口に占める65歳以上人口の割合ですけれども，これがどう変わっていくか。日本は2005年に高齢化率が20％を超え，一番先に高齢化が進んでいるわけです。今は，まだ韓国と中国は高齢化率が10％に達していない。韓国は，しかし，日本より合計特殊出生率が今，下がっていますから，急速に高齢化が進むという見通しです。20％を超えるのが2025年ぐらいと見込まれます。30％になると，日

本から5年か10年ぐらいしか遅れなくなってきます。そんなことで，高齢化対応は，韓国もこれから重要になってくる。中国のことは説明する時間がありませんが，いずれにしても高齢化が進みます。そして，中国，韓国は，日本の高齢化対応を後からみて参考にしていくと考えられます。

今，少子・高齢化の話をしましたけれども，長期的にみれば，いずれは高齢化への対応が重要になる。ところで人口構造の変化と発展可能性の関係をみますと，14歳までの層と，60歳以上の層あたりが社会全体の中では生産年齢人口ではない，つまり支えられる層です。少子高齢化で人口構造が変わるということは，まず子供がだんだん減りますので，社会の中で支える方の人口の割合が少し多くなる。これを人口の議論の中では人口のボーナスと言いますけれども，そういった状態になる国が今多いので，そういう意味では，発展の可能性が高くなる，それが今からしばらくの間続いていく国が多い。長期的には高齢者の増加が大きくなってきますので，また社会の中で支えられる層の割合が増えることになりますが，アジアの多くの国ではまだ日本のように高齢化は進んでいない。

いずれにしても人口構造が変わるということは，経済にいろいろな影響が及びます。アジアの現状では若者の問題が重要であります。「ミレニアム世代」とILOは呼んでいますけれども，21世紀になって初めて労働市場に出てくる世代が，世界全体の60％がアジアでにあるということであります。

ちょっとわき道にそれますが，HIV／エイズについてお話しますと。特にサハラ以南のアフリカでHIV／エイズの問題が非常に重要になってきておりまして，今HIV／エイズの罹患率というのは，世界全体では1.1％なのですが，サハラ以南アフリカは7.5％になっています。これは労働の分野でも，そのくらいになってくると問題になるんですが，エイズが発症して中核の労働者が抜けてしまう，あるいはエイズ孤児が多く出てくるということで，成長なり経済にも影響するという実態が，サハラ以南のアフリカには出てきているので，これを大きく問題にしているわけです。国連のミレニアム・ディベロップメント・ゴール，開発目標でも，このHIV／エイズの問題を1つの柱として

取り上げていますし，UNエイズ，あるいは世界基金というような機関もできているわけであります。

ただ，アジアの場合には，これから問題が大きくなると予想されていますが，東アジアでは，まだHIV／エイズの罹患率は0.1％，南東アジアでも0.6％ということで，労働経済問題としては，まだ大きな影響が出るようにはなっていないということであります。

次にアジアではどうしても貧困の問題を話さないといけない。経済成長が進んでいますので，アジアでの貧困は，特に中国，インドを中心に大分減ってきているのですけれども，アジアでは19億人が1日2米ドル以下で暮らす。国連も昔は1日1ドル以下を貧困と言っていたのですが，最近は1日2ドル，2ドルというのは，大体230円ぐらいですから，月7,000円ぐらいであります。それ以下で暮らしている人がアジアでは19億人いる。特に南アジア，インド，パキスタン，バングラデシュ，スリランカ，そういった地域に多い。日本でも最近使われるようになった言葉ですが，仕事はしているけれども，貧しい，「ワーキングプア」という人が多いのであります。

次に「雇用に関する課題」ということで，ILOが特に言っているのは，経済成長はアジアも今，非常に伸びていますが，それに伴った雇用機会が十分に生まれていない。グローバル・ジョブ・クライシス，「世界的な雇用危機」という言い方をしていますけれども，特に若者とか女性の雇用機会に問題があるのではないかと言っています。

それから発展途上国の場合は，インフォーマル経済形態，都市のわかりやすい例で言えば，露店や屋台。そうした事業はなかなか政府が把握できない。したがって税金も払わないし，一体どういうことになっているのかよくわからない。要するにデータには出てこない，つかまえられていない経済，多くの発展途上国ではそういったところに雇用が集中している。したがって，労働法ももちろん実際には適用されていないので，そこにいろいろな問題が起こるわけです。そういう都市のインフォーマル経済や，あるいは農業での雇用の問題があります。

皆さん方，外国人労働者についての授業があったと聞いていますが，アジア全体で労働力移動は増えています。出生国の労働力増加の2倍の速度で（これはアジア全体の平均です）自分の生まれた国でないところで働く労働者が増えている。

　それから移民労働者の中で女性が多い。2001年のデータで，47％の移民労働者が女性です。どういった層が労働力移動をするかというと，両極化しています。一方の極は，ある意味でグローバルな労働市場ができている非常に高度の熟練労働者であるとか，専門技術を持っている人たち，これは国籍に関係なく，国に関係なく移動する，こういう層です。もう一方は3K，そこの国の出身労働者がやらない仕事です。家事労働とか，例えば中東へ家事労働者が東南アジアから行っているとか，フィリィピンの家事労働者が香港とかシンガポールに行っているとか，そういうふうなこと。あるいは建設労働者として中東には韓国も出ていますけれども，その国の労働者では賄えない労働のところに行く。このように二極化する実態になりつつあるとILOは言っています。

　そして未熟練労働の一方の極の中で不法入国であるとか，あるいは人身取引といった，違法な形の労働力移動が増加してきていて，これに取り組んでいかなければいけない。適切なマネジメント，適切な労働力移動の管理あるいは外国人労働力移動に対する政策が強化されなければいけない。これらがアジアにおける雇用の課題としてあります。

　ILOのアジア地域会議の中で，ディーセント・ワークの実現のために，アジア全体ですけれども，どんな活動をやっていくべきかということを，議論をしてまとめました。まずは，中核的労働基準の批准と尊重。さっき言った4分野・8条約ですね。それから生産性の伸びと経済競争力，雇用創出。インフォーマル経済や，農村地域における開発，教育機会の推進，それから若い男女のディーセント・ワーク，それから児童労働の撤廃，労働力移動，それから労使間の協力促進，男女平等。また，これは障害者あるいは強制労働，HIV／エイズ，先住民など，弱い立場にある労働者への配慮，労働安全衛生，こういったことに優先的に取り組んでいかなければいけない。

4. 日本におけるディーセント・ワークに向けての課題

　これから，日本におけるディーセント・ワークに向けての課題の話に入ります。ILOは日本のことを整理して，分析しているわけではない。主に発展途上国を頭に置いてやっているので，ここからの話はこれはむしろ私個人の整理です。ディーセント・ワークの4つの戦略目標に関して，日本でも，いろいろな課題があります。これは新聞等でも取り上げていますから，おわかりかと思いますけれども，若年雇用，ニートやフリーターという問題がある。それから非正規雇用が非常に増えて，派遣・請負の問題。それから男女平等の問題もまだまだです。それからワーキングプア，格差の拡大の問題，ワークライフバランス，長時間労働等の問題，それから社会対話というところでは，労働組合の組織率が低下して，特に非正規労働者の雇用を組織化を代表することが，うまくいっていない。若干日本についてのデータを少し集めてみました。これは日本の問題ではあるんですが，アジア，特に発展してきている韓国あるいは東南アジア等々にも，ある程度共通している部分もありますが，非正規労働者が非常に増えています。年齢別の失業率ですが，やはり若い人の失業率がかなり高い。

　1984年と2005年，20年の変化をみますと，全体の雇用者の数は3,936万人から4,923万人で約大体1,000万人増えています。それで，正規の職員の数は，1984年が3,333万人で，2005年も3,333万人で全く一緒であります。一方，非正規職員数は1984年が604万人で，2005年は1,591万人ということで，この20年のデータを取ってみますと，2.5倍に増えています。非正規の従業員が非常に増えています。特に2001年まで，このデータをよく見ていただきますとわかりますが，パートタイマーが非常に増えている。2001年以降は派遣社員や契約社員といった人たちが非常に増えているということが歴然としています。男女平等についてですが，まだまだで，これは1つの例ですけれども，「役職別管理職に占める女性の割合」をみますと，係長，課長，部長も，少しずつ増えてはいますが，まだ進んでいるとは言えません。

それから格差についてはいろいろな議論があって，格差が広がってきているけれども，経済学者によっては高齢世帯が増えていることが原因であるから格差が広がっているという議論もある。しかし，実態としては格差が広がっている１つの例として，生活保護者世帯の変化を示すことができます。

それからこれは労働組合の組織率の低下，これらのことが日本のディーセント・ワークの実現に向けての課題でもあって，日本もこのディーセント・ワークの実現に向けて，いろいろ取り組んでもらいたいというのがILOの立場であります。

5. 日本とILO

そこで，ILOと日本との関係を最後に簡単にお話をしますが，第１次大戦後，日本は創設のときにILOに加盟しています。そのころは，日本も，欧米からチープレーバーというか，労働者を虐げて競争力をつけているという批判を受けています。第２次世界大戦前に，日本はILOも一度脱退をして，戦後に再加盟をしています。現在は政・労・使とも理事会の理事代表になって活躍をしています。

ILO条約については，批准した条約数が47。中核的労働基準の一部を批准をしてないので，ILOとしては，ぜひ早く批准をしてほしいと思っているわけですが，日本は最近ではアスベストの条約を2005年に批准いたしました。今，2006年につくられた船員についての海事労働条約とか，安全衛生の枠組み条約について，政府の方で批准を検討しているように聞いています。批准された条約の施行上の問題については，「労働基本権」の関係で，公務員制度改革に関連して問題が議論されているわけです。

日本の財政支援，分担金は全体の19.5％ということで，米国についで第２位，あと任意拠出などもいただいております。課題としては，国連なども同じですが，やはり日本人職員の数が少ない。望ましい日本人職員数というのは，77人から103人なんですが，現実にはこれが今，専門職の職員で全体の749人のうち40人しかいない。ぜひ日本人職員を増やしたいというのが，駐日事務所と

しても大いに努力をしたい1つの点であります。

　次は児童労働について，日本でどんな支援をしているかということであります。労働組合あるいは厚生労働省，外務省にいろいろな支援をしていただいております。外務省の例で言えば，最近「人間の安全保障」という話を聞かれていると思いますが，国家としての安全保障ではなくて，人間1人ひとりに注目して，人間の安全保障，人間のパワーを付けることによって安全が確保される，そういう人間の安全保障に係る技術協力事業について外務省がお金を出しておりまして，ILOも特に人身売買で被害を受けた人に対する支援などで，日本政府から財政支援をいただいて活動しております。それから連合からいただいたお金で，いろいろなILOの資料について，ネパール語とかカンボジア語とか，現地語に翻訳をして現地の働いている人たちが使えるように，そんな支援をしてもらっております。

　最後になりますけれども，きょうはちょっと駆け足でお話をしたので，わかりにくい部分もあったかと思いますが，グローバル化が進んでいまして，先程移民労働者の例で話をしましたけれども，移民労働者の労働力自体が，全体の労働力の伸びの倍のスピードで伸びている。相互依存の関係が非常に拡大化していて，1つの国で起こったことがほかの国でも起こる。同じような問題が経済の発展に伴って起こってくる，そういう状況になってきました。特にアジアですけれども，経済が発展することによって，現在いろいろな社会労働問題が出てきています。例えばアフリカの多くの国は，まだまだ経済的に離陸していない。こういうところでは，一般にいわゆるベーシック・ニーズ，衣食住の確保が大事です。アジアでも貧しい国々では，衣食住や基礎的な医療の確保はもちろん，まだまだ非常に重要でありますが，中国とか東南アジアになりますと，そういうことがもちろん重要な部分もあるんですが，一方で，年金制度，医療保険をどうする，あるいはいろいろな労使紛争が出てきたけれども，これをどういうふうにうまく対応していくか，そういう労働の問題というのが非常に重要になっています。いろいろ説明をいたしましたILOの技術協力活動に対するニーズというのも大分出てきています。

第11章　ディーセント・ワークについて

　去年，バンコクで私は1年仕事をしていましたけれども，特に中国あたりも，例えば農村から都市への労働力移動の問題，それから国営企業を離職した人の再就職の問題，あるいは今，学生の定員が非常に増えていますけれども，大卒の就職問題とか，いろいろな問題が出てきている。都市部だと，むしろフリーター，ニートの問題も出てきているというように，労働問題がたくさん出てきているし，かなりの部分，日本に似た問題が出てきています。

　そんなことで，ILOとして日本への期待としては，そういった世界，特に発展途上国のいろいろな問題について関心を持ってほしいということであります。そのためにILOの駐日事務所もいろいろな活動をするわけですが，児童労働のこともきょう例示としていろいろ申し上げましたが，これも1つの例として「児童労働の写真展」をやったり，そういうことを理解してもらうためのセミナーをやったりしていますけれども，特に児童労働の問題は，貧困問題の例としても非常に重要だと思っております。ぜひ日本の皆さんには，そういった問題についての関心を持ってほしいと思います。かつ，世界に発信をしてほしいと思います。

　高齢化の例も，これから中国とか韓国も，日本と似たような状態になってくるというような話をしましたけれども，日本の今までやってきたいろいろな経験というのは，ほかの国にとって，全く同じように適用できるわけではありませんけれども，参考になる部分が多い。言葉の問題もあって，日本の情報なり日本の経験が外に伝わらない。そこをもっともっと日本からの発信をしていく必要がある。私どもの事務所も微力ですけれども，そういったことも努力をして，日本の政・労・使を初めとする皆さんと一緒になってやっていこうとしているわけです。それからあと職員が少ないということも言いましたけれども，財政とか人的な支援，専門家の派遣とか，いろいろな形で世界に貢献をしていく。これがILOから見た日本への期待ということであります。

質問箱から

✈ ILOの機関としての性格についてですが，どれくらいの期間をかけて1つの条約がつくられるのか，どれくらいの話し合いをして制定されるのかということをお聞きしたいと思います。また，その条約の効力について，例えばその条約に違反した場合，どういう対応がなされるのか，罰則はあるのかということも含めて教えていただきたいと思います。

✈ ILO条約は毎年6月に開かれるILO総会によってつくられます。条約は，原則として2回審議，2年かけてつくります。最初にILO総会にかかる前に，例えばアスベストならアスベスト，あるいは今年の例で言えば安全衛生の枠組み，安全文化を中心にした条約だったのですが，そういうことについて，今，条約をつくるための議題として取り上げるのが適当かどうかということをILOの理事会にかけて，政・労・使でそれを議題にするか，しないかということをまず議論する。総会でどういうテーマを取り上げるかということを事務局としては7つか8つぐらい提案をして，加盟国の政・労・使の意見を聞く。その加盟国の政・労・使が，それではこれは議題として取り上げようということを2つ3つ選んで決めて，それが総会の議題になります。議題になったとしても，必ずしも条約になるということではない。一般的に議論をするものもあります。例えば技術協力という議題が出ますと，これは条約ではなくて，一般的に議論をしようということで議題になる。

それから議論して，条約にはなかなかまとまらないで，勧告だけ出るというのもあります。今年の総会では，雇用関係，偽装請負とか，日本でも問題になりましたが，今，通常の雇用契約以外の請負形態によって仕事をするというようなケースが，日本だけではなくて，いろいろな国で問題になっているわけです。これをILOとしても取り上げて議論しようと，今までも何度かやってきておりますが，これはなかなか条約にならない。今年も議論をしましたが，結局，勧告をつくるということで，条約はできなかった。そういうことで，これも今後問題がどう進展するかによって再度議論されることはあると思いますが，そういう例もあります。

したがって，議題になっても条約になるとは限らない。いずれにしても，我々が「技術議題」と呼んでいるそういう議題が毎年の総会に2つか3つ出まして，その条約をつくろうという議題については2年，次の年にもまた議論して，それで条約をつくるというのが作成の手続でありまして，今年は「労働安全衛生の枠組み条約」というのをつくりました。

それから作成をして条約ができても，それを批准してもらうということが大事であります。批准すると，その国にとって，その条約を守るという義務が発生するわ

第11章　ディーセント・ワークについて

けですから，批准しなければ，それは一種の宣言みたいなことで，その国との関係でいけば，国際的な義務は発生しないということになります。日本は47の条約を批准していると申しましたが，その47条約については守らなければいけない。その守っているか，守っていないかということを，ILO の側としては，監視をするシステムがあるわけです。通常の場合は，条約によりますけれども，2 年とか 3 年とかに 1 回，政府から報告を出すというルールになっています。その報告で，政府が「この条文については法律でこうなっていますから，ちゃんと条約の基準に合っています」ということで，大体政府が書く報告は批准しているわけですから，きちんと守られていますと書いてある。

　それとともに NGO とか労働組合とか，そういったところからいろいろな情報が随時 ILO の事務局に出される。「実際，条約にはこう書かれているけれども，我が国ではこういうふうに守られていない」という情報もある。そういう情報があると，実際には，どうなんですかと ILO が政府に聞いたり，そういうやりとりがあります。ILO の中に国際法や労働法の専門家の集まりである「条約・勧告適用専門家委員会」というのがありまして，そこで毎年 1 回，中央大学の横田洋三先生が日本の委員なんですけれども，各国のそういう優れた国際法や労働法の先生方の会議で（今年も12月に 3 週間会議がありましたが），各国から出てきている報告，いろいろな情報，それと条約を照らし合わせて検討する。そこでやはり問題があるということですと，専門家の意見が書かれる。その報告書が出ると理事会とか総会で ILO の代表である各国の政労使がそのうちの重要なものを取り上げて議論をする。これ以外にも，労働基本権については「結社の自由委員会」という特別の委員会があって，そこで審議をするとか，いろいろな監視機構があります。ILO は元々が条約をつくるということで，第 1 次大戦後から始まりましたので，いろいろな国際機関の中で監視のシステムということについては非常に整備をされた機関であると言われております。

第12章 経営・環境・人間と経済

薮田　雅弘

1. はじめに

　本日は，当講座シリーズの最終回ということで，先輩諸氏も来ておられるようで格段の緊張感を味わっているところです。今年度の「人間と経済」の最終講義ですけれども，寄附講座の3年目ということで，すでに，「経営と経済」および「環境と経済」というタイトルの通り，21世紀の新たな経済社会問題を，経営・環境・人間の側面から捉えて参りました。皆さんの中には，過去2年間にわたりましてこの講義を連続してお聞きになった方もいらっしゃるでしょうし，単発的にお聞きになった方もいらっしゃるでしょう。今皆さん方がお受けになっているのは「人間と経済」という部分です。私が3年間，いろいろな先生方のご協力を受けながら約4年数カ月前に鈴木敏文先生（現，中央大学理事長）から，いろいろご援助を受けながらプランニングをして参りまして，この3年間の計画があったわけです。少しそのあたりも話をさせていただきたいと考えております。いずれにしても，私の話の主題は，この3年間をまとめ総括することにあります。

　ところで，きょうの講義のコンテンツは，全部で大きく4つあります。まず，経済学部の発展と100周年，そして，この寄附講座はどういう関係があるのかという点です。いわゆる「NEXT　CENTENARY」ということですが，次の100年間，私たちはどうやってこの経済学部を運営していったらいいのか。これは先ほど挨拶いただきました学部長の仕事かもしれませんけれども，我々もこのメンバーとして一緒に考えなければいけないということで，少し過去を振り返りながら，将来どう見据えていくのかということをお話したいと思います。2番目に「セブン＆アイ・ホールディングス鈴木敏文代表寄附講座」

ということですけれども，これは，2004年度，2005年度，2006年度の特別講義として開講されました。これら3カ年の講義に関する梗概を与えたいと思います。

そして，第3の点ですが，これは大事なことですけれども，特別講義から私たちは一体何を学んだのかということです。実はこの特別講義を設計するに当たりまして，普通なら鈴木先生が寄附されているわけですから，ご意向をお伺いしながら，その中でプランニングするのがいいと思いますけれども，そうではなく，私たちに主題を任せてくださいました。これは寄附講座としては大変ありがたいことでして，我々が自由に「経営・環境・人間」という側面から経済とどういう関わりがあるのかということを設計させていただきました。もちろん，これらのテーマについては，日本を代表する経営者として御自身が深く関わっていらっしゃることを念頭にして，全体構成を考えました。その結果，大変独自性のある興味深い構成になったと考えております。論者の意見がかなり違うんですね。環境にしましても，経営にしましても，右から左と言うと昔の言い方ですが，北から南と言ってもいいのかもしれませんが，とにかく同じ問題を享受しているのにもかかわらず，また，問題を解決していこうという気持ちは一緒なんですが，その手法がかなり異なっている。何とかしなければいけない——講師の先生方からひしひしと伝わってくるものがありました。これは全38回にわたる講義の中で私も感じました。

しかしながら，目的意識は，はっきりしていて同じであるにもかかわらず，手法が違います，アプローチが違います，考え方が違います。ときにはそれが対立とさえ思われるような部分がありました。それはどうしてそういうことになるのか。今日は，そういうことを一緒に考えてみたいと思っております。この部分が3番目の特別講義の総括にあたる部分です。私も環境や公共政策を担当しておりますので，そのあたりから紐解いて，どうして違うのか，違うときに我々はどう考えたらいいのか，そのあたりを皆さんと一緒に考えてみたいと思います。

最後に4番目ですが，我々「経済学部」ですから，経済学でいろいろ物事を

考えるわけですが，最初にお話ししました「NEXT CENTENARY」と関係しますけれども，我々は経済学というものをどういうふうに捉え，そして，それをどう学び，そして先ほど言いました様々な問題に対してどう対処していくべきか。1つの展開方法について，私は皆さん方に，私自身の研究テーマである「コモンプール」という考え方から，そのお話を整理させていただきたいと思います。

これは，先でもお話しますけれども，結局，経済システムと社会システム，我々は持続可能性の問題を研究しているところもあるわけですが，社会，制度，環境，経済，様々なシステムを我々は持っております。そういうシステム間の関係について，どう考えたらいいのか。はっきり言いますと，経済学だけのフレームワークで物事を考えることはできないということですね。皆さん方も，特に特別講義の中で「人間と経済」という講義をこれまで十数回にわたってお聞きになって「確かにそうだ」というふうに思われている方もいらっしゃると思います。どういうシステムを我々は模索しなければいけないのか，これが「NEXT CENTENARY」です。そして，経済学部のあり方とも関係するのではないか，こういうふうに考えました。ですから，きょうの講義は，この4つのポイントでお話させていただきたいと思います。

2. 経済学部の展開と経済学

それでは早速1番目のポイントから話を始めたいと思います。私も今回初めて「経済学部史」というものを勉強いたしました。当然「大学史」というのもあるわけですが，中央大学は，どういう時代背景を受けて発展してきたのか，そして，今日この寄附講座に結び付くような展開，そして，将来どうしていったらいいのかを見るためには，やはり歴史を紐解かなければなりません。先輩方を前にして偉そうなことは言えませんけれども，私なりに勉強したことでもし間違いがあれば指摘をしていただければと思います。

まず1905年8月18日に中央大学経済学部が創立されました。1905年までに，第1次，第2次の産業革命を経て，我が国はいよいよこれから殖産興業であ

る，技術から経営へ，経済の人材育成へと，こういう社会的な背景・ニーズが高まってまいりました。そういう背景の中で法律論に加えて，実学，そして理論的な側面で社会を捉えるという経済学部が創立されたわけです。日本でも数番目だったというふうに聞いております。かなり早い時期に「中央大学経済学部」が我が国で創立されたということです。

　当時のカリキュラム体系は興味深く，私はどういう科目があるのかといろいろ調べましたが，「経済通論・貨幣論・財政学・社会学・社会政策・経済史」，この「経済通論」というのは，恐らく今で言うところの「マクロ経済学」とか「ミクロ経済学」とか「原論」と言われた部分だろうと思います。このような社会背景の中からだんだん成長を遂げていきます。最初は100人以下の規模で，卒業生も数十人という形で輩出しております。

　第2次世界大戦後，1949年4月1日，新制大学として再発足することになりますけれども，この折り，それより前に動員された，いわゆる勤労動員とか学徒出陣学生たちが再会して，授業の再開を喜び合ったということが書かれております。やはり勉学に対する意欲，そして平和に対する希求，それから新しい日本をつくっていくのだという情熱，そういったものが先輩方の中から垣間見ることができます。我々の先輩は，こういう勉学に対する熱情の中で大学に通っていらっしゃったわけです。

　1949年の4月1日の新制大学のカリキュラムは，一般教育，語学教育，専門教育の体系化が行われておりまして，これは今とほとんど変わらない体系です。ですから，その意味では，経済学部に限らず，学問体系がこういう3つの領域が合わさって，これをベクトルとして，そのベクトルの和として，人材を育てていくという側面があったんだなと考えられます。1963年4月，それまで1学科だったものを「経済・産業経済学科・国際経済学科」，この3学科制にしました。ただ，60年代というのは，皆さんもご存じのように高度成長期があり，1955年，岸首相の下で「経済自立5カ年計画」というのがありました。1960年は，池田内閣の「所得倍増計画」というのがありました。まさに1955年から1960年，昭和30年から35年，そして昭和39年（1964年）の東京オリンピッ

クまで若干の景気循環を繰り返しながら，我が国経済は大きく発展していくことになります。

　最近皆さん方も，平成の現景気が期間的に「いざなぎ景気を超えた」ということを聞かれたことがあるかと思いますけれども，「いざなぎ景気」というのは1960年代後半ですね。1966年から70年ぐらいまでの景気拡大を指すわけです。この60年代後半というのは，やはり経済学部に対する社会のニーズがかなり高まった時期でもあります。教育規模が拡大し拡充していくことになります。その一方で，教育環境の充実であるとか，そして国内的に見ますと，様々な問題，安保問題とか，大学紛争などがありました。それを受けて，中央大学も一定の改革を行って，これを学生とともに乗り切ろうということでやってきたということがわかります。

　このあたりの状況を見ておきたいと思います。図12-1は日本の長期統計系列から，私がエクセルで作成したものでありますが，見ていただきますと，中央大学ができたころ，1885年の人口は約4,000万人ぐらいです，それが今，1億3,000万弱ということになっているわけですが，こういうふうに若干変動がありますけれども，大よそ順調に伸びてきたわけですね。しかし，後で触れますが，ここから先がどうなるか大変心配なところです。

　同じく図12-1にあるように，「新規大学の卒業就業者数」の数──要するに新規に大学を卒業してそのまま職に就いた人たちの動き──は，最初は5万人程度だったものが今や35万人ぐらいで，これを1人当たりのGDPのデータと重ねて見ましたら，戦後1人当たりGDPが伸びていくということと平行して新規大学卒業就業者数も伸びていくという形になっております。まさに経済成長により，我々の生活水準の向上とともに大学生も増えていったということになろうかと思います。

　図12-2もデータとしては戦後ですけれども，学卒別の新規学卒就業者数の変遷を見ますと，中学卒業者がぐっと減ってデータ的にはほとんどゼロに近い。それに対して高校が一定量を供給してきたわけですけれどもそれも減っている。大学の所を見ますと約半分ぐらいですね。

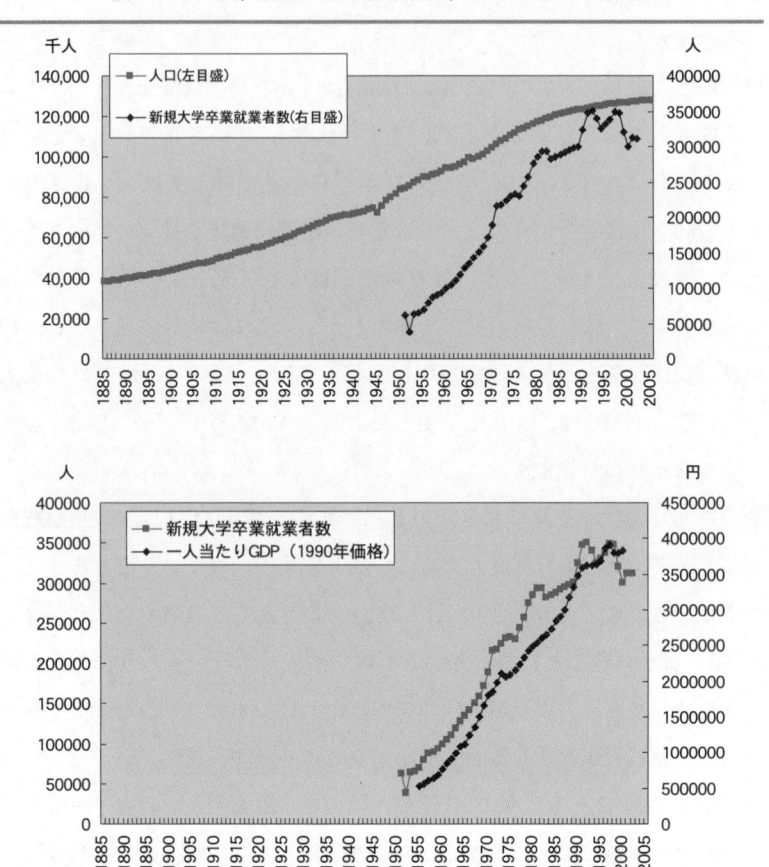

図 12-1　人口, 新規大学卒就業者数, および GDP の推移

(出典)　総務省統計局「日本の長期統計系列」により作成

　ですから, やはり高度成長期とともに大学の果たす役割が大きくなっていることがわかります。こういう形で大学卒が増えてくることを指して「大学の大衆化」という言い方がなされます。ですから, 社会の意味付けとして大学のあり方が変わってくるのは当然です。また,「産業別の新規大学卒就業者構成比」を見た場合, 幾つかの傾向が見られますが, 全体としては, やはり製造業が高度成長期を支えてきたのですが, あとはずっと減ってきて, それに対して第3次産業と言われる部分, つまり, 流通業やサービス業のシェアが増えてい

第12章 経営・環境・人間と経済

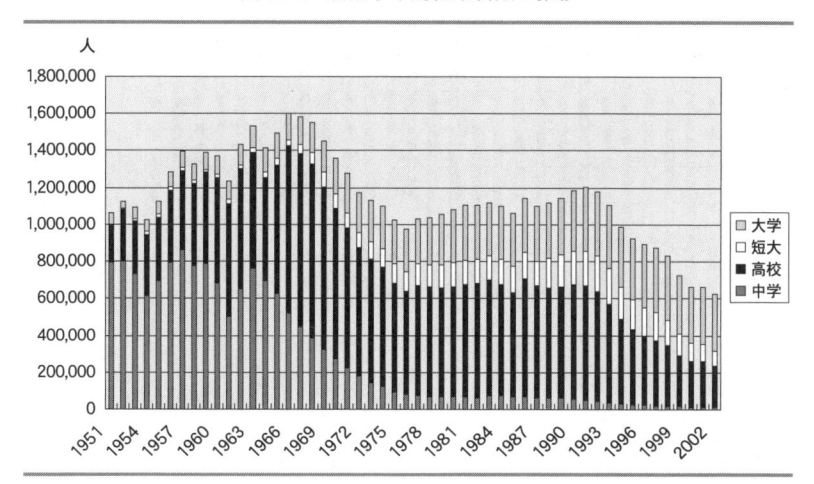

図12-2 新規学卒別就業者数の推移

（出典） 総務省統計局「日本の長期統計系列」により作成
専門学校（4500－7500名程度）は除く

るわけです。総じて社会の産業構成が変わってきたわけですが，そういう意味からすると，経済のあり方が変わってきた，あるいはあるべき姿が変わってきているのではないかと思われます。

翻って専攻分野別の大学学生数の推移を見ていきますと，図12-3に示したように，これはあまり大きく変わってないのです。1970年代に入りますと，社会科学－法律系も経済系も商学系も入っているのですけれども，大体同じぐらいの割合で推移しているということですね。それに対して産業は大きく変わっているわけですから，この辺りをどう考えるかということです。

さて，これまでマクロの動向を見てきましたが，再度ミクロの次元に戻りましょう。1978年，駿河台から多摩へ中央大学の校舎が移転され，教育・研究環境が拡充し，現在は，それから30年ぐらい経っているわけです。そして1993年には経済，産業経済，国際経済に加えて公共経済学科という4学科制がスタートします。21世紀の改革としては，最初に古郡先生がこういう話をされましたけれども，2007年度からクラスター制が導入されます。名前が変わっただけではないかと言う人もいますが，そうじゃない。クラスター制を敷いてきっちり

図12-3　分野別学部構成の推移

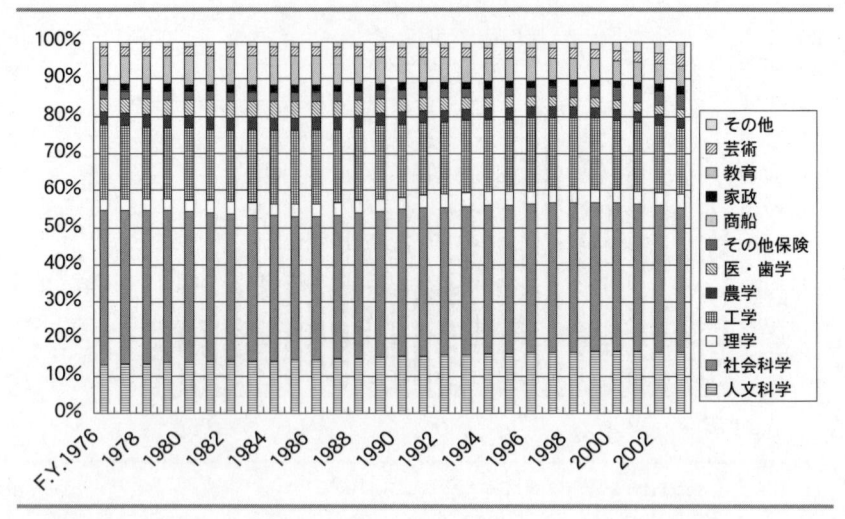

(出典)　図12-2に同じ

　と学科間の違いを明らかにして社会ニーズに応えよう，それから新しい学問体系に対応しようということで「経済，経済情報システム，国際経済，公共・環境経済」の4学科に名称変更を行いました。以上，過去の歴史を概観しましたけれども，経済学部は非常に早くから発展してきたということ，また21世紀を迎え改革の真只中にいるのだということが理解できました。

　ところで，中央大学経済学部の教職員と学生，経済学関連では学友会の学術連盟である経済学会というのがあります。浅田先生が会長で，私が副会長をしております。若干のお世話をさせていただいておりますが，この私たちが今いる経済学部は，多くのOB諸氏から援助を受け，いろいろな意味で影響を受けております。また，心配していただいてもおります。今回もそうですけれども，寄附講座につきましては，鈴木敏文（セブン＆アイ・ホールディングスCEO）先生からのご寄附のもとで展開されているわけです。講義の途中で変ですけれども，この場をお借りして感謝の意を表したいと思います。

　そこで2番目の話に行く前に，21世紀の大学の役割を演じる上でも大変重要

な基礎的事項を確認しておきたいと思います。ここでは，図 12-1 に関連して，国立社会保障人口問題研究所の2055年の最新予測をもとに将来の人口動向を確認しておきましょう。

1930年代を見ていただきますと，中央大学が50歳ぐらいのときで，人口構成はピラミッド型です。しかし，2005年になりますと，もう誰もピラミッドなんて思わないですね。「釣鐘型」と言われています。「ピラミッド型」から「釣鐘型」に変わって，2055年はどうなるかというと，図 12-4 のようになります。若年層部分がすっかり抜け落ちています。過去，男女の出生数は100万人ぐらいだったわけですが，ここでは，わずかに20万人になっているわけです。そうすると，人口が増えませんから，さらに歪な形になっていきます。

急速な少子高齢化が進むのですが，様々な課題が生じます。一番大事なのは働き手ですが，15歳以上人口のことを「生産年齢人口」と言うわけですから，その意味では年齢に関係なく仕事のできる人は仕事ができる，生産年齢である

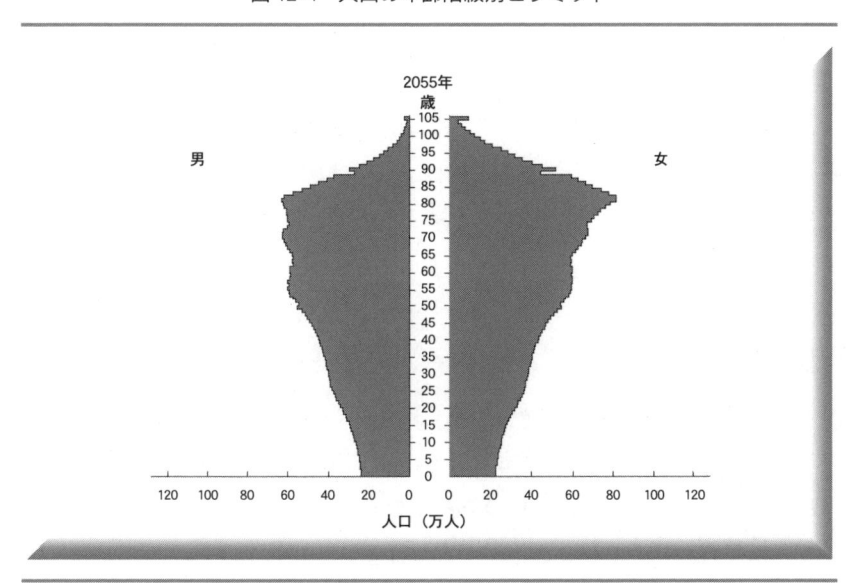

図 12-4　人口の年齢階級別ピラミッド

（出典）　国立社会保障人口問題研究所 URL（http://www.ipss.go.jp/）による

ことには変わりがないのですけれども，全体として人口が減ってくるということは，社会にとっては必ずしも望ましいことではないのではないかということが言われているわけです。30-40歳代の人たちは，子供の面倒を見て，そして所得移転が必要になるという年齢でしょうから，この部分が減ってくるということは問題ではないか。大学にとっても大変問題であると思いますけれども，このあたりは頭のどこかに入れておかなければならないと思います。個人的には，大学が新規学卒者の能力向上に寄与するとともに，社会発展の多様なニーズに応えるように整備・拡充が必要であるということだと思います。4年間といった狭い期間に対する限定的な教育・研究サービスの提供だけでは，もはや展望はないとさえ考えます。

3. 経営・環境・人間と経済——寄附講座の梗概

　さて，そういう歴史的背景と展開を踏まえた上で，今回の講座の総括をしていきたいと思います。講座の「目的と構成および梗概」について触れておきます。我々は経営，環境，人間と経済の関わりをどう捉えていくかについて，次のように考えました。21世紀における企業や大学と地域社会との，あるいは経済社会との結びつきを論じる。そのことを通じて社会との主体的な関わりの中で，将来の経済人，社会人としての人生観，世界観の形成に資することを目的としたいということでした。表題に掲げましたけれども，基本的な考え方は，人間とか経営とか環境とかいろいろありましたが，環境，経済，そしてエクイティ，公平性と言うのでしょうか，こういうものを念頭に入れながら学問体系をこしらえ，そしてそれを一緒に議論していく。それが大学の基本的なあり方ではないかと思うわけです。それを大学とか住民とか，企業とか社会とか，そういう人たちと協働作業でやっているということです。我々は我々の使命があります。大学としての，研究者としての，そして大学における教育者としての使命がありますが，ともに住民の方々や企業の方々，社会で活躍されている方々と協働していくということが大事ではないか，そういうことを目的として，この講義が開かれました。たかだか1つの講義じゃないかというふうに思

われるかもしれませんけれども，恐らく今後，我々が設計していくべきであろう大学における1つの方向性を示したものではないか，出発点ではないかと，こういうふうに考えているわけです。

　講義の内容を振り返ってみましょう。特別講義Ⅰとして，2004年度に開講された「経営と経済」のキーワードはCSR（企業の社会的責任）とか，あるいは新機軸を見つけていく能力，高さ，それをどう社会に還元していくかという志，それから決断力ですね。どういう意思決定をどこでしたか。そして，Aの方向へ行くか，Bという方向へ行くかという判断力，こういうものが講義の内容でした。このときにキヤノンの御手洗社長（当時）が「キヤノンの経営戦略」，それから鈴木敏文先生には「心理学と企業経営」を講じていただきました。経済は心理学で読めということで，経済に対してこの部分が不足しているということ，経済をもう少し広範囲で考えなければいけないということを痛切に感じたわけです。例えばキヤノンの経営戦略の中には「日本的経営とアメリカ的経営」，アメリカでのご自身の経験に基づいて，アメリカのことを学ぶことも大事だけれども，日本的経営の中に素晴らしいものがいっぱいある，それを活かさないでどうするのだ，ということだったと思います。今いる人材を活用して，その人たちに場を与えることが経営の基本であるという言い方をされたと思います。

　ほかにもCSRの話をしていただきました。現在，企業が果たすべき役割として，やはり社会的責任というものがある。社会的責任投資というような言い方もしますし，例えば環境ファンド，エコファンドとして投資資金を環境にやさしい企業に投資して収益を上げていく，また，そういう企業が好業績を出していく，そういうような側面から様々な面で利用していくということです。

　次に，2005年度の特別講義Ⅱです。主テーマは「環境と経済」で，環境が経済とどのような関わりがあるかについて，いろいろお話を伺いました。それぞれ非常に貴重な話をいただいたわけです。企業，行政，NPO，それから学者・研究者，そういう人たちがコラボレートして1つの大系をなしたということです。その中で「環境リスク学入門」ということで中西準子先生にお話して

いただきました。意思決定においてAかBかということを考える必要がある。その場合に，その便益・費用というものをきっちり計算する必要があり，目先のマイナス面だけに目を奪われてはいけないということだったと思います。全体をまとめますと，講師の先生方には人間力があり，一人ひとりが非常に個性的でした。信念を持って，社会を見つめる的確な分析力，それをまとめ上げる総合力，そして，将来これをやらなかった場合どうなるのか，今これをやらなかったら将来どうなるかという想像力をお持ちになりながら活動されている，そして日々の研鑽を積まれているんだなという感じを持ちました。

　それから今年度の特別講義Ⅲの「人間と経済」です。これはもうお話することもないでしょう。雇用問題や年金問題など人間がシステムの中で生きることを課題とし，人間をとりまくアートやデザインといった環境創造と人間の関わりをテーマとするなど，毎回異なる分野でご活躍の講師の方々に来ていただきました。まず感じたことは「同感」ということです。涙を流した講義もありました。同感というのは，その人の生き方に対して「あぁ素晴らしい生き方をしているな，自分もこうありたい，なぜそういうことができるんだろう」という感覚だったと思います。ですから，講師の先生方には常に優しさを感じられました。なぜみんなこう人間って優しくなれるのだろうという感じがいたしました。その背後には，強い信念，それからこれをやらなければならないという責任感，そして後でもお話しますけれども，公共性という感情を私は持ちました。

4．経済学から物事を考える

　以上，簡単に3年間の「経営と経済」「環境と経済」「人間と経済」の話をしてきましたけれども，問題は，私たちはそれから何を学ぶことができるのか，これを総括する話をさせていただきたいと思います。私の問いかけたいテーマは，なぜ講義での言葉が1つ1つ心に響いたのかということです。それはどうしてかというと，多様な生き方をされ，背後に明確な問題意識がある，いろいろな問題意識をきっちりお持ちになっており，経験に基づいた確信があるから

だと思います。それから少し難しい言葉で言いますと，その背景には（不純な）利他主義があるのではないかと思います。利他主義というのはAltruismと言いますけれども，「情けは人のためならず」ということですから，自分がある行動を取ることが結局自分にとってプラスになる，だからやるんだという考え方があります。

私の研究室では「グリーン電力プログラム」のCVM調査をやりまして，なぜ人々はグリーン電力に対してより高い費用を払うのかということを調査いたしました。概ね東京都下2,000人のアンケートを取りましたが，結果的に一月に4,000～5,000円ぐらい電気料金が高くても，環境によりやさしい電力であれば，その程度の支出はしますよという答でした。これは何に基づくものかということです。自分自身地球環境が良くなれば嬉しいということがありますけれども，みんなの役に立っているという気概──これは公共性とも関係するのですが──利他主義という側面，公共性という側面をもって行動していると考えられます。このことに私たちは心を動かされたのではないかというふうに考えているわけです。

さて経済学です。現実社会の多様性があります。多様な生き方，多様な考え方があるわけですから，先ほど言いましたように，環境問題，地球環境をどうするか。問題解決アプローチも当然多様なもの，多様な考え方があるわけです。既に多様な考え方がある，多様な政策がある，多様な管理・マネジメントがあるという現実から見た場合，経済学はその一つの問題解決方法を考えていくわけですから，その意味では経済学的な問題解決アプローチにも限界性があるのではないかと考えるのが自然であると思います。ですから，後でも触れますけれども，我々は経済学をベースにしながら，なおかつ21世紀における新たな経済学的アプローチをさらに展開しなければいけない。もちろん経済学の枠組みで考えるわけですから，経済学部の役割というのはもちろんあるわけですけれども，それだけではないだろうというふうに考えざるを得ないと思うわけです。

幾つかの例を出したいと思います。多くの講師の先生方が今までお話になっ

てきたものについて，まず1つ，考え方の多様性，問題解決の多様性があります。「環境と経済」の中で「地球温暖化削減のために環境税は有効な手段である」というふうに全面的に主張された先生がいらっしゃいます。他方で「環境税の導入は必要がない。自主的かつ自発的な取り組みこそが大事である，環境税はむしろ反対」という考え方もありました。同じ地球環境問題，地球の温暖化については，なるほどやらなければいけないと言われていながら，どうしてこのような「環境税」という1つの政策手段の中に，問題解決の多様性が出てくるのでしょうか。環境税の一般的な考え方は少し難しいかもしれませんけれども，各企業が直面する負担が等しいわけですから，経済的な効率性としては，等価限界原理と言いますけれども，それを実現しようとさせているわけです。このことが経済効率上よい。つまり環境税というのは，一般的に経済的効率性が認められるわけですね。価格が上がりますと，利用が減少し生産も減少します。その結果，CO_2の排出量が減少していくわけで，このことは正しいだろうと思われます。

　ところが，税がかけられて価格が上がってもCO_2の排出量はそれほど減少しないかもしれない。皆さんもよくご存じのように，需要の価格弾力性に依存するのではないかということですね。それから技術革新を誘発しやすいとされています。環境税を導入すると，税を逃れようというインセイティブが働きますから，限界削減費用を低下させようという意味で技術革新を誘発しやすいというふうにされています。しかし，環境税だけが有効な対策として考えるには無理があります。1つは，需要の価格弾力性というのが大変小さい。これは部門によります。それから代替的な手段が存在します。例えば排出権取引市場を国内的に創設するということは可能です。こちらの方が後々例えば環境税を導入したときの収入をどう配分するかといった問題を回避することができます。それから先ほど言ったように，自発的アプローチもあります。こういうことをされなくても，自発的に公共性とか利他主義というようなことになるでしょうけれども，結果的に環境に優しい行為をとることが，結局自分の利益になる。そういう意味では自発的に協力していく——チーム・マイナス6として協力し